天津市哲学社会科学规划资助项目（TJGL17-018）

网络借贷集群的竞合模式与风险管控研究

徐荣贞 著

天津大学出版社
TIANJIN UNIVERSITY PRESS

图书在版编目(CIP)数据

网络借贷集群的竞合模式与风险管控研究 / 徐荣贞著. —天津:天津大学出版社,2019. 6
ISBN 978-7-5618-6421-0

Ⅰ. ①网… Ⅱ. ①徐… Ⅲ. ①互联网络 - 应用 - 借贷 - 风险管理 - 研究 Ⅳ. ①F830. 49

中国版本图书馆 CIP 数据核字(2019)第 112370 号

出版发行	天津大学出版社
地　　址	天津市卫津路 92 号天津大学内(邮编:300072)
电　　话	发行部:022-27403647
网　　址	publish. tju. edu. cn
印　　刷	北京盛通印刷股份有限公司
经　　销	全国各地新华书店
开　　本	169mm × 239mm
印　　张	12. 25
字　　数	257 千
版　　次	2019 年 6 月第 1 版
印　　次	2019 年 6 月第 1 次
定　　价	26. 00 元

前　言

中小微企业长期处于金融抑制之下，制约了“大众创业，万众创新”的发展，而网贷为其融资提供了灵活便捷的新渠道。但我国网贷行业呈现明显的“伪互联网金融”特征，仍处于数量扩张的初级阶段，尚未发挥出互联网金融的本质优势，且问题频发。如何规避网贷相关问题并保持其活力，成为当前面临的两难问题。

网贷发展之路犹如峭壁栈道，一侧是占据优势地位的传统大型金融机构的挤压，网贷仅能获取其舍弃的高风险小微客户；一侧是充满诱惑的失信违规甚至欺诈的深渊，有效风险管控的缺失导致问题频发。因此，本书以网络借贷集群的竞争合作模式与风险管控为研究主题，尝试通过小型网贷公司跨区域、跨行业的泛空间集群化，寻求将网贷行业从初期的数量扩张阶段逐步升级到成熟的品质提升和品牌创新阶段，以“小网贷大集群”灵活且稳健地契合小微信贷需求。

基于金融风险理论、产业集群理论、金融监管理论和超网络理论，本研究以小网贷公司的集群为核心，基于网贷集群及其多元主体的协同效应来探究网贷市场的竞合模式与风险管控。小而弱的网贷公司与技术先进的大数据公司、经验丰富的信用评级公司、资金雄厚的担保公司等，通过互联网信息空间中跨区域、跨行业的泛空间集聚，组成多个介于完全市场化组织与单一企业组织之间的“中间网络组织”——网贷集群，共建、共享网贷大数据，依托集群自律塑造集群品牌，依托集群品牌开展市场竞争，通过网贷集群之间的有序竞争，对整个市场进行风险管控。

本书从网贷集群的视角对网络借贷的主体行为、集群规制、风险管控、发展思路进行研究，主要涉及以下几个方面的内容。

第一，网络借贷的制约因素与主体行为分析。在对比分析以中美英为代表的国内外网络借贷市场的基础上，从网络借贷的基本特征、操作流程、运营模式等角度梳理我国网络借贷发展中存在的问题和制约因素。可以发现，与国外大型 P2P 网贷公司稳控市场不同，我国 P2P 网络借贷公司数量多、规模小，在契合个人和小微信贷需求的同时，受制于自身规模实力，大多难以真正发挥大数据与动态征信等互联网金融优势，风险管控能力弱，问题频发。进而在信息不对称条件下，基于委托代理理论分析 P2P 网络借贷交易中的委托代理问题的形成机制，构建 P2P 网络借贷“柠檬”模型来分析逆向选择和道德风险问题形成机制。最后，建立信号传递博弈模型，对出借人和借款人的行为进行博弈分析，并实证分析影响借款人违约行为的具体风险因素。

第二，网络借贷集群化发展的模式与规制。P2P 网络借贷囿于令政府两难的规模困境和监管困境，难以维持可持续的繁荣和稳定。故本书提出网络借贷集群化的规制方式，借助互联网技术将众多小而弱的 P2P 网络借贷公司与第三方金融技术与服务机构在整个信息空间中进行跨区域、跨行业的泛空间集聚，探讨如何借助集群共享的大数据、信用评级技术来优化网络借贷风险管控；如何通过集群自律而缓解信息不对称；如何通过建立跨区域的网贷升级转型与协调监管政策体系，优化网贷集群竞争力，保持其灵活便捷、契合小微信贷的优势特色，使我国网络借贷市场拥有一种有序发展的长效机制。其中，集群关系强度，尤其是集群平台与网贷公司的关系强度，对集群主体合作共赢存在显著的影响。

第三，基于超网络的网贷集群均衡分析。通过对超网络的基本理论及其变分不等式描述和投影动态系统算法的梳理，构建网贷集群超网络的复合结构，明确网贷集群超网络的关系强度、主要风险及影响因素。然后建立由投资者、网络借贷集群平台、网络借贷公司、借款者构成的超网络模型，并在模型中引入信用惩罚函数和操作风险函数，仿真描述各层决策者在加入网络借贷集群前后所面临的信用风险和操作风险的差异。最后，在风险差异的基础上，在各层决策者寻求利益和风险均衡的过程中，分别对各层决策者进行行为与目标分析，进而给出网络借贷集群超网络模型动态均衡的条件。

第四，网贷集群下信用风险集成分析。网络借贷的超常规发展，使得网贷市场中积聚的信用风险也随之加速膨胀。在成为人们关注焦点的同时,也阻碍了网贷行业的可持续发展。针对网贷信用风险的特征与来源,通过对比分析信用风险度量的主流技术方法和风险评估模型,探究网贷信用风险控制的常用手段和措施,尝试找出适合国内网贷行业现状,尤其是能够适用于网贷集群化发展模式的信用风险评价、度量、管理的总体框架与方法。进而利用 Logistic 回归模型对网贷公司、借款人的信用违约风险分别进行度量,然后运用改良的 CRITIC 赋权法将网贷公司和借款人的违约风险按照权重进行集成,从而把投资人通过网贷公司对借款人进行投资的总体风险进行完整的评估。实证结果表明,通过风险集成,风险评估综合模型有较为明显的效果。

第五,网贷集群化发展的保障措施。推广网贷集群化发展模式,通常采用以下方式。一是培育网贷集群的品牌竞争与专业素养。通过资源共享、大数据征信、信用分析技术来凝聚网贷集群核心竞争力,提升网贷参与者专业素养,让网络借贷公司依托网贷集群品牌良性竞争。二是建立网贷集群的风险自律与管控体系。依托集群信息共享与激励反馈,构建由网贷集群、网贷公司、借款者组成的三级风险自律体系,通过动态征信与考评,在节约外部监管成本的同时提升行业监管效果。同时,完善集群内各主体协调与管控机制、健全网贷集群的进出机制。三是制定网贷集群的政策规制与协同监管。制定政府扶持的配套政策,引导、扶持与发展壮大核心网贷集群平台,打造 P2P 网贷集群品牌,使其成长为集群化的网贷行业巨人。同时,破除集群发展的隐性壁垒和金融歧视,让外部上层监管与集群内部自律实现协同互补。四是优化网贷集群虚拟社会资本作用机制。通过引入网贷集群虚拟社会资本、健全虚拟社会资本的运行机制和约束激励机制,优化借款者的激励相容行为抉择。

此外要说明的是,本书第 1、2、4、6、8、10 章由天津科技大学徐荣贞撰写,第 3 章由湖北汽车工业学院殷元星撰写,第 5 章由王美琪撰写,第 7 章由王华敏撰写,第 9 章由郭甜甜撰写。徐荣贞负责全书的总撰。

目　录

第1章 导 论

1.1 选题背景与研究意义

1.1.1 选题背景

在我国所有企业中，中小企业数量占比高达90%，中小企业在国民经济中起着不可替代的作用。然而中小企业的融资情况却很不乐观，有3 000多万家小微企业需要100万元以下的融资，而银行却不能满足这些小微企业的资金需求。银行对于个人和中小企业信用贷款的要求很高，使得中小企业融资和个人贷款面临很多困难。与大企业相比，中小企业普遍面临着融资不畅的问题，严重影响了他们持续健康的发展。

随着“大众创业，万众创新”（简称“双创”）理念的兴起，普通大众创新创业已经成为拉动地区经济发展的新引擎，小微企业在创新创业发展过程中起着重要的作用。但小微企业往往处在创业初期，抵御风险能力较差，很多金融机构对这类企业的“双创”支持积极性并不高，占据优势地位的传统大型金融机构舍弃了高风险的小微客户。而与此同时，我国民间资金却异常充裕，在这样的形势下，一种互联网金融新模式——P2P网络借贷应运而生，为中小企业和个人提供了便利的融资渠道。

P2P网络借贷是互联网技术和传统民间借贷相融合的产物，是连接个人和小微企业资金借贷双方的第三方网络平台。自全球首家P2P网络借贷平台Zopa于2005年在英国成立以来，这种全新的信贷模式和融资途径便在世界各地迅速发展起来，欧美国家和地区出现了Rate Setter，Prosper，Lending Club，Kiva，Funding Circle等知名P2P网络借贷平台。自我国第一家P2P网络借贷公司宜信于2006年正式成立以来，P2P网络借贷便凭借其便捷、低门槛的特征，在国内迅速发展壮大。

P2P网络借贷行业的快速发展得益于我国个人和小微企业融资难的现状。传统金融机构的高贷款门槛导致我国小微借贷市场出现巨大的资金缺口，严重制约了“大众创新，万众创业”，而P2P网络借贷为之提供了灵活便捷的新渠道，有效缓解了小微企业融资难的困境，满足了部分大众理财的需求，集中体现了普惠金融的优势。

然而，与国外大型P2P网贷公司稳控市场不同，我国P2P网络借贷公司数量多、规模小，在满足个人和小微信贷需求的同时，受制于自身规模实力，大多难以真正发挥大数据与动态征信等互联网金融优势，风险管控能力弱，问题频发。

从资金和技术来看，国内P2P网络借贷大多属于个人创业，资金与技术都相对有限，对网络技术风险重视不足，平台中出借人资金面临安全问题，借款人也面临信息泄露的风险。从违约风险来看，在P2P网络借贷中介平台中，出借人出借资金主要依据借款人在平台提供的信息和中介平台的信用审核，由于国内信用系统不完善，借款人信息的真实性和平台信用审核的有效性无法保证，如果大规模地出现借款人无法及时还款甚至违约的情况，平台将面临大量坏账问题，进而引发严重的流动性问题，甚至出现平台倒闭跑路等情况，使出借人遭受巨大损失。从P2P网络借贷中介平台本身看，2014年和2015年我国P2P网络借贷中介平台数量剧增，私设资金池、非法集资和卷款跑路等违法违规问题频出。

P2P网络借贷行业不断出现问题引起了监管层的高度重视，2015年11月时任中国人民银行行长的周小川在制订"十三五"规划的建议中指出，应尊重互联网金融不断发展的大趋势，支持和不断规范P2P网络借贷、第三方支付和互联网众筹在内的互联网金融新生事物的发展，允许具备相应资格的金融机构谨慎和稳妥地开展相关金融业务，加快各类金融机构基于大数据的风险管控平台的建设。2015年12月银监会和国家互联网信息办等部门联合发布了《网络借贷信息中介机构业务活动管理暂行办法》的征求意见稿，P2P网络借贷正逐步被纳入国家的监管体系，运营合规的P2P网络借贷中介平台也将受到国家的大力扶持。

表1-1及图1-1显示，我国P2P网络借贷公司在2016年1月、2017年1月、2018年1月的累计公司数量分别为5 238家、5 881家、6 016家，累计问题公司数量占累积公司数量的比例分别为35.41%、59.07%、68.32%，可见我国P2P网络借贷行业仍处于数量扩张的初级阶段，呈现明显的"伪互联网金融"特征，尚未发挥出互联网金融的本质优势。

表1-1　2016—2019年累计问题公司数量占累积公司数量的比例

	累计公司数量(家)	累计问题公司数量(家)	累计问题公司数量占累积公司数量的比例(%)
2016年1月	5 238	1 855	35.41

续表

	累计公司数量(家)	累计问题公司数量(家)	累计问题公司数量占累积公司数量的比例(%)
2017 年 1 月	5 881	3 474	59.07
2018 年 1 月	6 016	4 110	68.32

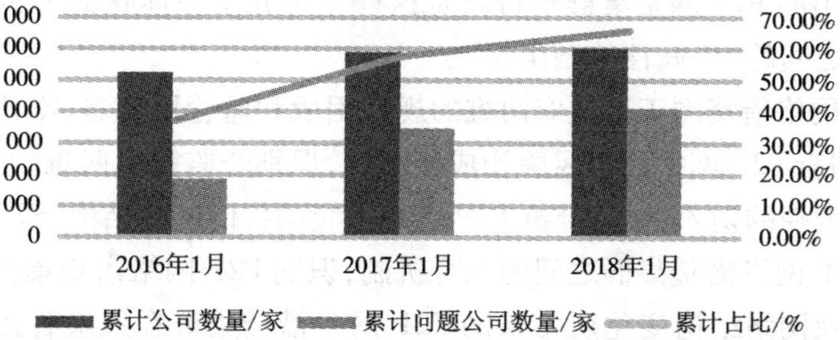

图 1－1　2016—2019 年累计问题公司数量占累积公司数量的比例

欧美发达国家的网贷行业发展成熟、坏账率低主要得益于完善的征信体系和专业的信用评级技术。国外先进的大数据技术为网贷行业共享信息、进行线上交易、降低信息成本提供技术支持,有效规避了线上交易的政策风险。然而,目前我国网贷公司与中国人民银行的征信系统无法实现对接,因此大部分网贷公司采用线上与线下相结合的业务模式。征信体系的不完善大大加剧了信用风险,增加了融资交易的成本。此外,由于我国缺少权威信用评级机构以及征信的市场化程度不高,贷款人的投资行为也受到很大的影响,贷款人利益没有得到妥善的保障。因此,要想增强网贷行业风险管控能力、提高交易效率、降低交易成本,以完善的征信体系和专业的信用评级技术为支撑,形成我国网贷市场有序发展的长效机制,发挥网贷行业优势,建立有效的风险管控体系,成为目前网贷行业的重点。

1.1.2　研究目的和意义

1.1.2.1　研究目的

我国 P2P 网络借贷呈现数量多、规模小、协作差的现状,如何规避问题并保持活力,成为其当前需要解决的问题。目前我国 P2P 网络借贷面临的困境如下。其一是规模困境,我国 P2P 网络借贷在契合小微信贷需求的同时,受制于自身规模实力,大多难以真正实现与动态征信的融合,风险管控能力弱。倘若仅存几家大型 P2P 网络借贷公司稳控市场,又难以实现普惠金融,满足个人和小微企业的融资需求。其二是监管困境,P2P 网络借贷的现状给监管部门带来了极大的挑战,想做到面面俱到的监管不具有现实性，但监管部门若放任 P2P 网络借贷行业自由生长，P2P 网络借贷这一新兴行业必将问题频出。

针对 P2P 网络借贷行业存在的上述困境，本书提出 P2P 网络借贷集群的概念。该概念源于威廉姆森在《市场和等级组织》中提到的介于市场和科层组织之间的第三种组织形式，他称之为“中间性体制组织”。书中提道：“在以完全市场和一体化企业为两端，中间性组织介于其间的交易体制组织系列上，分布是两极分化的。”笔者提出的 P2P 网贷集群平台就是这样一种介于一体化 P2P 网贷公司和完全竞争市场之间的“中间性体制组织”。

从 P2P 网络借贷囿于令政府两难的规模困境和监管困境看，本研究的主要目的在于：①剖析 P2P 网络借贷风险构成与动因，识别令监管者两难的关键因素，探求风险有效管控的切入点；②分析 P2P 网络借贷集群的网络结构，P2P 网络借贷集群内部及 P2P 网络借贷集群之间的竞合机制，识别 P2P 网络借贷集群前后网络结构的差异以及网络结构变化所带来的 P2P 网络借贷集群在风险管控层面上的差异；③构建跨区域的 P2P 网络借贷升级转型与协调监管政策体系与 P2P 网络借贷集群竞争力评价体系，使其保持灵活便捷、契合小微信贷需求的优势，进而形成“网贷公司‘小而不弱’，网贷集群‘大而不僵’，网络借贷‘对接双创’，监管自律‘协同管控’”的网贷市场有序发展的长效机制。

1.1.2.2　理论意义

针对 P2P 网络借贷，大部分学者均以独立的 P2P 网贷公司为对象进行研究，而本书则以中小型 P2P 网络借贷公司的集群化为核心来进行研究。P2P 网络借贷集群是小而弱的 P2P 网络借贷公司与技术先进的大数据公司、经验丰富的信用评级公司、资金雄厚的担保公司等，通过互联网信息技术在整个信息空间中跨区域、跨行业的泛空间集聚，组成的介于完全市场化组织与单一企业组织之间的“中间网络组织”。

P2P 网络借贷集群形成之后会在集群内部建立 P2P 网络借贷虚拟集群社区，虚拟集群社区内部的每一个成员都会拥有自身的虚拟社会资本，成员为维持和提升自身声誉，将努力降低成员间的信息不对称，从而降低交易费用、信用风险以及操作风险，营造一个良好的交易氛围。同时，P2P 网络借贷集群将会依托集群共享建设网贷大数据，依托集群自律塑造集群品牌，依托集群品牌开展市场竞争，通过有序竞争实现对整个市场的风险管控。

集群思想已经覆盖了大部分传统产业，部分高技术和文化创意等新兴产业领域，目前尽管鲜有关于网贷集群的论述，但是国内外诸多学者在不同的学科体系下采用不同的理论和模型工具探寻金融产业集群，为本书探究网贷集群提供了理论依据。而本书关于网络借贷集群的研究可以填补相关领域的空白,从而为小型金融机构的发展提供借鉴。

1.1.2.3 应用前景

网络借贷以泛空间化的成本优势及效率优势为小微企业融资提供了新渠道,然而与美英两国网络借贷平台集约化经营相比,我国松散无序的发展现状导致网络借贷平台问题频发,威胁着网贷行业的可持续发展。

本书把我国 P2P 网络借贷纳入小微企业融资和创新创业的战略布局中,明确 P2P 网络借贷的发展目标及定位,进而寻求破解令政府两难的规模困境和监管困境之道。这一研究成果可以为中小型 P2P 网络借贷集群发展提供理论依据,使 P2P 网络借贷公司既能保持灵活便捷的优势,又能契合小微企业信贷的需要。P2P 网络借贷集群作为一个利益共同体,利益一致性的约束激励可破解委托代理失灵问题,通过集群自律而减少信息不对称,在节约监管成本的同时降低风险。同时,建立跨区域的网贷升级转型与协调监管政策体系,提升我国网贷集群的竞争力和专业素养,优化网贷市场主体结构、竞争机制和风险管控,可以为政府监管网贷公司及自我风险管控提供新的思路,从而形成"网贷公司'小而不弱',网贷集群'大而不僵',网络借贷'对接双创',监管自律'协同管控'"的网贷行业有序发展的长效机制。

在"双创"背景下,网贷行业应以"互联网+集群"为支撑平台,顺应创新创业的小微信贷需求,通过共享网贷信息资源以及优化集群协调机制,实现转型升级,构建完整的网贷行业创新生态圈。

综上所述,将网络借贷集群纳入小微企业创新创业的战略布局,可以为寻求破解令政府两难的规模困境和监管困境提供新思路。

1.2 文献述评

1.2.1 关于网络借贷

网络借贷作为一种新兴的互联网金融服务,正在蓬勃发展,并成为国内外学术研究的热点,相关文献丰富。以下从国内外两个方面分别进行评述。

1.2.1.1 国外网络借贷文献述评

国外网络借贷发展较早且较为成熟,国外学者主要从三个方面对网络借贷进行研究。

一是关于借款成功率影响因素的研究。Lin 等①以美国的一家 P2P 网络借贷平台 Prosper 为例,进行实证研究,发现借款者的社会资源越丰富,借款者就越容易以较低的借款成本获得借款,并且该借款的违约率更低。Puro 等②发现借款者的信用评级、负债偿还比例和当前逾期记录能够预测新的借款成功率。Gordy③ 认为,借款者的体貌特征和种族类别也会影响 P2P 网络借贷中贷款者的投资行为,并认为外貌较好及具有吸引人的气质的借款者能更易达到借款目的。Ravina④、Duarte 等⑤也发现相貌好的借款者的借款成功率高,违约率较低。Klafft⑥ 指出,在 Prosper 上被评级为 HR 的人占了总借款人的 57.4%,但是其中只有 5.5% 的人成功获得借款,而借款成功率在评级 AA 的人群中可以达到 54%。Herzenstein⑦、Lin 等⑧认为信用等级、社会网络信息等会影响 P2P 网络借贷的借款成功率。Pope 和 Sydnor⑨、Bellucci 等⑩、Humphrey 等⑪、Raddant 等⑫、Ramcharan 等⑬发现借款者主动提供自己的特征信息,如种族、婚姻、照片、收入、所在地区等有助于借款成功,并且未经验证的软信息对借款结果的影响大于经验证的硬信息。

---

① LIN M F, PRABHALA N R, VISWANATHAN S. Juding borrowers by the company they keep: Friendship networks and infomation asymmetry in online peer-to-peer lending[J]. Management Science, 2013, 59(1): 17 – 35.

② PURO L, TEICH J E, WALLENIUS H, et al. Borrower decision aid for people-to-people Lending[J]. Decision support systems, 2010, 49(1): 52 – 60.

③ GORDY M B. Saddle point approximation of credit risk + [J]. Banking and finance, 2008, 26(7): 1335 – 1353.

④ RAVINA E. Love and loans: The effect of beauty and personal characteristics in credit markets [J]. Journal of finance, 2008.

⑤ DUARTE J S, SIEGEL S, YOUNG L. Trust and credit: The role of appearance in peer-to-peer lending [J]. Review of financial, 2012, 25(8): 2455 – 2483.

⑥ KLAFFT M. Peer to peer lending: Auctioning mircocredits over the internet[C]// Proceedings of the international conference on information systems, technology management. United Arab Emirates, 2008.

⑦ HERZENSTEIN M, DHOLAKIA U M, ANDREWS R L. Strategic herding behavior in peer-to-peer loan auctions[J]. Journal of interactive marketing, 2010, 25(1): 27 – 36.

⑧ LIN M F, PRABHALA N R, VISWANATHAN S. Juding borrowers by the company they keep: friendship networks and infomation asymmetry in online peer-to-peer lending[J]. Management Science, 2013, 59(1): 17 – 35.

⑨ POPE D G, SYDNOR J R. What's in a picture? Evidence of discrimination form Prosper. com[J]. Journal of human resources, 2011, 46(1): 53 – 92.

⑩ BELLUCCI A, BORISOV A, ZAZZARO A. Do banks price discriminate spatially? Evidence from small business lending in local credit markets[J]. Journal of banking & finance, 2013, 37(11): 4183 – 4197.

⑪ HUMPHREY C, MICHICHAELOWA K. Shopping for development: Multilateral lending, shareholder composition and borrower preferences[J]. World development, 2013, 44: 142 – 155.

⑫ RADDANT M. Structure in the Italian overnight loan market[J]. Journal of international money and finance, 2014, 41: 197 – 213.

⑬ RAMCHARAN R, CROWE C. The impact of house prices on consumer credit: Evidence from an internet bank[J]. Journal of money, credit and banking, 2013, 45(6): 1085 – 1115.

二是关于P2P网络借贷风险的研究。Surfi① 分析了P2P网络借贷模式，指出P2P网络借贷面临的信用风险源于交易双方之间存在的信息不对称问题，并且P2P网络借贷的交易主体大多缺乏经验，这一现象会提高信用风险。Emekter等②利用Lending Club的数据，对P2P网络借贷的特性进行了探讨并对其信用风险进行了评估，研究发现信用等级、债务收入比、FICO分数在贷款违约中扮演着重要的角色，贷款违约率或贷款违约的可能性随着借款人提升信用风险而增加。Jefferson等③等对贷款者对借款者的信任等级采取了实证分析，认为贷款者更乐于向信赖等级高的借款者发放资金，此现象说明在这个信息极度不对称的P2P网络借贷平台中，"信任"对贷款者的投资决定具有极大影响。Klafft④研究认为，借款者的信用评级是决定P2P网络借贷交易中借款利率的重要因素之一，因信用问题在传统金融机构不能得到贷款的借款者同样无法在P2P网络借贷平台得到贷款。Barasinska⑤ 从放贷者的性别与风险偏好方面进行研究，认为相比于男性投资者，女性投资者具有利他主义倾向，更有可能将资金投给信用较低、风险更大的借款者。Wang等⑥认为在多家竞拍模式下的P2P网络借贷平台中存在的"羊群行为"不仅会增加投资风险，而且会错失良好的投资机会，从而造成贷款者资金的浪费。Lee等⑦、Zhang等⑧认为P2P网络借贷中的贷款者投资行为具有"羊群效应"。Ravina⑨、Barasinska等⑩等发现P2P网络借贷中存在诸如性别、人种、职业等的歧视问题。

---

① SURFI A. Information asymmertry and financing arrangements: Evidence from syndicated loans[J]. Journal of finance, 2007, 25(1): 629 – 668.

② EMEKTER R, TU Y, JIRASAKULDECH B, et al. Evaluating credit risk and loan performance in online peer-to-peer (P2P) lending[J]. Apllied economics, 2015, 47(1): 54 – 70.

③ JEFFERSON D, STEPHAN S, LANCE A. Trust and credit[C]// AFA atlanta meetings paper. America, 2010.

④ KLAFFT M. Peer to peer lending: Auctioning mircocredits over the internet[C]// Proceedings of the International Conference on Information Systems, Technology Management. United Arab Emirates, 2008.

⑤ BARASINSKA N. The role of gender in lending business: Evidence from an online market for peer-to-peer lending[J]. The New York times, 2009, 217266: 1 – 25.

⑥ WANG H, GREINER M. Herding in multi-winner auctions[C]. ICIS Proceedings, 2010: 235.

⑦ LEE E, LEE B. Herding behavior in online P2P lending: an empirical investigation[J]. Electronic commerce research and applications, 2012, 11(5): 495 – 503.

⑧ ZHANG K, CHEN X. Herding in a P2P lending marking: rational inference or irrational trust? [J]. Electronic commerce research and applications, 2017, 23: 45 – 53.

⑨ RAVINA E. Love and loans: The effect of beauty and personal characteristics in credit markets [J]. Journal of finance, 2008.

⑩ BARASINSKA N, SCHAFER D. Is crowdfunding different? Evidence on the relation between gender and funding success from a german peer-to-peer lending platform[J]. German economic review, 2014, 15(4): 456 – 452.

三是关于社会资本对网络借贷影响的研究。Zhang 和 Liu① 认为 P2P 网络借贷为社交借贷。全球最大的网贷平台 Lending Club 与社交媒体 Facebook 合作,利用后者巨大的社交网络来扩大其借贷范围。Freedman 和 Jin② 研究发现在社交网络上评价较好的借款人借款利率往往比较低。Benjamin 和 Robert③ 发现,借助平台信誉系统,可以获取借款者的名声、个人信誉等社会资本信息,这有助于缓解道德风险和逆向选择问题,并且在成本上比传统借贷模式更加低廉。Frerichs 等④通过分析 Smava 数据指出群组规模对网贷成功率有显著影响,同时指出小规模群组更能提高借款成功率。Leung 和 Sharkey⑤ 指出,社会群组的分类过多将难以提供区分群组特点的决定性证据,这将降低借款人的借款成功率。Maier⑥ 指出投资人更可能为提供验证服务的借款人提供更低利率的资金,同时指出加入群组的资金需求者更易获得贷款。Xu 等⑦通过比较中美两国网贷市场,发现社会资本不只对美国市场利率有影响,对中国的借贷成功率影响更显著。Everett⑧ 发现如果贷款组里有与借款人现实生活中有联系的人,如同事或校友时,违约的概率会下降很多。

1.2.1.2 国内网络借贷文献述评

国内学者对中国的 P2P 网络借贷也进行了丰富的研究。国内学者主要从以下四个方面进行了大量的研究。

一是比较国内外 P2P 网络借贷的不同。张正平等⑨比较了国内外 P2P 网络借

① ZHANG J J, LIU P. Rational herding in microloan markets[J]. Management science,2012,58(5): 892-912.

② FREEDMAN S, JIN G Z. Do social networks solve information problems for peer-to-peer lending? Evidence from prosper[J]. Working paper,2008,9(8):43.

③ BENJAMIN C,ROBERT H. Sending mixed signals: Multilevel reputation effects in peer-to-peer lenidng markets[C]// Proceedings of the 2010 ACM Conference on Computer Supported Cooperative Work,2010:197-206.

④ FRERICHS A,MICHAELIS C,WIENEKAMP M,et al. Usage of pre-made text-modules and peer-groups for mitigating information asymmetry in social lending: Evidence on funding success from German platform smava [J]. International journal of e-business research,2013,9(3): 1-26.

⑤ LEUNG M D,SHARKEY A J. Out of sight,out of mind? Evidence of perceptual factors in the multiple-category discount[J]. Organization science,2014,25(1): 171-184.

⑥ MAIER M S. Lending to strangers: Does verification matter? [R]. University of Alberta,2014.

⑦ XU Y,LUO C,CHEN D Y,et al. What influences the market outcome of online P2P lending marketplace? [J]. Journal of global information management,2015,23(3): 23-40

⑧ EVERETT,C R. Group membership,relationship banking and loan default risk:The case of online social lending[J]. Banking & finance review,2015,7(2).

⑨ 张正平,胡夏露. P2P 网络借贷:国际发展与中国实践[J]. 北京工商大学学报(社会科学版),2013,28(2):87-94.

贷的现状、模式、特点,提出国内P2P网络借贷主要存在法律法规不健全、监管不到位的问题。陈宗义①认为相对于英美成熟的P2P网络借贷运行模式,我国P2P网络借贷行业应该坚守信息中介的地位,并且建立完善的征信体系。

二是关于P2P网络借贷风险管控的研究。叶青等②运用多元回归模型进行风险识别,发现利率高是问题平台的最重要的变量。宋琳等③从委托代理角度分析风险存在的原因,提出建立有效的信息发送和信息甄别机制,建立健全信用评价体系的建议。王会娟④认为信用评级越高,借款成功率越高且借款成本越低。谈超等⑤发现信号传递博弈模型可以解决平台内的逆向选择问题,而信用担保的介入可以防范平台中的道德风险。张成虎等⑥采用层次分析法和决策实验室法对信用风险进行测量。王峰⑦提出需要出台相关法律,防范法律风险;进行资金托管,建立风险准备金,防范经营风险;建立个人信用评价体系,防范信用风险。孙宝文等⑧利用二元回归模型指出投资者可以从平台运营基础、高管背景、收益率、风险控制能力和网民舆情五个维度识别平台是否陷入财务困境。郑思海等⑨运用DEA模型对平台的运营效率进行分析,同时使用面板数据对其影响因素进行实证分析。王博⑩发现网贷市场中虚拟社会资本的存在对参与主体的信用行为选择产生积极的影响,同时建议建立完善的信用测度体系提升个人信用水平。

三是关于P2P网络借贷技术的研究。聂进等⑪运用层次分析法建立网贷平台的评价体系,并从链接分析的角度进行评价和分析。柳向东等⑫、于晓虹⑬认为随

---

① 陈宗义.英美成熟P2P商业平台运营模式特征解析及启示[J].商业经济管理,2017(1):73-84.

② 叶青,李增泉,徐伟航.P2P网络借贷平台的风险识别研究[J].会计研究,2016(6):38-45,95.

③ 宋琳,郝光亮.委托代理视角下P2P网贷平台风险防控研究[J].山东社会科学,2015(3):108-112.

④ 王会娟.P2P网络借贷中出借人的投资策略[J].金融论坛,2014,19(10):29-36.

⑤ 谈超,王翼宁,孙本芝.P2P网络借贷平台中的逆向选择和道德风险研究[J].金融经济学研究,2014,29(5):100-108.

⑥ 张成虎,武博华.中国P2P网络借贷信用风险测量[J].统计与信息论坛,2017,35(5):110-115.

⑦ 王峰.我国P2P网络借贷平台风险监管及防范[J].中国流通经济,2016,30(11):121-127.

⑧ 孙宝文,牛超群,赵宣凯,等.财务困境识别:中国P2P平台的风险特征研究[J].中央财经大学学报,2016(7):32-55.

⑨ 郑思海,田原,金璐.基于DEA方法的我国P2P网贷平台运营效率研究[J].经济研究参考,2016(20):67-92.

⑩ 王博.P2P网贷市场中虚拟社会资本对个人信用的引致影响[J].求是学刊,2017,44(1):50-57.

⑪ 聂进,胡琳霜.基于链接分析的P2P网络借贷平台评价探析[J].图书馆学研究,2015(13):37-45.

⑫ 柳向东,李凤.大数据背景下网络借贷的信用风险评估:以人人贷为例[J].统计与信息论坛,2016,31(5):41-48.

⑬ 于晓虹.基于随机森林的P2P网络借贷信用风险评价、预警与实证研究[J].问题探讨,2016(2):53-58.

机森林模型对风险样本的识别正确度高达100%，具有很高的使用价值和预测能力。王立勇等①采用二层次Critic—灰色关联模型构建P2P风险评价体系。吴建刚②认为区块链技术点对点转账和去中心化的分布式系统，与P2P网络借贷有天然的契合度。李政道等③认为区块链技术建立的黑白名单，能从根本上改变现代金融的征信体系，有效解决信用风险。孙国茂④认为区块链技术能够降低信息不对称的风险，加速完成金融交易，降低交易成本。

四是关于P2P网络借贷有效监管的研究。有效的风险防范离不开全面、高效、可操作的监管体制，伍兴龙⑤借鉴国外成熟的监管经验，提出建立健全网贷监管体系的建议。罗斯丹等⑥结合对网贷风险的分析，提出要建立维持金融体系稳定、保证网贷行业有法可依的监管体系。潘锡泉⑦针对我国P2P网贷发展面临的四大风险提出监管思路，以推进我国网贷的健康发展。王长江等⑧提出采用“行业自律+担保”模式，通过引入资金第三方管存和平台“去担保化”对我国网贷平台进行有效监管。俞林等⑨通过建立互联网金融参与主体之间的博弈分析模型来完善监管体系。李鑫⑩通过分析中国金融监管体制来揭示中国P2P网贷高速发展及异化的原因。苏凯荣等⑪对网贷公司和监管机构的监管行为进行演化分析，得出监管机构从政策上激励网贷公司合规经营的稳定策略。常振芳⑫提出政府监管的改革路径，建议以市场秩序理论为政府监管的基础来推进市场创新，吕守军等⑬运用演化博弈模型分析监管机构和网贷公司的行为，提出相关激励政策以促进金融

---

① 王立勇，石颖. 互联网金融的风险机理与风险度量研究：以P2P网络借贷为例[J]. 东南大学学报（哲学社会科学版），2016，18(2)：103－112，148.

② 吴建刚. 区块链应用于P2P贷款的适用性与难点分析[J]. 上海金融，2017(2)：52－58.

③ 李政道，任晓聪. 区块链对互联网金融的影响探析及未来展望[J]. 技术经济与管理研究，2016(10)：75－78.

④ 孙国茂. 区块链技术的本质特征及其金融领域应用研究[J]. 理论学刊，2017(2)：58－67.

⑤ 伍兴龙. 我国网络借贷发展现状与监管路径探析[J]. 南方金融，2013(3)：43－47.

⑥ 罗斯丹，王苒. 我国加强P2P风险的监管研究[J]. 经济纵横，2014(9)：28－31.

⑦ 潘锡泉. 我国P2P网贷发展中蕴含的风险及监管思路[J]. 当代经济管理，2015，37(4)：49－53.

⑧ 王长江，杨金叶. P2P网络借贷的风险与监管模式研究[J]. 经济纵横，2015(4)：98－102.

⑨ 俞林，康灿华，王龙. 互联网金融监管博弈研究：以P2P网贷模式为例[J]. 南开经济研究，2015(5)：126－139.

⑩ 李鑫. 金融监管与中国P2P网贷的发展及异化[J]. 财经科学，2016(5)：32－40.

⑪ 苏凯荣，崔钰洁. 基于演化博弈论视角下P2P网贷模式选择与监管分析[J]. 商场现代化，2015(15)：74－76.

⑫ 常振芳. P2P网贷创新与监管问题研究[J]. 经济问题，2017(7)：53－57.

⑬ 吕守军，徐海霞. 金融创新与金融监管的动态博弈及对我国金融监管改革的启示[J]. 新疆社会科学，2017(5)：25－32，148.

监管创新。杨咸月等①借鉴英、美、德、法四国成熟的网贷经验，为我国 P2P 网贷市场的长效机制建设提出政策建议。杨建辉等②通过分析目前网贷平台的问题，提出平台风险监管的对策，并基于闭环控制原理构建监管模型。

以上文献都是以独立的 P2P 网络借贷公司为研究对象，从国内外 P2P 网络借贷的异同、参与者信用、参与者以及 P2P 网络借贷公司的风险评价等方面对 P2P 网络借贷进行的研究。然而，国内 P2P 网络借贷的现状是数量多、规模小、协作差，在契合小微信贷需求的同时，风险管控弱，问题仍然频发。

1.2.2 关于产业集群

尽管鲜有关于 P2P 网络借贷集群的论述，然而学者们针对产业集群的研究则比较充实。集群是一个促进知识创造的场所，集群通过推动个体企业创造知识来为集群及集群中的企业创造竞争优势。现有文献主要聚焦于集群企业之间的知识交易。

1.2.2.1 *产业集群文献述评*

目前，产业集群已覆盖了大部分传统产业、部分高技术和文化创意等新兴产业领域，且正从东南沿海向中西部地区逐步扩张。产业集群所具有的集聚优势和知识溢出效应会加速知识在集群内部企业间的扩散，提高集群内部企业、产业与区域的竞争力。随着科技的发展，产业集群多以创新集群为发展目标。创新集群是产业集群的高级形式，从世界范围看，各国均形成了独具特色的创新集群，如美国的“硅谷”、韩国的“大德”、印度的“班加罗尔”以及我国台湾地区的“新竹”，发展创新集群已成为世界各国推动产业创新，促进经济快速增长的重要战略。

在产业集群方面，蔡宁等③、王发明等④、王聪聪等⑤从产业集群复杂的网络结构角度对风险进行分析。孙华平⑥认为产业集群的形成和动态演化存在路径依赖。王卫东⑦指出，目前学者多从集群网络结构的视角研究产业集群的风险问题，缺乏对产业集群风险的量化研究。

---

① 杨咸月，朱辉. 中国 P2P 网贷市场亟待长效机制建设：来自英、美、德、法四国经验[J]. 上海经济，2017(6)：106 – 119.

② 杨建辉，林焰. 基于自动控制视角下的 P2P 平台风险监管研究[J]. 管理现代化，2017(4)：109 – 112.

③ 蔡宁，吴结兵，殷鸣. 产业集群复杂网络的结构与功能分析[J]. 经济地理，2006(3)：378 – 382.

④ 王发明，刘传庚. 基于复杂网络视角的产业集群风险研究[J]. 商业研究，2009(11)：66 – 70.

⑤ 王聪聪，蔡宁，黄存. 产业集群多层次网络结构对集群风险扩散的影响[J]. 重庆大学学报(社会科学版)，2013，19(5)：50 – 55.

⑥ 孙华平. 产业集群网络动态演化的稳定性分析[J]. 统计与决策，2009(17)：49 – 51.

⑦ 王卫东. 产业集群的网络组织结构与风险研究综述[J]. 工业技术经济，2010，29(3)：130 – 132.

1.2.2.2 虚拟产业集群文献述评

在虚拟产业集群方面,陈小勇①解释了产业集群的虚拟转型,认为分工是产业集群的优势所在。庞俊亭等②提出虚拟产业集群的风险规避路径。杜丹阳等③对虚拟产业集群的概念进行了界定,并详细介绍了虚拟产业集群的产生过程以及产业集群在结构、成员、组建和运行保障四个方面的研究成果。吴哲坤等④认为我国虚拟产业集群的相关研究不够深入,对风险认识不足,建议采取跨区域合作,增强大数据理念,以促进虚拟产业集群的健康发展。宋昱雯等⑤对我国虚拟产业集群的发展现状进行了初步的研究。高长元等⑥对我国的高技术虚拟产业集群的产生及组织模式进行研究,阐述了高技术虚拟产业集群的概念、形成原因、组织结构和功能以及组织模式。姜晓丽等⑦运用博弈分析方法分析了集群成员企业间的资源共享过程,并发现了促进成员间资源共享的条件。曾繁英⑧认为集群治理的根本目的是提升产业集群的整体利益,获取集群的剩余价值。李宁等⑨指出集群内部协调机制的目标在于追求集群剩余价值,并且分析了集群内部的协调机制和集群剩余价值之间的联系。李学迁等⑩、王梅等⑪⑫、朱兵等⑬利用超网络模型从不同角度解释了产业集群的网络演化和升级路径。

1.2.2.3 金融产业集群文献述评

随着金融经济的快速发展,金融产业集群逐步成为现代金融产业的基本组织形式。学术界将研究重点放在了金融产业集群的概念、金融产业集群的形成原因、

① 陈小勇. 产业集群的虚拟转型[J]. 中国工业经济,2017(12):78-94.

② 庞俊亭,游达明. 我国区域产业经济发展风险规避路径研究:基于虚拟产业集群视角[J]. 经济地理,2011,31(5):805-809.

③ 杜丹阳,郑方. 虚拟产业集群理论在中国的演进[J]. 江西社会科学,2008(5):89-93.

④ 吴哲坤,金兆怀. 关于我国虚拟产业集群发展的思考[J]. 东北师大学报(哲学社会科学版),2015(6):82-86.

⑤ 宋昱雯,刘利. 我国发展虚拟产业集群的问题初探[J]. 宏观经济研究,2006(11):57-59,63.

⑥ 高长元,程璐. 高技术虚拟产业集群的产生及组织模式研究[J]. 科技进步与对策,2011,28(1):52-55.

⑦ 姜晓丽,高长元,张睿. 高技术虚拟产业集群资源共享激励机制研究[J]. 科技进步与对策,2013,30(09):60-65.

⑧ 曾繁英. 集群治理目标:集群剩余最大化[J]. 商业研究,2009(3):46-49.

⑨ 李宁,杨蕙馨. 集群剩余与企业集群内部协调机制[J]. 南开管理评论,2005(2):60-64.

⑩ 李学迁,朱道立,李进,等. 全球生产网络视角下产业集群的网络演化[J]. 科技进步与对策,2010,27(13):54-56.

⑪ 王梅,王文平. 基于超网络视角的产业集群升级研究[J]. 管理学报,2012,9(4):570-577.

⑫ 王梅,王文平,杨东. 互补性知识超网络视角下的产业集群升级研究[J]. 科技进步与对策,2013,30(2):60-65.

⑬ 朱兵,张廷龙,吴冬梅. 产业集群超网络均衡研究[J]. 经济与管理研究,2011(9):52-58.

金融产业集群的网络结构以及集群视角下中小企业融资问题等几个方面。

闫彦明①对金融服务业集群的独特性进行了分析,认为现代金融服务业产业链条长而复杂,关联度较高,金融服务业集群网络结构中不仅有金融企业,也有其他行业企业、高校、科研机构与金融企业进行合作。黄靖等②针对金融产业集群中不同企业对社会网络结构的影响力差异,构建基于个体点权择优的金融产业集群社会网络模型,较好地还原了现实金融产业集群社会网络的拓扑结构特性,对金融产业集群的发展和风险管理具有一定的现实意义。罗正英③、李俊江等④、宋华等⑤都从集群化视角探讨小微企业融资问题、条件及优势,并据此提出解决小微企业融资难的对策。张帆⑥从金融产业本质特性出发,提出金融产业虚拟集聚概念,认为金融产业虚拟集聚是我国金融体制改革和创新环境中金融产业竞争与合作的重要组织形式,是其空间集聚发展的必然。

综上所述,当前学者主要关注产业集群的两个方面:一是地理集聚性,二是集群各部分的交互作用。地理聚集对企业集群的发展起着重要作用,但集群周期理论认为,当集群发展到成长期和成熟期之后,地理集聚将不再成为促进集群发展的关键因素,取而代之的是集群网络关系。而网络借贷的独特线上交易模式就打破了区域的限制,可进行跨区域、跨行业集群——泛空间集群。金融产业集群的发展促进了金融产业的体制改革和创新发展,也为我国网贷行业解决小微企业融资问题提供了新思路。

1.3 概念界定

1.3.1 网络借贷

中国人民银行、工业和信息化部、公安部等十部门发布的《关于促进互联网金融健康发展的指导意见》指出:“网络借贷包括个体网络借贷(即 P2P 网络借贷)和网络小额贷款……网络借贷业务由银监会负责监管。”

个体网络借贷又称 P2P 网络借贷,其中 P2P 是 Peer to Peer 的简写,表示个体

---

① 闫彦明. 金融服务业集群的网络结构:上海案例的实证分析[J]. 上海经济研究,2009(12):77 - 87

② 黄靖,马超群,姚铮. 金融产业集群社会网络建模仿真与实证[J]. 系统工程,2015(11):1 - 9.

③ 罗正英. 中小企业集群信贷融资:优势、条件与对策[J]. 财贸经济,2010(2):31 - 36.

④ 李俊江,于众. 产业集群视角下小微企业的融资问题、优势及对策[J]. 当代财经,2015(4):60 - 65.

⑤ 宋华,卢强. 基于虚拟产业集群的供应链金融模式创新:创捷公司案例分析[J]. 中国工业经济,2017(5):172 - 192.

⑥ 张帆. 金融产业虚拟集群知识溢出效应的理论研究[J]. 科研管理,2016(4):409 - 416.

对个体或点对点。个体网络借贷是个体和个体之间通过互联网平台实现的直接借贷。在个体网络借贷平台上发生的直接借贷行为属于民间借贷范畴,受《中华人民共和国合同法》《中华人民共和国民法通则》等法律法规以及最高人民法院相关司法解释规范。个体网络借贷要坚持平台功能,为投资方和融资方提供信息交互、撮合、资信评估等中介服务。个体网络借贷机构要明确信息中介性质,主要为借贷双方的直接借贷提供信息服务,不得提供增信服务,不得非法集资。

网络小额贷款是互联网企业通过其控制的小额贷款公司,利用互联网向客户提供的小额贷款。小额贷款公司是由自然人、企业法人与其他社会组织投资设立的经营小额贷款业务的有限责任公司或股份有限公司,不吸收公众存款。小额贷款公司是企业法人,有独立的法人财产,享有法人财产权,以全部财产对其债务承担民事责任。网络小额贷款应遵守现有小额贷款公司监管规定,发挥网络贷款优势,努力降低客户融资成本。

如果没有特别说明,本书中的网络借贷,仅指 P2P 网络借贷。网络借贷平台的模式起源于欧美,其典型模式为:网络借贷公司提供平台,由借贷双方自由竞价,撮合成交,资金借出人获取利息收益,并承担风险;资金借入人到期偿还本金;网络借贷公司收取中介服务费。

网络借贷是互联网技术和传统民间借贷相融合的产物。民间借贷基于地缘、血缘关系,手续简便、方式灵活,具有正规金融不可比拟的竞争优势,在一定程度上适应了中小企业和农村地区的融资特点和需求,增强了经济运行的自我调节能力,是对正规金融的有益补充。网络借贷是一种较为阳光透明的民间借贷方式,是我国现有金融体系的补充。

网络借贷是连接个人和小微企业资金借贷双方的第三方网络平台,一切认证、记账、清算和交割等流程均可通过网络完成,借贷双方足不出户即可实现借贷目的,而且一般额度低、无抵押,纯属信用借贷。但应谨记,这个网络平台是由网贷公司独立开设和运营的,缺乏有效监管,潜在风险巨大。

P2P 网络借贷属于互联网替代金融的范畴。互联网替代金融是互联网金融的一个子集,为了区别于传统金融而提出了该概念,其突出特点是:直接对接出借人与借款人,主要包括众筹模式、P2P 网络借贷、互联网票据交易等, 比常用的互联网金融概念更为规范。

1.3.2 网络借贷集群

本书提出的网络借贷集群,是小而弱的网贷公司与技术先进的大数据公司、经验丰富的信用评级公司、资金雄厚的担保公司等,通过互联网在整个信息空间中跨区域跨行业的泛空间集聚，组成多个介于单一企业组织与完全市场化组织之间的“中间网络组织”——网络借贷集群。其主要功能是依托集群共建共享网贷大数据，依托集群自律来降低信息不对称的风险，在节约监管成本的同时降低风险，提高整体的安全性，并通过集群品牌的塑造与有序竞争，实现对整个市场的风险管控。

P2P网络借贷集群以集群整体及成员间合作效益为目标。数量众多的中小型P2P网络借贷公司以及相关机构，利用互联网技术在互联网平台上形成虚拟空间聚集，以“组织接近”代替“地理接近”，实现“网络聚集”。从成员构成来看，其成员突破地理位置的限制变得更加复杂化和多元化，主要包括集群平台公司、P2P网络借贷公司、监管机构、大数据公司、第三方托管机构、信用评级机构、投资者、借款者等。P2P网络借贷集群作为一个复杂系统，其整体功能不是成员之间的简单相加，而是通过逐渐形成的某种信息沟通方式和相互作用的路径依赖，整合成员之间的价值链，从而实现“1+1>2”的整体效益。

集群化的网络借贷，是对P2P网络借贷的升级优化，集群各方主体基于其功能角色而各尽其责、协同发展、循环制约。其中，集群公司侧重信用品牌经营，网贷公司侧重借贷产品经营，监管机构侧重宏观经济运行，投资者侧重资产可靠增值，融资者侧重项目规划实施。

1.4 研究思路与创新点

1.4.1 研究方法

本书在注重理论创新与对策研究的同时，将综合运用文献研究法、案例研究法、比较研究法、数学建模法、博弈分析法、仿真模拟法、实证研究法等进行研究。

1.4.2 技术路线与逻辑结构

本研究技术路线与逻辑结构包括以下四点。①自我认知。剖析网贷风险构成与动因，识别令监管者两难的关键制约因素，探求风险有效管控的切入点。②寻求理论依据。论证网贷集群的集聚结构，探讨网贷集群内部及网贷集群之间的竞合机制，分析网贷集群的效率边界、竞争优势及进退决策。③优化风险管控。构建五元四层蛛网化的网贷集群风险管控体系，将一些外部规制在集群品牌创建的驱动下内生化，从而通过集群自律而降低信息不对称。④建立长效推动机制。建立跨区域的网贷升级转型与协调监管政策体系，构建网贷集群竞争力评价体系，使其保持灵活便捷、契合小微信贷的优势特色。具体见下图1－2。

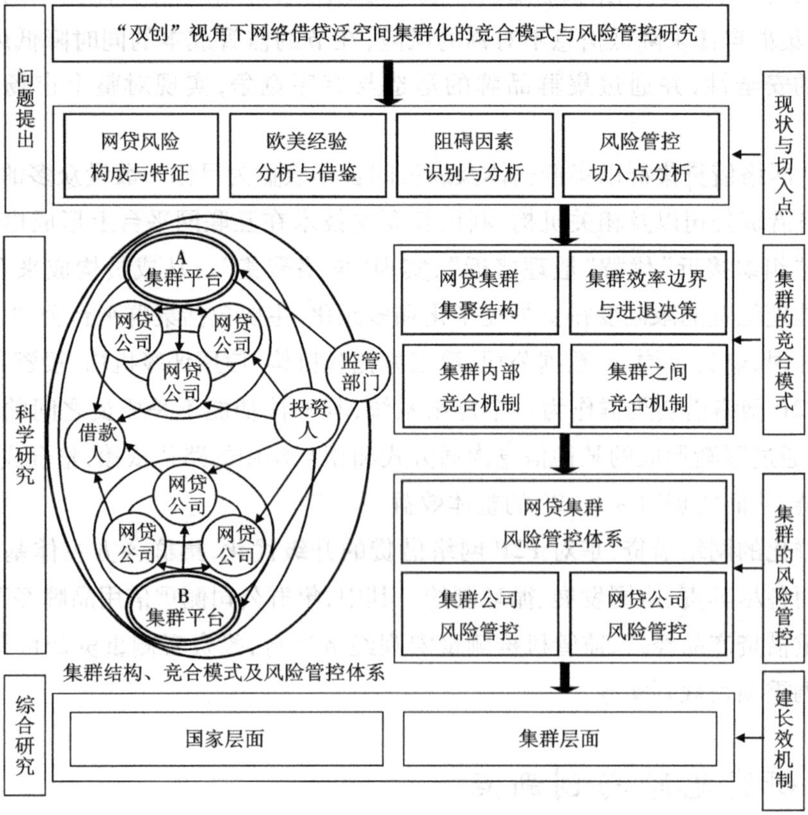

图1－2 技术路线与逻辑结构

1.4.3 主要创新点

(1)新视角。把我国网贷的发展纳入小微企业融资和创新创业的战略布局中,明确网贷的发展定位,寻求破解令政府两难的规模困境和监管困境的方法。

(2)新思想。基于网贷公司规模小、数量多、信誉低的现状,将小而弱的网贷公司与技术先进的大数据公司、经验丰富的信用评级公司、资金雄厚的担保公司等,通过互联网在整个信息空间中跨区域跨行业的泛空间集聚,组成多个介于完全市场化组织与单一企业组织之间的"中间网络组织"——网贷集群,依托集群共享建设网贷大数据,依托集群自律塑造集群品牌,依托集群品牌开展市场竞争,保持其灵活便捷、契合小微企业的优势特色。

(3)新策略。本书以小型网贷公司的集群为核心,基于网贷集群及其多元主体的协同效应来探究网贷市场竞争合作机制与风险管控。网贷集群作为一个利益共同体，利益一致性的约束激励可缓解委托代理失灵，五元四层蛛网化的风险管控可将一些外部规制在集群品牌创建的驱动下内生化，通过集群自律而缓解信息不对称，通过网贷集群之间有序竞争而实现对整个市场的风险管控。

（4）新观点。建立跨区域的网贷升级转型与协调监管政策体系，培育我国网贷集群的竞争力和专业素养，从而优化网贷市场主体结构、竞争机制和风险管控，形成我国网贷市场有序发展的长效机制。

第2章 网络借贷的发展现状与运营模式

与国外大型P2P网贷公司稳控市场不同,我国P2P网络借贷公司数量多、规模小,在契合个人和小微信贷需求的同时,受制于自身规模实力,大多难以真正发挥大数据与动态征信等互联网金融优势,风险管控能力弱,问题频发。本章在对比国内外网络借贷的基础上,从特征、流程、运营模式等角度分析我国网络借贷发展中存在的问题和制约因素。

2.1 网络借贷的发展现状

2015年4月,由全球网贷平台高管、投资机构银行家和相关行业学者参与的全球网络借贷行业规模最大的朗迪峰会(LendIt Summit)在美国旧金山举行,美国知名研究机构Lend Academy的创始人Peter Renton在会上以"Global Overview of Online Lending"为主题对全球P2P网络借贷行业进行了展望,他表示P2P网络借贷是世界互联网金融未来发展的重要趋势,目前中国、美国和英国是全球规模最大的三个P2P网络借贷市场,中国于2015年超越美国成为世界第一大P2P网络借贷市场。然而仅仅表现为交易规模不断扩大和中介平台数量剧增的中国P2P网络借贷行业,在发展中面临诸多问题,英国和美国作为P2P网络借贷的先驱,在发展规模、运营模式和管理等方面均有成熟的经验。因此,本书以美国和英国的P2P网络借贷为例对国外P2P网络借贷行业进行分析,并将其与我国进行相应的比较分析,以此探求我国P2P网络借贷与国外之间的差异,为后文P2P网络借贷问题的研究奠定基础,也为我国P2P网络借贷的良性发展提供参考。

2.1.1 美国

2006年,首家中介平台Prosper成立,标志着美国P2P网络借贷的开始。在美国,人们有提前消费的习惯,这使得美国的个人消费和信贷需求较高。由于信用卡利率偏高,再加上2008年美国次贷危机的影响,很多个体和企业无法通过传统金融机构获得所需融资和贷款。Prosper具有借贷成本低、借款方便快捷等优点,许多传统金融机构难以覆盖或无法覆盖的群体,纷纷转向P2P网络借贷,这为后续成立的中介平台提供了良好的市场进入机会，为美国P2P网络借贷行业的发展奠定了基础。美国P2P网络借贷行业经历了初期探索的时期、SEC加入监管的调整时期、稳定增长的发展时期三个发展阶段。在发展的初期，由于没有成功的经验借鉴，网络借贷发展面临一定的资金端匮乏和违约率上升等问题，整个行业曾一度陷入困境。

随着互联网金融行业的不断发展，从业者对经营模式不断进行探索，引入传统金融行业的风险管理手段和先进的金融科技技术，不断完善和规范P2P网络借贷运营。同时，美国政府部门也将P2P网络借贷纳入监管之中，2008年10月，美国证券交易委员会就因认定国内最大的两家P2P网络借贷中介平台Lending Club和Prosper出售未经注册的证券化金融产品，要求其暂停相关业务并按规定在证券监管部门登记。目前，美国P2P网络借贷在证券交易委员会(SEC)、联邦贸易委员会(FTC)、金融消费者保护局(CFPB)、货币监理署(OCC)、联邦存款保险公司(FDIC)等多家政府机构的严格监管下运行。证券交易委员会主要负责对平台进行监管，要求中介平台必须如实披露平台概况、交易记录、风险因素和借款标的等相关信息；联邦贸易委员会主要负责对违法违规的中介平台展开执法并进行相应处罚；金融消费者保护局负责保护参与者的金融消费权益，保障投资人的合法权益；货币监理署和联邦存款保险公司主要负责在各自的职责范围内对中介平台披露的信息以及交易情况进行监管，整个行业由此进入了一个平稳发展的时期。

因被纳入严格监管之下、建立在金融科技基础之上、依托于大数据技术和完善的社会征信体系，美国P2P网络借贷中介平台能够高效地进行资金匹配，科学分散风险，为出借人和借款人提供快捷的服务，促使整个行业逐步发展壮大。在中介平台方面，美国目前形成了以Lending Club和Prosper为主体，Kiva和SoFi等多家P2P网络借贷中介平台并存的格局，整个行业约有200家中介平台，主要分布在纽约、加州和德州等经济金融发达的沿海城市。在借款人方面，美国P2P网络借贷行业的信贷类型主要包括消费贷、小微贷和学生贷。其中，消费贷占据主导地位，截至2015年，美国消费贷交易量约为288亿美元，在同期互联网替代金融行业交易总量中的占比接近80%；小微贷的借款人主要是美国国内的小微企业，这些企业在传统金融机构难以获得借款而转向网络借贷中介平台，P2P网络借贷平台给这些企业的融资提供了便利，交易量增长迅速，2011年美国小微企业在网络借贷市场上的融资总额不到1亿美元，到2015年这一总额已接近19亿美元，四年间交易额增长了数倍，可见美国P2P网络借贷为小微企业融资发挥了重要作用；学生贷的借款服务对象主要为大学生，目前发展规模较小。在出借人方面，美国P2P网络借贷行业的参与者主要为机构投资者和个人，机构投资者在消费贷中的投资占比最高,投资金额占消费贷交易总额的60%。

2016年5月,由美国货币监理署、美国证券交易监督委员会、美联储和美国小企业管理局等多家机构参与撰写,美国财政部发布的网贷借贷白皮书《网络借贷市场的机会与挑战》明确表示,美国P2P网络借贷行业为实体经济提供了更多的融资渠道,作为互联网替代金融下的商业发展新模式,其将对美国经济的健康发展起到重要影响。该白皮书同时指出,未来P2P网络借贷可能作为新的经济模式而成为全球经济增长的新希望。

2.1.2 英国

英国的P2P网络借贷起源于2005年Zopa中介平台的成立,Zopa不仅开创了英国P2P网络借贷行业的先河,也是全球首家P2P网络借贷中介平台。英国作为世界上历史最悠久的金融中心之一,集聚了大量的金融人才和资源,有丰富的金融行业经验和知识积累,这给P2P网络借贷的发展提供了良好的市场环境。作为P2P网络借贷的发源地,英国也较早形成了完善的监管机制,P2P网络借贷在中央银行(BOE)、金融行为监管局(FCA)、风险投资协会(BVCA)和网络借贷协会(P2PFA)等多个政府部门和地方协会的监管下运行。在英国,P2P网络借贷中介平台需要经过金融行为监管局授权注册登记才具有经营资格,中介平台的运营不仅要严格遵守《消费者信贷法》《关于网络众筹和通过其他方式发行不易变现证券的监管规则》等相关法规,还要遵守行业自律协会制定的各项规则。监管方要求平台必须如实披露平台概识、交易记录、财务数据、违约率、客户投诉等信息,要求对投资人资金实行第三方存管,还出台了中介平台倒闭后借贷管理安排条例,确保在平台倒闭后,前期未完成交易能够得到妥善处理。因此,英国P2P网络借贷在较为成熟的金融环境和完备的监管体系下发展,运营规范,风险控制能力良好。

英国P2P网络借贷在发展初期主要服务于有信用卡透支还款需求或个人债务融资需求的借款人,后来逐步扩展到个人信贷、中小企业信贷、房地产信贷和票据融资交易等多个领域。目前形成了比较细化的市场布局:Zopa和RateSette主要专注于个人消费信贷,Funding Circle专注于中小企业信贷,Market Invoice专注于企业票据融资交易,Wellesley则专注于住宅地产投资信贷。目前英国P2P网络借贷已形成了以Zopa,Funding Circle和RateSette三家平台为主导,Wellesley,ArchOver和ThinCats等多家平台参与的行业格局,平台总数不多,运营场所比较集中。截至2015年年底,整个行业中共有90家左右的中介平台,主要分布于伦敦、利物浦和曼彻斯特等商业经济发达的城市。

剑桥大学互联网替代金融研究中心(CAF)于2016年2月发布的《2015年英

国互联网替代金融行业研究报告》显示，P2P 网络借贷已经成为英国互联网替代金融行业中规模最大、发展最成熟的商业模式，P2P 网络借贷行业的持续发展对英国实体经济产生了重要的影响。2015 年，以企业信贷为目标和以个人消费信贷为目标的 P2P 网络借贷交易量，位居互联网替代金融行业前两名，二者交易量占市场总交易量的 75% 。以企业信贷为目标的 P2P 网络借贷共为中小企业提供了将近 14.9 亿英镑的贷款，同比增长率为 99% ，2013 年到 2015 年的年均增长率为 194% ；以消费信贷为目标的 P2P 网络借贷为个人提供了 9.09 亿英镑的贷款，同比增长率为 66% ，2013 年到 2015 年的年均增长率为 78% 。同时，英国 P2P 网络借贷行业的出借人主要为机构投资者，2015 年英国互联网替代金融市场中机构投资者的数量同比增长 106% 。2015 年英国互联网替代金融行业交易量如图 2－1 所示，由图可知，以消费信贷和企业贷款为目标的 P2P 网络借贷成为英国互联网替代金融交易市场中的绝对主力。

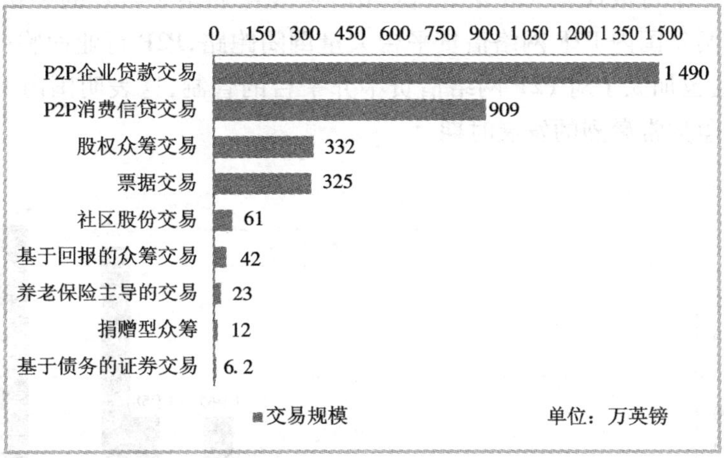

图 2－1 2015 年英国互联网替代金融行业交易规模

资料来源：*The 2015 UK alternative finance industry report*

2.1.3 中国

中国 P2P 网络借贷兴起于互联网金融高速发展的大背景下，借鉴了欧美经验并融合了国内民间借贷的元素和特点。2006 年国内首家 P2P 网络借贷公司宜信的成立，宣告中国 P2P 网络借贷作为互联网金融行业的新模式进入经济金融领域。中国 P2P 网络借贷行业经历了初期的低迷探索期，后来的迅速发展和爆发式增长、金融诈骗和非法集资盛行的野蛮生长期，最后发展到国家进行监管的调整时期。中国 P2P 网络借贷的发展现状主要体现为中介平台数量剧增、行业成交规模不断增长和中介平台问题频出。

1. P2P 网络借贷中介平台数量剧增

从 2006 年国内首家 P2P 网络借贷公司宜信成立以来,P2P 网络借贷中介平台的数量从初期的缓慢增加逐步发展为迅猛增长甚至呈现出爆发式的增长态势,2006 年到 2010 年国内平台从 1 家增长到 26 家,2013 年增加到 692 家,2014 年和 2015 年平台总数分别高达 1 962 家和 4 273 家。从 2013 年到 2015 年国内平台总数增加了 3 581 家,增加了 5 倍。图 2 - 2 的统计数据表明,从 2013 年开始,国内 P2P 网络借贷中介平台的数量迅速增加,且以几何级的倍数扩张,而产生这一现象的主要原因为互联网金融的推动。2013 年被称为中国互联网金融元年,互联网思维就像新时期的一场文艺复兴影响并改变了传统金融业形态,国内 P2P 网络借贷行业在经历了 7 年的沉寂之后伴随着互联网金融地位的确立而迅速崛起,P2P 网络借贷平台数目的剧增则是其最典型的表现形式。同样可以看到,2016 年上半年国内新增中介平台数仅有 328 家,只占 2015 年全年新增平台数的 1/6 左右,这主要是因为前两年国内 P2P 网络借贷平台大量倒闭跑路,P2P 行业面临巨大的信任危机,监管层也加大了对 P2P 网络借贷中介平台的管制,这表明国内 P2P 网络借贷进入了竞争异常激烈的发展时期。

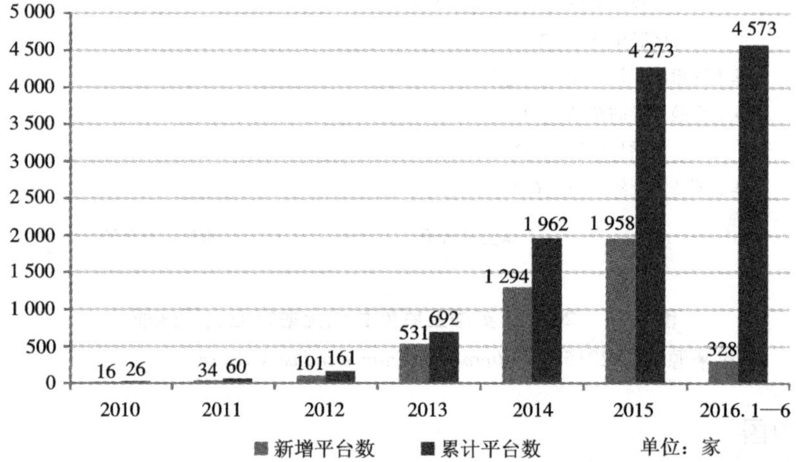

图 2 - 2　2010—2016. 6 国内 P2P 网络借贷平台数

资料来源:http://www.01caijing.com/

2. P2P 网络借贷行业成交规模不断增长

根据图 2 - 3 中的数据统计可知,2010 年到 2016 年 6 月为止,国内 P2P 网络借贷行业累计成交额已达到 22 076 亿元,贷款余额达到 6 213 亿元。从各年对比分析来看,整个网络借贷行业成交额呈现明显增长的时段,依旧是从2013年开始,而后成倍扩张,直至2015年全年成交额高达9 823亿元,2016年仅上半年交易额已达8 423亿元。就贷款余额而言,从2010年到2016年上半年,贷款余额由不到1亿元增加到6 213亿元,实现了跨越式的增长。这说明6年中有大量资金不断涌入P2P网络借贷行业,仍有许多投资者认可P2P网络借贷行业。

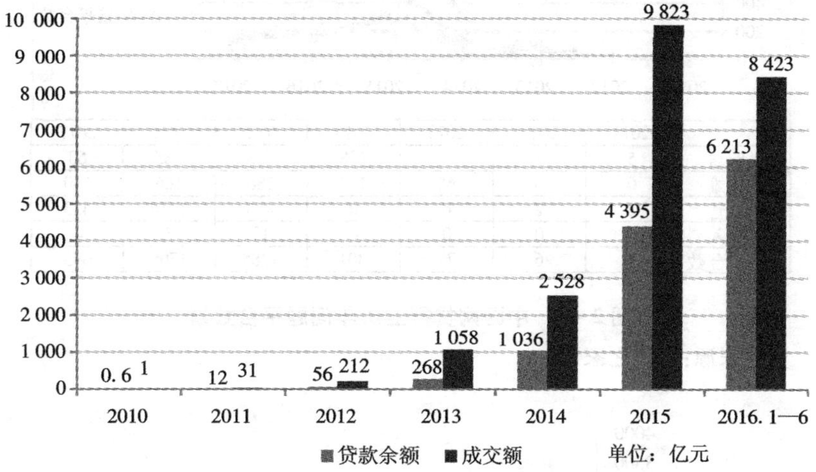

图2-3　2010—2016. 6国内P2P网络借贷交易规模

资料来源:http://shuju. wdzj. com/industry-list. html

3. P2P网络借贷中介平台问题频出

由于监管缺失和制度环境的特殊性,2015年我国网贷平台数量大幅增加,呈野蛮式发展趋势。从图2-4可以看出,我国网贷行业在高速发展的同时也明显出现了模式异化,并由此引发网贷风险。特别是进入2015年后,P2P网贷行业的问题开始集中爆发,根据网贷之家的不完全统计,截至2015年年底,网贷问题平台数量由2014年的301家突增为1 285家,出现停业、跑路、提现困难、经侦介入等问题。网贷监管细则的出台、网贷整改的进行,加速了问题平台的停业和跑路,截至2016年年底,网贷问题平台数达到了巅峰,为1 706家。2017年,网贷行业整改逐步完成,网贷行业监管初见成效,网贷行业问题平台数相比2016年大幅度减少,全年问题平台数为645家,问题平台数量占比持续降低。这表明我国网贷行业监管初见成效,未来行业发展环境将愈加健康。

监管细则的落地实施,实现了监管政策从无到有的突破。图2-5显示,截至2017年年底,网贷行业正常运营平台数量下降为1 931家,迈向了规范发展的新阶段。

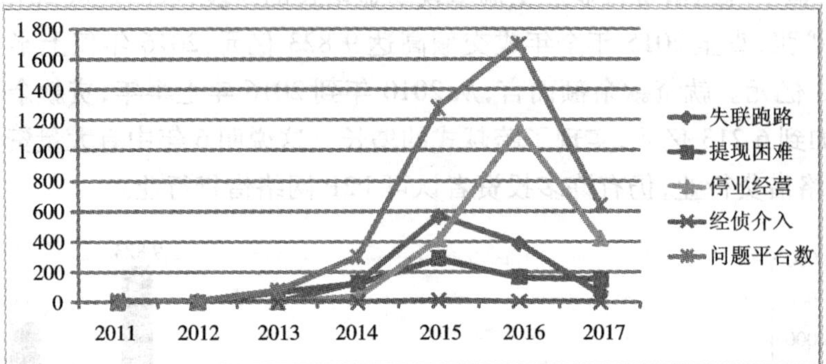

	2011	2012	2013	2014	2015	2016	2017
失联跑路	5	4	6	138	568	385	63
提现困难	0	0	65	123	286	166	150
停业经营	5	2	6	36	418	1150	423
经侦介入	0	0	0	4	13	5	4
问题平台数	10	6	77	301	1285	1706	645

图 2－4 中国网贷行业历年问题平台数量

资料来源：网贷之家

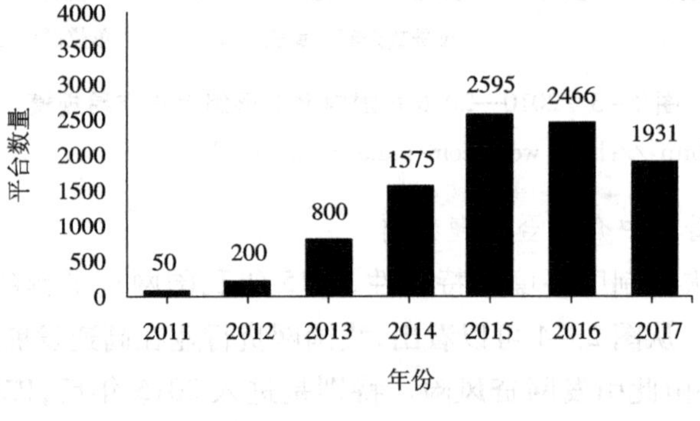

图 2－5 中国网贷行业历年正常运营平台数量

资料来源：网贷之家

2.2 网络借贷的特征与流程

P2P 网络借贷是通过互联网媒介将小额资金聚集起来，提供给资金需求者的商业模式，最早由 2006 年诺贝尔和平奖获得者、孟加拉国乡村银行创始者穆罕默德·尤努斯于 1979 年提出。随着互联网技术的飞速发展，这种商业模式逐渐由“线下”模式演化发展为“线上”或“线上线下”相结合的 P2P 网贷模式。

P2P 网络借贷平台的客户分为有闲置资金、希望通过投资获取收益的资金出借方以及有小额资金需求、无法从银行等金融机构取得借款的资金借入方。P2P网络借贷平台通过为资金供求双方提供信息服务，或充当借贷中介并对双方进行考察而收取服务费、账户管理费等而获取收入。

与其他的借贷方式相比，P2P网络借贷凭借其灵活、便捷的独特优势迎合了政府普惠金融的政策号召，能够有效地缓解小微企业和个人融资难的困境，故能够在我国得到迅猛的发展。

2.2.1 特征

相比传统金融行业，P2P网络借贷具有诸多特征。

1. 交易金额小、期限短

P2P网络借贷与一般的金融机构不同，其交易涉及的借贷业务金额小、期限短，使得P2P网络借贷成为我国传统金融媒介的一个重要补充，有效缓解了小微企业和个人融资难的困境。例如，我国拍拍贷的交易金额一般在0.3万元到50万元之间，借贷期限一般是3个月到12个月，最短可至几天。而且P2P网络借贷应用的还款方式多为每月分期，并非一次性还清本金和利息，提供的服务具有“金额小、期限短、随借随还”的特点。同时，由于网贷的出借金额较小，贷款人提供的资金通常被分散给多个借款人，降低了借贷风险。

2. 交易方式灵活、手续简单

P2P网络借贷的交易双方可以突破地理空间和时间上的限制，随时随地在互联网上进行交易。与此同时，P2P网络借贷比较重视借款者的信用材料，相应地淡化了复杂的层层审批程序，节约了线下审核的成本，使得融资手续变得简单，资金能够快速到账，为有紧急资金需求的借款人节约了时间、提供了便利。此外，P2P网络借贷的借款期限、还款方式、借款利息等都比较灵活，只要交易双方能够达成共识，就可以完成一笔交易。P2P网络借贷的利率可由借贷双方一起决定，贷款人能够根据自己的风险承受能力制定适宜的利率值发放贷款，同时借款人也能够依据自己的还款能力及金额的需求水平挑选适宜的利率值，P2P网络借贷利率一般在高利贷之下，同期金融机构贷款利率之上。

3. 参与者广泛、准入门槛低

网络借贷主要面向传统金融行业服务不到的长尾客户群，借款人大多是小微企业、中小型企业和个人，而贷款人基本都是居民个人，弥补了传统金融行业市场空缺。同时，网贷平台能够跨区域、跨行业连接借款人和贷款人，不具有借贷区域性和地方化的特征，有效实现了普惠金融的市场价值。与传统的金融机构不同，P2P网络借贷对于借款者财务状况的要求不高，只需要借款者提供具有良好信用状况的信用资料，即使没有担保或者抵押，也可以在P2P网络借贷平台上申请贷款。这种低融资门槛的特征扩大了P2P网络借贷交易双方的范围，使得个人及小微企业都可以比较容易地加入P2P网络借贷交易中。因此，P2P网络借贷能够充分利用社会上闲散的资金，从而加快社会闲散资金的周转效率，在此过程中，P2P网络借贷为资金拥有者和资金需求者之间的资金流转构建了一个高效便捷的通道。

4. 风险较大、收益较高

P2P网络借贷对借款者的资质要求不高，从而扩大了借款者的范围，使得更多信用条件极差的借款者也可以参与其中，这就相应地加大了P2P网络借贷交易的风险。这些借款者往往是被银行等传统金融机构拒之门外的“不合格的借款者”，他们愿意提供比较高的借款利率来吸引贷款者的投标。但是，互联网环境的虚拟性，P2P网络借贷公司在资金托管、借款者信用评级、信息披露等方面的不足，以及政府部门监管方面的缺失，都加大了P2P网络借贷的交易风险，使得P2P网络借贷呈现出高风险和高收益共存的特征。

P2P网络借贷与传统金融行业的比较如表2-1所示。

表2-1 P2P网络借贷与传统金融行业的比较分析

	P2P网络借贷	传统金融行业
借款人	以小微企业、中小型企业和个人为主的短期小额借贷者	面向社会公众，以大中型企业为主
贷款人	独立个体	银行业为首
赢利模式	网贷平台只收取服务费，贷款利息归贷款人所有	全部收入由银行所有
综合借款利率	10%以上	6%左右
征信体系	第三方征信机构	央行征信数据库
信用审查方式	线上审查	柜台审查

2.2.2 流程

P2P网络借贷交易过程的实质是互联网时代的金融脱媒，它不同于银行通过吸存放贷的形式进行交易，而是交易双方通过在互联网上进行自行配对来实现交易。虽然P2P网络借贷的业务模式很多，但是交易的基本流程是相同的，见图2-6。P2P网络借贷交易的一般流程如下：

(1)交易双方首先需要注册账号，成为P2P网络借贷平台的用户；

(2)借款者登录账号,提出借款申请,同时提交自身的相关信用材料;

(3)P2P 网络借贷公司对借款者的借款申请进行审核;

(4)网贷公司在网站上将通过审核的借款者详细信息进行公布;

(5)贷款者登录账号,根据 P2P 网络借贷公司公布的借款者信息自主投标;

(6)资金筹措期满后,如果贷款者的投标金额能够满足借款者的借款要求,P2P 网络借贷公司就会自动生成一份电子借款凭证,则借款成功;相反,如果贷款的投标金额不能满足借款者的借款需求,则借款失败;

(7)借款者需要根据合同约定,定期向贷款者偿还本金和利息。在这个过程中,P2P 网络借贷公司会向交易双方收取一定的佣金作为手续费。

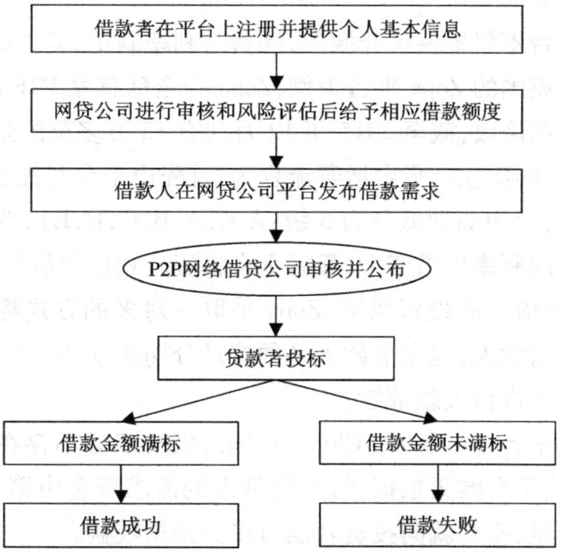

图 2-6　P2P 网络借贷运作流程

2.3　网络借贷平台的分类

2.3.1　国外

以美国和英国为代表的发达国家拥有完善的个人信用系统,具有良好的金融发展环境、完备的金融法律制度和成熟先进的金融科技技术,P2P 网络借贷行业的发展比较规范,市场定位清晰,风险控制得当。

2.3.1.1　依据职能划分

根据平台运营的职能,可将网络借贷平台划分为单纯中介型、复合中介型和类资产证券化三种类型。

单纯中介型平台不参与交易，不提供担保和质押，只作为信息中介为借贷双方提供资金撮合服务，从中收取一定的服务费。以美国的 Prosper 平台为例，成立于 2006 年的 Prosper 是美国第一个 P2P 网络借贷平台，目前为仅次于 Lending Club 的第二大运营平台，截至 2015 年 12 月平台注册用户突破 200 万，累计贷款总金额超过 60 亿美元。平台具体交易过程为：借款人向平台提出借款申请，平台根据其提供的信息进行信用评级（信用等级由高到低分为 7 级：AA，A，B，C，D，E，HR），出借人根据借款人的信用评级、还款期限和借款用途等综合考虑进行竞价投标（一般低利率出借人将竞标成功），平台将成功竞标的出借人资金转移给借款人，由此整个借贷交易过程完成。

复合中介型平台不仅提供中介服务，还参与利率制定、提供借款担保和充当借款追缴人角色。以英国的 Zopa 平台为例，Zopa 为全球首家 P2P 网络借贷平台，成立于 2005 年，总部在伦敦，截至 2015 年 12 月共有 15 万多英国公民通过平台获得累计超过 14 万英镑的借款。平台运营流程为：首先由平台对提出申请的借款人进行信用评级（信用等级由高到低分为 6 级：A *，A，B，C，D，E），然后出借人根据借款人具体情况按不同利率出借资金，最后平台将资金划拨给借款人。与 Prosper 不同的是，为了降低出借人的投资风险，Zopa 采取一对多的方式将每个出借人的资金分散出借给多个借款人，规定借款人必须按月分期还款，同时和代理公司合作对违约和赖账的借款人进行欠款催缴。

类资产证券化平台以 Lending Club 为代表，借贷双方不存在直接的债权债务关系，贷款人向网贷平台购买票据凭证，借款人的需求资金由第三方提供，借款人偿付多少的贷款本息，平台就向投资者偿付多少票据收益。

2.3.1.2 依据目的划分

根据平台运营的目的，可将网络借贷平台划分为社会公益型和营利型平台。

社会公益型平台以美国的 Kiva 平台为典型代表，Kiva 平台于 2005 年在美国成立，由欧美中产阶层创办，以帮扶贫困为目的、提供跨境小额贷款而服务于广大发展中国家的中小企业和个人。Kiva 平台不向借款人收取手续费和服务费，贷款资金主要来自社会捐赠，具体业务开展则借助各国的第三方小额贷款机构，由其协助管理贷款的发放和偿还。

营利型平台在国外更为普遍，各平台主要以收取手续费和服务费为收入来源。例如 Prosper 平台的运营收入主要依靠向出借人和借款人收取平台信息咨询和撮合服务费（按出借人每年出借总额的 1% 和借款人每笔借款金额的 1% ~3% 收取）；Zopa 平台则通过收取借款人借款金额 0.5% 的手续费和出借人出借金额

0.5% 的管理费获取收入，另外若出借人提前转让债权，平台将收取转让债权金额 1% 的手续费。

2.3.1.3 依据市场定位划分

根据市场定位，可将网络借贷平台划分为个人消费信贷平台、中小微企业信贷平台、票据融资交易信贷平台、住宅地产投资信贷平台、学生消信贷平台等。

个人消费信贷平台主要向个人提供单纯的小额消费资金服务；中小微企业信贷平台主要为有中短期流动资金周转需求的中小微企业服务；票据融资交易信贷平台主要开展以银行承兑汇票和商业承兑汇票为基础的票据贴现、票据质押和内保外贷等模式的融资服务；住宅地产投资信贷平台主要为个人购买住宅和进行房产投资提供所需的资金服务；学生消信贷平台主要为有消费或还债需求的在校大学生提供贷款。

目前国外 P2P 网络借贷行业已经完成了相应的市场细分，不同 P2P 网络借贷中介平台根据其市场占有率进行了各自的市场定位，专注于某一领域的信贷中介服务。以美英为例，美国 P2P 网络借贷主要形成了无担保的个人消费信贷市场、中小微企业融资信贷市场和学生消费信贷市场三大格局；英国 P2P 网络借贷形成了个人消费信贷市场、中小微企业信贷市场、票据融资信贷交易市场和住宅地产投资信贷市场。

2.3.2 国内

国外 P2P 网络借贷平台以信息中介为主，但由于我国征信体系不完善，法律监管不到位，我国网贷平台大多兼具信用中介功能①，大部分提供抵押、保本、担保等措施②。下面在探讨我国网贷运营模式的基础上对拍拍贷、宜人贷进一步分析。

2.3.2.1 运营模式分类

随着互联网金融的不断发展，国内 P2P 网络借贷从以地域化小额借贷为主的初步探索期逐步过渡到资产多元化和经营规模化的高速增长期，并衍生出了多种模式。下面根据不同的分类依据进行了划分③。

(1)根据借贷流程的不同，可以将网贷公司运营模式分为纯信息中介模式和债权转让模式。

以拍拍贷为代表的纯信息中介模式，由出借人自主选择平台上的贷款对象，

---

① 彭冰. P2P 网贷与非法集资[J]. 金融监管研究，2014(6)：13－25.

② 叶湘榕. P2P 借贷的模式风险与监管研究[J]. 金融监管研究，2014(3)：71－82.

③ 杨咸月，朱辉. 中国 P2P 网贷市场亟待长效机制建设：来自英、美、德、法四国经验[J]. 上海经济，2017(6)：106－119.

P2P 网贷公司不涉足任何交易，只提供信息咨询和风险评估等金融信息服务，其收益主要为成交服务费。

以宜信、红岭创投等为代表的债权转让模式，其本质是债权的拆分与转让，在整个交易过程中，借贷双方不建立直接的借贷关系，网贷公司直接承担借贷双方违约风险而无法与风险实质隔离，易形成资金池，运营模式与银行运营模式基本无区别。

(2)根据征信方式的不同，可以将网贷公司运营模式分为纯线上模式和线上线下相结合模式(即复合中介模式)。

纯线上模式即纯信息中介模式，在纯线上模式中，网贷公司只承担信息中介的职能，借助互联网技术进行审核，节省成本、简便快捷。但是征信数据的不完善会导致信用审核可靠性降低，风险控制不成熟，逾期率和坏账率普遍偏高。

以人人贷为代表的复合中介模式，公司采用线上线下相结合的业务模式，通过平台提供担保、引入第三方担保、P2P + 风险保证金等形式为借贷主体提供信用咨询、信用评级等信用管理服务，P2P 网贷公司承担了部分违约风险。

(3)根据有无担保机制，可以将网贷公司运营模式分为无担保模式和有担保模式，其中有担保模式又可分为平台自身担保模式和第三方担保模式。

以宜人贷为代表的无担保模式，只提供信用认定和信息撮合的服务，提供的所有借款均为无担保的信用贷款，由出借人根据自己的风险承受能力自主选择借款金额和借款期限。

以陆金所、有利网为代表的第三方担保模式，由第三方担保公司负责网贷交易的风险控制，其中，第三方担保公司为独立于网贷公司的业务主体。而以“红岭创投”为代表的自身担保模式，由网贷公司自身进行风险控制。

2.3.2.2 拍拍贷

拍拍贷是国内知名的 P2P 网络借贷中介平台，于 2007 年在上海成立，公司全称为上海拍拍贷金融信息服务有限公司。据拍拍贷 2015 年业务经营报告统计，截至 2015 年 12 月底，拍拍贷的累计注册用户已经超过 1 000 万，业务范围覆盖全国 100 多个城市，累计服务 1 200 多万借款人，同比增长 184%；2015 年全年交易额为 56 亿元，同比增长 339%，贷款余额为 32 亿元，同比增长 360%。平台在业内口碑、使用人数以及交易额等方面位居行业前列。

拍拍贷是国内单纯中介型平台的典型代表，主要以小额消费信贷为主，借款人不用提供抵押，也不用找人担保。拍拍贷的具体运营流程为：借款人向平台提交个人收入财产证明、身份认证、还款记录和个人信用认证报告等资料，提出借款申请；平台根据这些信息对借款人进行信用评级，主要使用平台自身开发的信用评级系统将借款人信用由高到低划分为 8 个等级——AAA,AA,A,B,C,D,E,F;信用评级完成后拍拍贷将借款人的借款需求信息(包括借款金额、利率、期限和借款用途等信息)以借款标的的形式发布在平台上;出借人通过平台进行竞标,每位借款人的项目满标即完成了借款。拍拍贷的运营模式如图 2-7 所示。

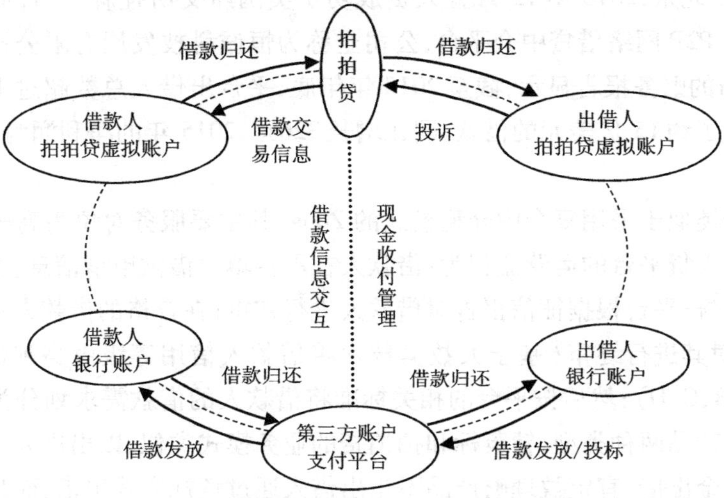

图 2-7 拍拍贷的运营模式

在风险控制方面,拍拍贷在过去 9 年的发展过程中形成了一套比较完善的风险控制体系,自主开发了先进的信用评级魔镜系统,利用大数据征信技术根据往期积累的交易数据对借款人进行多维度和全方位的分析,还建立了专业的反欺诈团队防范借款人骗款。在平台上发布借款标的时,拍拍贷会根据借款人的资质和风险进行分区,以便出借人根据不同风险等级进行选择,同时要求投资高风险标的的出借人进行风险偏好测试并提醒其注意投资风险,切实保障出借人权益。在业务模式上,拍拍贷主要以小额消费信贷为主,借款人借款金额一般不能高于 50 万元,借款人在平台首次借款的金额最低为 1 000 元,最高为 1 万元,在平台积累一定的信用记录后,其可借资金额度逐步提升。在还款方式上,借款人每月以等额本息还款的方式将资金存入在拍拍贷网站所开账户,直到还清所有款项为止。在赢利模式方面,拍拍贷的收入来源主要为撮合服务费,和充值提现手续费,违约催缴费和罚息费。借款期限为半年以内的向借款人收取借款金额 2% 的撮合服务费,借款期限在半年以上的收取借款人借款金额 4% 的撮合服务费;对出借人和借款人在与平台合作的第三方支付平台上进行资金充值时,对单笔充值金额低于 1 000 元的,收取双方各自充值金额 1% 的手续费,其中出借人前三次充值不收手续费;对于从平台提现的借款人和出借人，根据到账时间和提现金额按笔数收取手续费；对于出现违约的借款人，平台还会根据违约金额收取相应的违约催缴费和罚息费。

2.3.2.3 宜人贷

宜人贷是宜信旗下的P2P网络借贷中介平台，于2012年从宜信公司分离出来，总部位于北京，2015年12月宜人贷成功于美国纽交所挂牌上市，成为国内第一家上市的P2P网络借贷中介平台，公司全称为恒诚科技发展有限公司。宜人贷2015年公布的财务报告显示，截至2015年年底，平台出借人总数超过17万，为借款人共提供了约15亿美元的借款，同比增长326%，2015年的净利润为4 380万美元。

宜人贷类似于采用复合中介型模式的Zopa，其主要服务对象为高薪白领和工薪阶层。宜人贷平台的运营流程为：借款人在平台填写借款申请信息，由系统生成个人征信报告；平台根据征信报告对借款人进行初审；在合格的借款人补充征信资料后，平台对其进行终审（基于大数据技术将借款人信用等级由高到低划分为4个等级：A，B，C，D）；然后按平台的相关标准将借款人的借款需求划分为精英标和宜定盈理财产品两种类型，精英标和拍拍贷的业务模式类似，以出借人参与竞标的方式完成资金出借；宜定盈理财产品不是出借人通过竞标方式出借，而是出借人直接购买平台提供的固定期限和收益率的宜定盈理财产品进行投资，平台采取智能投标的匹配模式以一对多的方式将出借人的资金分散出借给两位或两位以上的借款人，由此完成整个借贷流程。

在风险控制方面，宜人贷依托宜信公司10年的金融行业风控经验，建立了一套完善的审查制度和审核系统，形成了较强的信用识别能力。在信息披露方面，宜人贷在纽交所上市，接受美国证券交易委员会监管，定期向社会公布财务报告。在维护出借人利益方面，为了维护出借人资金安全，宜人贷与银行合作开展资金托管业务，托管银行为每一位出借人建立专门账户，对交易资金进行监督。在应对借款人违约行为方面，宜人贷开展了质保服务专款计划，在银行开立独立的质保服务专款账户，从每次收取的借款人和出借人服务费中拿出一定比例的资金存入其中，每月底会在官网公布由银行出具的质保服务专款账户资金余额，以便出借人监督。在平台的借贷交易中，当借款人违约时，平台将启用质保服务专款对出借人的资金和利息进行垫付，出借人则将向借款人追讨债权的权利全权授权给宜人贷。宜人贷的质保服务专款垫付方式如图2－8所示。

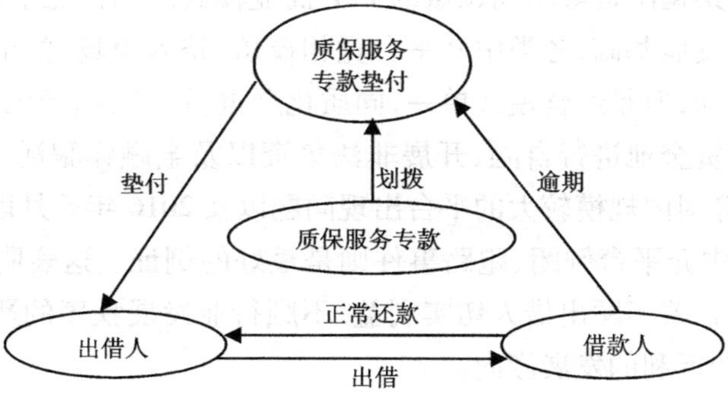

图2-8 宜人贷的质保服务专款垫付方式

2.4 综合对比

2.4.1 国内外网络借贷的对比分析

对比分析国内外P2P网络借贷的发展现状和运营模式可以发现，国外P2P网络借贷发展早于中国，在征信体系、运营模式、法律规范和监管机制上比中国更为完善和成熟。两者的差异主要表现在以下三方面。

1. 征信体系各异

英美等国家具有高度完善的社会征信系统，P2P网络借贷中介平台可借助大数据技术和发达的社会征信系统对借款人的身份、财务状况等信息进行高效审核，有效控制交易风险。国内有效的信用信息极度匮乏，P2P网络借贷中介平台数量的剧增主要在于互联网金融的发展，除了宜人贷、拍拍贷等知名平台采用了较为先进的网络信息技术，大部分中介平台均没有引入有效的信息技术，只是依靠自身有限的资源对借款人进行信息审核和信用评级，对借款人信息的辨识能力很低，尤其是大部分缺乏大数据技术和互联网信息技术支撑而贸然上线的中介平台，基本无风险控制能力，这也是国内P2P网络借贷中介平台频繁倒闭的一个重要原因。由此可以看出，国内P2P网络借贷市场内中介平台与借款人之间存在的信息不对称问题十分严重。

2. 运营机制不同

英美等国家的P2P网络借贷行业均已形成了规范的运营机制，行业中的中介平台数量虽然不多，但总体上具有较为明确的市场定位。各个中介平台开展差异化的信贷业务满足不同的借贷需求，主要形成了面向个人消费、中小企业信贷、房地产市场和企业票据融资等不同领域的 P2P 商业模式。相比之下,我国 P2P 网络借贷没有稳定的发展基础,各类中介平台竞相模仿,挤入市场,整个行业中的中介平台数量急剧增加,但是经营模式单一,同质化严重,且诸多平台以从事 P2P 网络借贷为口号私设资金池进行自融、开展非法集资以及金融诈骗活动,e 租宝、基石财富、大大集团等国内规模较大的平台出现问题以及 2016 年 6 月以来国内累计出现的 2 000 多家中介平台倒闭、跑路事件则是最好的例证。这表明我国 P2P 网络借贷行业客观存在着不顾出借人切实利益,不顾行业发展秩序的严重市场混乱问题,并呈现出急功近利的发展倾向。

3. 法制和监管存在差异

英美等国家的 P2P 网络借贷产生于完备的法制环境下,目前已经形成了良好的监管机制。英国 P2P 网络借贷处于英国央行、金融行为监管局等五家监管机构的管控之下,美国 P2P 网络借贷则处于美联储、金融监管局等 10 多家机构的监管之下,英美两国的监管机构均要求中介平台严格按照监管规定披露交易记录、平台违约率等直接与风险挂钩的信息。我国 P2P 网络借贷在经历了 2013 年到 2015 年的大规模倒闭潮之后才引起监管层的高度重视,银监会同其他几家机构于 2016 年 8 月出台了我国 P2P 网络借贷行业的首个官方监管文件,正式将 P2P 网络借贷纳入监管之中。相比之下,我国 P2P 网络借贷行业刚刚步入监管阶段,P2P 网络借贷行业尚未给出合理的信息披露机制,出借人和中介平台之间仍然面临信息不对称问题,未来还需制定更为有效的监管规则规范行业秩序。

2.4.2 国内典型网贷平台的对比分析

国内 P2P 网贷公司均具有信息中介的职能,但大部分网贷公司承担了信用中介的职能,模式的异化导致网贷公司面临更复杂的风险。表 2－2 是对我国 P2P 网络借贷运营模式的比较,从中可以更直观、清晰地了解各种运营模式。

表 2－2 我国 P2P 网络借贷运营模式比较

分类依据	运营模式	参与形式	代表机构	优点	缺点
借贷流程	纯信息中介模式	信息咨询 风险评估	拍拍贷 陆金所	节省成本,简化流程	征信数据不完善,风险难以把控
	债权转让模式	与信贷公司合作	红岭创投 宜信	更好满足借款人借款需求和贷款人理财需求,分散风险	易形成资金池

续表

<table>
<tr><th>分类依据</th><th colspan="2">运营模式</th><th>参与形式</th><th>代表机构</th><th>优点</th><th>缺点</th></tr>
<tr><td rowspan="2">征信方式</td><td colspan="2">纯线上模式</td><td>制定规则提供交易平台</td><td>拍拍贷</td><td>节省成本，简化流程，方便高效，易获得客户群</td><td>风控机制不成熟，坏账率高</td></tr>
<tr><td colspan="2">复合中介模式</td><td>自身担保或第三方担保或风险保证金</td><td>人人贷</td><td>增强信息真实客观性，强化风险控制水平</td><td>承担部分违约风险，运营成本略高</td></tr>
<tr><td rowspan="3">有无担保机制</td><td colspan="2">无担保模式</td><td>信用认定信息撮合</td><td>宜人贷</td><td>借款人自主选择借款期限和金额</td><td>风险难以把控</td></tr>
<tr><td rowspan="2">有担保模式</td><td>平台自身担保</td><td>平台自身风险控制</td><td>红岭创投</td><td>风险较低</td><td>运营成本较高</td></tr>
<tr><td>第三方担保</td><td>担保公司风险控制</td><td>陆金所有利网</td><td>风险较低较安全，实现平台风险转嫁功能</td><td>受第三方担保公司实力的制约</td></tr>
</table>

如表2－3所示，我国网贷行业呈现出数量多、规模小、分布散的现状，具有操作灵活便捷、投资门槛低、流动性好的优势，但同时存在网贷公司之间协作差、信息严重不对称、风险控制能力弱的问题。若将小且松散的网贷公司合并为单一垄断的大型网贷公司，虽然具有管理制度统一、监管方便有效、信息透明度高的优势，但网贷行业的借贷主体是小微企业，考虑到收益与成本的不对称性，将网贷公司合并为单一垄断的公司，会使其面临交易成本高、收益低、效率低、风险集中的劣势，也会使小微企业再次面临融资难的问题。

表2－3　网贷公司在不同状态下优劣势分析

	优势	劣势
小且松散	灵活便捷，投资门槛低，流动性好	协作差，信息不对称问题严重，风险控制能力弱
大且垄断	制度统一，便于监管，信息透明度高	高成本，低收益，低效率，风险集中，形式单一

因此，如何规制并保持网贷公司的活力，实现其小而不弱、大而不僵、灵活且稳健地契合小微信贷需求的目标，成为其当前面临的两难困境。

第3章　网络借贷的主体行为分析

我国网络借贷行业以各网贷公司独立的中介平台为主体，可以说中介平台的行为关乎着整个行业的存亡，而借款人的行为关系着中介平台的信誉和出借人的资金安全。根据前文的综合比较分析可知，我国P2P网络借贷行业存在严重的信息不对称问题，而信息不对称必然导致委托代理问题、逆向选择问题和道德风险问题的产生。

在信息不对称条件下，本章首先基于委托代理理论分析P2P网络借贷交易中委托代理问题的形成机制，并以“e租宝”事件为例分析委托代理问题在P2P网络借贷中的表现形式；基于前人对信息不对称信贷市场的研究，构建P2P网络借贷“柠檬”模型，分析逆向选择问题和道德风险问题的形成机制。其次，建立信号传递博弈模型，对出借人和借款人的行为进行博弈分析，在博弈模型中引入申请信息、投资成功率、抵押担保和粉饰成本等参数，分析影响借款人风险的主要因素。最后，在博弈模型参数分析的基础上，进一步利用P2P网络借贷中介平台的实际交易数据，对借款人信贷信息中的各个分类指标进行实证研究，分析影响借款人违约行为的具体风险因素。

3.1　网络借贷行为分析研究现状

3.1.1　网贷行为分析研究进展

通过文献梳理发现，国内外学者主要从借款人、中介平台和出借人等方面对P2P网络借贷展开了丰富研究。对于借款人，学者们从其社会资本、信用评级、收入状况、性别、年龄、声誉以及借款描述、借款金额和期限等方面展开了较为全面的论述，分析了来自借款人的影响其借贷成功率的因素，为提高借款人借款成功率提出了建议。对于出借人，国内外学者重点研究出借人的投资行为，利用世界各大知名P2P网络借贷中介平台的交易数据分析了出借人出借资金的羊群行为，并指出羊群行为的优点及可能存在的问题，为出借人合理选择出借方式提供了参考。对于中介平台本身，国外学者着重研究P2P网络借贷平台的积极作用和消极影响；

由于国内 P2P 网络借贷中介平台数量众多，发展模式极不成熟，尚未形成有效的监管机制，跑路、倒闭问题频发，学者们主要从不同视角对国内 P2P 网络借贷中介平台的模式进行了划分，对其面临的技术风险、违约风险、操作风险以及政策风险等进行了系统梳理，并从不同方面提出了相应的监管对策和建议。

可以看到，国外 P2P 网络借贷发展较早，市场交易数据的可获得性使得国外学者的研究更早，也更为全面和丰富；国内 P2P 网络借贷行业起步较晚，各个平台交易数据的非公开性使得早期相关研究主要集中于定性的规范性分析，随着行业的不断发展，国内学者对 P2P 网络借贷的研究才逐步丰富。

事实上由于国内完善的信用体系严重匮乏，P2P 网络借贷行业面临着严重的信息不对称问题，虽有学者提出此问题并初步进行了研究，但对较为复杂的委托代理关系、信用评级机制设计以及逆向选择问题和道德风险问题则探讨较少。因此，从国内外 P2P 网络借贷发展现状及运营模式入手，对国内外不同发展模式的差异进行对比分析，进而挖掘信息不对称下的委托代理、逆向选择和道德风险等行为问题的形成根源，并提出相应的解决对策，为 P2P 网络借贷的运营及发展提供参考，具有重要的理论意义和实践价值。

3.1.2 网贷行为分析的理论基础

3.1.2.1 信息不对称理论

信息不对称理论（Information Asymmetry Theory）最早由美国经济学家乔治·斯蒂格勒（George J. Stigler）于 1961 年提出，他指出参与市场经济活动的各个行为主体对于经济活动相关信息的掌握存在差异，掌握更多经济信息的主体处于优势地位，而缺乏相关信息的主体则处于劣势地位，这种信息不对称的状态决定了参与经济活动的主体在行为上具有极大的不确定性。20 世纪 70 年代，乔治·阿克罗夫（George A. Akerlof）、迈克尔·斯彭斯（Michael Spence）和约瑟夫·斯蒂格利茨（Joseph E. Stiglitz）三位经济学家分别从商品交易市场、劳动力市场和保险市场视角对信息不对称问题进行了深入探讨，信息不对称理论由此发展起来并在各个研究领域产生重要影响。信息不对称理论认为，在商品交易市场中卖方比买方拥有更多信息，卖方可能凭借信息优势地位使买方利益受损或使自己从中获利；在劳动力市场中雇佣者和受雇者之间存在信息差异，受雇者为了获得更好的职位，将采取一系列包装美化自身的手段来获得雇佣者的青睐，使雇佣者难以分辨真实情况；在保险市场中，保险公司与投保人之间存在信息不对称，投保人在获得保险保障之后对相关财产安全不加重视而可能给保险公司带来巨大损失。总之，信息不对称会导致市场资源配置扭曲，产生逆向选择问题和道德风险问题。

逆向选择(Adverse Selection)产生于信息不对称,是指在市场交易中当一方交易者有可能利用其具有的信息优势使自己获益或使另一方受损时,处于信息劣势一方的交易者无法根据既有信息做出合理的买卖决策,从而致使交易价格扭曲,进而出现供求失衡、市场交易效率下降的情况。逆向选择最初主要运用于旧车市场,指由于旧车市场交易中的双方存在信息不对称,导致次品驱逐良品,出现总体交易产品质量下降的情况。具体而言,在旧车市场中只有卖车者熟悉每辆旧车的质量,买车者无法了解到不同车辆的质量,只愿意以车辆平均质量水平出价购车,而质量高于平均水平的旧车因为价格偏高无法卖出逐步退出市场,最终整个市场充斥的全部为质量更低的旧车,严重情况下将导致市场因充斥劣质品而无法交易进而出现市场失灵。

道德风险(Moral Hazard)的产生也归因于信息不对称问题的存在,它是指市场交易中拥有信息优势的一方为了最大限度地增进自身效用而采取损害处于信息劣势一方的利益的行为。它是交易一方在不需完全承受风险带来的后果时采取自身利益最大化的一种损人利己行为,最初主要运用于保险市场,是指投保人在与保险公司签订保单的情况下,对于受保障的物品不认真看管或故意毁坏以获取赔偿而给保险公司带来损失的行为。以投保车险为例,原本会全神贯注地用心开车以防止发生意外的车主,在为其车辆投全保后,考虑到发生事故会有保险公司赔偿则变得胆大冒险而置保险公司利益不顾。

3.1.2.2　委托代理理论

委托代理理论(Principal Agent Theory)由美国经济学家阿道夫·伯利(Adolf Berle)和加德纳·米恩斯(Gardiner Means)于20世纪30年代提出,该理论建立在信息不对称的博弈论基础上,是制度经济学中的契约理论之一,其中心任务是研究在利益相冲突和信息不对称的条件下,委托人如何设计最优契约以激励代理人。其主要内容为委托代理关系,委托代理关系存在的基础为:存在双方当事人,其中一方代表另一方行使被授予和委托的权利时,代理关系则随之产生,具体指一个或多个行为主体依据某种契约,委托其他行为主体为其服务并授予其相应的决策权利,根据被授权者完成任务的情况支付相应的报酬。授权人为委托人,被授权人即为代理人。

该理论认为,委托代理问题起源于专业化,是在社会生产力进步和生产规模化的背景下产生的。社会生产力的进步促成了社会分工的细化,委托人由于个人知识水平、管理能力和实践经验不足而无法行使本应属于他们所有的权利,具有丰富经验和管理能力的专业化和职业化代理人应运而生,他们有良好的能力使用好委托人委托的权利。然而在这样的委托代理关系的链条中,委托人与代理人具有不同的效用函数,委托人追求的是自身利益和效用最大化,代理人则考虑的是其收入水平、消费能力和个人时间安排的效用最大化,双方各自的最大化利益之间存在明显的冲突。在信息不对称的客观条件下,若无法设计有效的运行机制,代理人的个人效用最大化行为将可能使委托人的利益受损。经济学家们从不同角度提出解决委托代理问题的措施,主要包括:信息充分化,即通过事前透明化委托代理双方的信息,促使形成的委托代理关系是一个近似于帕累托最优的状态,实现双方的利益最大化;合理的激励设计,即通过事后设计相应的报酬鼓励和惩罚制度等措施形成正负激励效应来促使委托人按照代理人的意志而行动。

3.1.2.3 信号与信息理论

信号与信息理论(Signal and Information Theory)是指市场交易主体根据自身获得的信息量,通过传递相应的信号和采取相应的信息甄别手段,实现个人利益最大化,主要包括信号传递和信息甄别两个方面。信号传递和信息甄别是解决不利选择问题的两种有效方法,在研究生产、经济和管理时具有独特的现实意义,因此逐步在信息经济学领域受到广泛关注。

信号传递(Signal Transduction)是指拥有信息优势的一方通过一定的方式和手段向处于信息劣势的一方发出相关信息而避免逆向选择。1974 年美国经济学家迈克尔·斯彭斯发表了文章《市场信号:雇佣过程中的信号传递》,他以"受教育程度"为传递信号研究其对劳动雇佣市场的影响。研究发现,虽然劳动雇佣市场存在信息不对称问题,但当受教育水平低的求职者要使用较高的成本来伪装成高水平受教育者时,低水平受教育者将不会粉饰个人信息,此时雇佣单位能够以求职者发出的"受教育程度"信号为依据来进行人才选拔。斯彭斯创造性地开拓了信号传递的研究领域,此后其他学者在其研究的基础上进一步拓展,信号传递理论逐步被应用于资本市场、金融市场和信贷市场等领域的研究。1979 年,莱利(Riley)首次从实践上验证了斯彭斯提出的信号传递理论,他通过研究发现,在企业不易衡量产出的经济部门,被雇佣者的工资高低取决于受教育程度,有效地传递信号对雇佣者具有重要的识别作用。1977 年,罗斯(Ross)提出了将"资本结构"作为经营者向投资者发出的显示企业质量的传递信号,将信号传递理论引入资本市场研究领域。1982 年,米尔格罗姆(Milgrom)等以"市场价格"为传递信号分析了垄断企业通常以会以低于最优价格(边际成本等于边际收益时的价格)的方式进行产品定价以阻止潜在竞争者进入市场的目的,将信号传递理论引入产业组织领域。

信息甄别(Information Discrimination)是指处于信息劣势的一方通过设计相应的机制和手段将另一方发送给己方的信息进行有效筛选以降低道德风险。1976 年,罗思切尔德(Rothschild)和斯蒂格利茨(Stiglitz)在阿克洛夫和斯宾塞的研究基础上,构建了信号甄别模型以研究保险市场中的私有信息问题,由此引出了“信息甄别”这一概念。他认为,在交易市场中处于信息劣势的一方可以通过设计某种契约合同将拥有信息优势的一方的真实信息有效识别出来,在存在委托代理关系的交易市场中,处于信息劣势的委托人可以通过事先制定一套策略或设计多种合同,对发出不同信号的各类型代理人进行区分,从而实现市场均衡交易。以保险市场为例,保险公司在市场上面对的客户有高低风险之分,如果对不同风险的顾客设计相同的保单,则逆向选择问题会使保险公司的投保人皆为高风险者,因此保险公司可以设计保费高、全额赔偿和保费低、部分赔偿的不同类型的保单,如此便可有效区分不同风险的投保人。

由上可知,信息甄别是处于信息劣势的一方先采取行动,而信号传递则是拥有信息优势的一方先采取行动,这是两者之间最大的区别。

3.2 网贷中行为问题的形成机制

3.2.1 委托代理问题的形成机制

P2P 网络借贷交易中存在着显著的委托代理问题。综合委托代理理论的内涵以及前文的总结分析可发现,由 P2P 网络借贷的出借人、中介平台和借款人三方构成的链条关系存在较为复杂的多层委托代理关系。因后文将对出借人和借款人之间的借贷行为进行博弈分析以及对中介平台和借款人之间的交易行为进行实证分析,本节仅以网贷行业典型案例——“e 租宝事件”为例,着重分析中介平台和出借人之间委托代理问题的表现形式及形成机制。

3.2.1.1 网络借贷中的多层委托代理关系

从出借人和中介平台的角度看,拥有闲散资金且具有理财需求的出借人,因资金额小或收益率低等因素,在银行等传统金融机构无法满足其理财需求的情况下,将目标转向了 P2P 网络借贷中介平台,将资金投资于中介平台,借助平台最终将资金转移到借款人。在这一过程中,出借人充当了“委托人”角色,中介平台则成为实际上的“代理人”。从借款人和中介平台的角度看,具有小额融资需求的普通个人或中小微企业主,既无法从传统金融机构获得所需资金,也不能有效聚集社会闲散资金,还难以承受民间借贷的高利息成本,P2P 网络借贷中介平台给其提供了一种新的有效融资渠道。此时,借款人通过中介平台获得所需资金,中介平台受托的该笔资金的未来收益依托于借款人本息还款的实现,由此平台成为“委托人”,借款人成为实质上的“代理人”。

综合来看,出借人的资金通过中介平台转移给借款人,出借人通过借款人支付的利息获取收益,中介平台通过向借款人和出借人收取交易手续费和咨询费获取收益,理论上中介平台不承担出借人资金损失的风险。但实际上,由于中介平台承担信息中介的职能,若出借人通过平台出借资金后普遍受到损失,那么一方面这表明中介平台提供的信息不可靠,另一方面平台将因为出借人大规模维权而声誉受损,极端情况下,甚至直接倒闭并承担相应的法律责任,因此在一定程度上,中介平台和出借人拥有共同的利益诉求而作为“委托人”将资金转移给借款人这一“代理人”。P2P 网络借贷市场中的多层委托代理关系如图 3-1 所示。

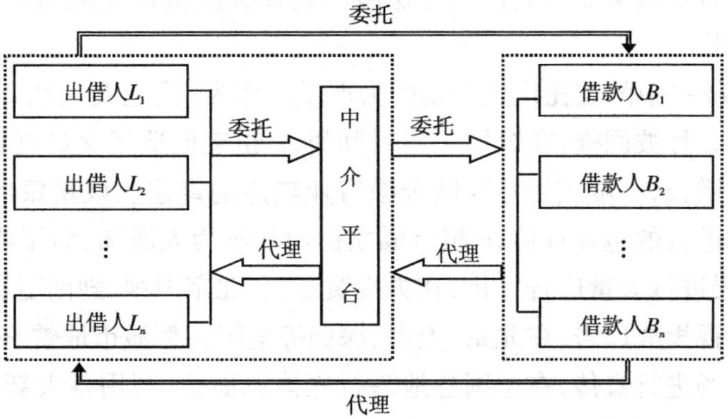

图 3-1 P2P 网络借贷市场中的多层委托代理关系

在信息不对称条件下,“委托人”和“代理人”对彼此信息的了解存在很大差异,一般“代理人”较“委托人”掌握更多的信息。因此,信息不对称条件下的多层委托代理关系,必然导致委托代理下的风险问题。从前文的分析可以看出,中介平台不仅是出借人的“代理人”,也是借款人的“委托人”,中介平台在 P2P 网络借贷交易中居于核心地位,对出借人的资金承担着“代理—委托”的纽带作用。但是,我国 P2P 网络借贷中介平台实际处于“三无”标准的管理之下,在扮演“代理人”这一角色时,部分平台打着信息中介的旗号,实则是为了骗取出借人资金,给出借人造成巨大损失。同时,由于我国目前尚无完善有效的社会征信体系,作为“委托人”的中介平台,若无合理有效的信贷审查机制,则无法对借款人这一“代理人”进行有效监督,不仅会给出借人带来损失,自身也会因声誉受损而无法在行业立足。

3.2.1.2 “e 租宝事件”的行为分析

e 租宝全称为金易融网络科技有限公司,是安徽钰诚集团的全资子公司,注册资本 1 亿元,于 2014 年 7 月正式上线而进入 P2P 网络借贷行业。平台主要出售以融资租赁债券转让为基础的 6 类金融理财产品,分别命名为 e 租月享、e 租年享、e

租富享、e租乐享、e租乐盈和e租富盈,给出的理财产品年化收益率在10%～15%。该平台比拍拍贷、宜人贷、人人贷及陆金所等老牌中介平台上线要晚,但在短短一年时间内交易规模迅猛增长,继而位居国内P2P网络行业前列。据网贷之家统计,截至2015年12月7日,e租宝投资总人数超过90万人,累计成交量接近750亿元,待收总金额超过700亿元。2015年12月3日,e租宝深圳宝安分公司被经侦突查;12月8日,e租宝位于北京数码大厦的信息化研发中心及位于安联大厦的办公场所被警方调查,当晚该公司的官方网站关闭,APP也无法打开。2016年1月11日,深圳市公安局经济犯罪侦查局发布消息确认,深圳公安机关已经对e租宝网络金融平台及其关联公司涉嫌非法吸收公众存款案件立案侦查,由此宣告了e租宝正式倒闭。

"e租宝事件"中的委托代理问题极为严重。作为"代理人",从2014年2月成立到2015年12月被调查,在短短一年时间里,e租宝创造了交易规模从0到700多亿的火箭式增长,一度成为互联网金融行业热捧的奇迹。该现象出现的原因则为该公司大肆进行的包装宣传,e租宝成立初期并不为人所知,为了提升平台知名度,公司管理层进行大量广告宣传,在央视黄金档、北京卫视、湖南卫视和江苏卫视等各大知名卫视投放广告,在北京、上海、深圳等全国大型城市地铁、公交以及其他人流量大的广场进行宣传,在全国各地举行媒体见面会,利用各大新闻媒体报道,冠名人气综艺节目、高铁动车列车组、饮料包装等一系列举措提升知名度。在良好的广告效应和大媒体的信用背书宣传下,e租宝向广大出借人传递了公司实力雄厚、风险控制能力强、运营安全有保障等信号,在高收益的诱导下,大批不明真相的出借人作为"委托人",纷纷将大量资金投资于该平台,促使其呈现出欣欣向荣的景象,继而交易规模爆发式增长。

事实上,在e租宝一路膨胀的过程中,业内已有相关专业人士对其提出质疑。该平台宣称其开展的是以融资租赁为基础的P2P网络借贷模式,平台两端分别为出借人和相应的融资租赁债权,通过盘活融资租赁公司的存量资产,把其债权通过e租宝平台转让给出借人。e租宝的运营模式如图3－2所示。业内人士指出,该运营模式本身并无问题,但融资租赁行业债权收益只在7%～10%,而其推出的6种产品年化收益率均在10%～15%。这意味着在无法保证该平台获得大量优质债权资产的情况下,以融资租赁债权为全部的基础资产的收益率根本不能覆盖其理财产品的收益率。由此,相关专业人士对e租宝的运营提出了质疑,并警示广大出借人注意投资风险,要多方面对该平台进行了解。但因广告宣传以及平台为自身进行的各种包装,国内中小投资人盲目跟风,将大量资金注入该平台以获取高额收益。从最高人民检察院披露的对e租宝调查情况的事实看,该平台只开展了少部分真正意义上的融资租赁债权转让业务，出借人的其他资金一部分被私自挪用于其背后的实体公司安徽钰诚集团的公司运转，另一部分则被用于其他投资和个人挥霍。

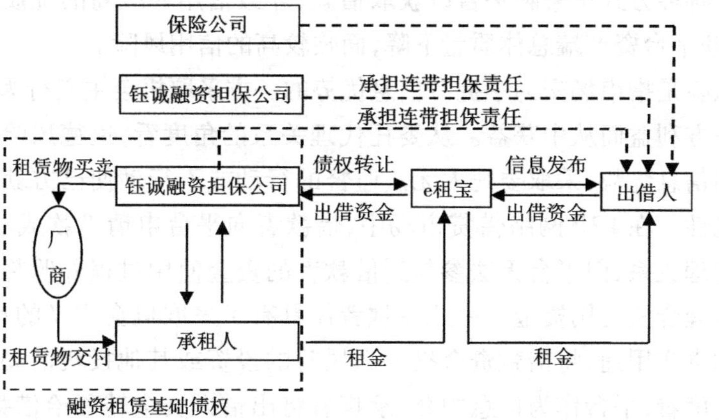

图3－2 e租宝的运营模式

以上分析表明，“e租宝事件”呈现的是一个典型的信息不对称条件下的委托代理问题。在整个事件中，作为“代理人”的e租宝，利用自己所处的相对信息优势地位，对自身进行一系列粉饰和包装，诱使作为“委托人”的出借人将资金源源不断地投资于平台，其所进行的金融活动已经不是合法的P2P网络借贷，而是一个以P2P网络借贷为招牌的庞氏骗局，即不断拿新的出借人资金向前期出借人支付本金和利息，以“拆东墙补西墙”的方式将其开展的非法集资活动的“雪球”越滚越大，随着监管部门对其展开调查，平台金融诈骗的本质浮出水面，最终相关责任人被控制，平台倒闭，出借人遭受巨大损失。“e租宝事件”只是国内众多倒闭的P2P网络借贷中介平台中的典型一例，其表明，在中国特有金融环境和制度下野蛮生长的P2P网络借贷行业鱼龙混杂，由信息不对称带来的风险问题十分突出，急需监管层出台有效的监管对策，维护行业秩序，保护投资者切身利益。

3.2.2 逆向选择问题和道德风险问题

在信息不对称条件下，P2P网络借贷交易中存在着显著的逆向选择问题和道德风险问题。

3.2.2.1 网贷中的逆向选择和道德风险

如果市场交易中存在信息不对称，将导致次品驱逐良品现象的出现，致使市场总体的交易产品质量下降、市场资源配置效率低，出现逆向选择。其最初适用于旧车市场，在旧车市场中由于信息不对称，购车者无法了解到不同车辆的质量，只愿意以车辆平均质量水平出价购车而导致高质量的二手车被驱逐出市场，使最终成交的二手车整体质量下降。在P2P网络借贷交易中，平台和借款人之间存在信息不对称，借款人拥有信息优势，那些信用等级低、违约风险高的借款人为获得款项，会竭力采取各种方式来蒙蔽平台以获取借款，导致信用等级高的优质借款人被排挤出去，致使平台资产端总体质量下降，面临较高的信用风险。

道德风险是指市场交易中拥有信息优势的一方采取机会主义行为损害处于信息劣势的一方利益而从中获益。从委托代理关系的角度看，道德风险指代理人借助其拥有的信息优势，采取委托人无法监督的行动或不行动使己方获利或委托人受损的可能性。在P2P网络借贷市场中，借款者向平台申请借款成功后，双方形成了委托代理关系，但平台无法参与到借款者的资金使用过程并监督其按照双方契约要求合理合法运用资金。由此借款者便具有了采取机会主义的动机，向平台隐瞒资金的真实用途，将借款资金投入高风险的投资或其他投机活动中。从平台和出借者角度看，平台作为信息中介，承担着将出借人资金转移给借款人的责任，但二者之间信息不对称，出借人只能根据平台发布的投资标的信息主观判断是否进行投标，而无法准确判定投资标的是否真实，借款人违约风险如何。

3.2.2.2 逆向选择问题与道德风险问题的形成机制

为了更加直观地展现信息不对称条件下P2P网络借贷交易中逆向选择问题和道德风险问题的形成机制，本书在借鉴斯蒂格利茨和韦斯提出的S-W信贷模型的基础上，构建了一个简单信贷“柠檬”模型。斯蒂格利茨（Stiglitz）和韦斯（Weiss）于1981年提出S-W信贷模型，分析了信息不对称条件下银行和企业的借贷行为，论证了银行提高借款利率以增加收益的做法会降低期望效用，致使逆向选择问题和道德风险问题发生，进而产生信贷配给①。本节以P2P网络借贷市场中的出借人和借款人为研究对象，从借款人的收益预期、投资项目成功率和借款利率的角度进行探讨，分析优质借款人被劣质借款人驱逐的逆向选择的形成机制以及出借人和中介平台面临的来自借款人的道德风险的产生根源。

1.提出相关研究假设

市场中的参与主体为出借人和借款人。

借款人分为优质和劣质两类，优质借款人信用评级高，违约率低，劣质借款人则反之。

借款人的自有资金为M，借款金额为B，借款利率为r，借款期限为n。

---

① STIGLITZ J E, WEISS A. Credit rationing in markets with imperfect information [J]. American economic review, 1981, 71(71):393 -410.

借款人资金全部用于投资项目以获取收益，投资项目有成功和失败两种可能，成功的概率为 $P(0<P<1)$，成功时的收益为 R；失败的概率为 $1-P$，失败时的收益为0。所有投资项目的平均收益为 L，且满足 $L=PR$。

2. 建立信贷模型

在以上假设前提下，借款人投资项目成功时收益 $\pi_s = R\text{-}M\text{-}B(1+r)^n$，投资项目失败时收益 $\pi_f=0$，由此可得企业的收益期望值：

$$E(\pi)=P\pi_s+(1-P)\pi_f=P[R\text{-}M\text{-}B(1+r)^n] \tag{3-1}$$

对式(3-1)求 P 的导数得

$$\frac{\mathrm{d}E(\pi)}{\mathrm{d}P}=R\text{-}M\text{-}B\ (1+r)^n+P\frac{\mathrm{d}R}{\mathrm{d}P} \tag{3-2}$$

对假设5的式 $L=PR$ 求 P 的导数得

$$\frac{\mathrm{d}R}{\mathrm{d}P}=-\frac{L}{P^2}=-\frac{R}{P} \tag{3-3}$$

将式(3-3)代入式(3-2)可得

$$\frac{\mathrm{d}E(\pi)}{\mathrm{d}P}=-M-B\ (1+r)^n \tag{3-4}$$

由式(3-4)可知

$$\frac{\mathrm{d}E(\pi)}{\mathrm{d}P}<0 \tag{3-5}$$

鉴于借款人预期利润大于0时才会考虑申请借款，令 $E(\pi)=0$，即 $P[R-M\text{-}B(1+r)^n]=0$ 得

$$R^*=M+B(1+r)n \tag{3-6}$$

即存在一个临界值 R^*，当预期收益 $R\geqslant R^*$ 时，借款人才会申请借款。将式(3-6)代入 $L=PR$ 中可得 $L=P[M+B(1+r)^n]$，进而求得临界值 P^*：

$$P^*=\frac{L}{M+B(1+r)^n} \tag{3-7}$$

3. 形成机制分析

综合分析式(3-5)和式(3-7)可知，只有当投资项目的成功率 $P\leqslant P^*$ 时，借款人才会考虑申请借款，而且借款人投资项目的成功率越低，其预期收益越高。一般而言，只有当借款人具有更多投资成功机会时才会获得更多收益和利润，但在借款人不用提交抵押担保品以及平台未采取有效激励措施的P2P网络借贷市场中，出借人和平台无法有效监督借款人的资金用途，当借款人将所借资金投资到高风险项目中时，投资项目的成功率极低，而项目一旦成功带来的预期收益很高，劣质借款人常常具有“赌徒”式的投机心理而将所借资金投资于高风险项目中，由此

P2P 网络借贷平台面临来自劣质借款人的道德风险。

由假设可知，P 在区间(0,1)上的概率密度函数为 $f(P)$，分布函数为 $F(P)$，投资项目成功的数目可表示为 $\int_0^{P^*} Pf(P)dP$，则所有投资项目的平均成功率为①

$$\bar{P}=\frac{\int_0^{P^*}Pf(P)\mathrm{d}P}{\int_0^{P^*}f(P)\mathrm{d}P}=\frac{\int_0^{P^*}Pf(P)\mathrm{d}P}{F(P^*)} \tag{3-8}$$

对式(3－8)求利率 r 的导数得

$$\frac{\mathrm{d}\bar{P}}{\mathrm{d}r}=\frac{\frac{\mathrm{d}P^*}{\mathrm{d}r}f(P^*)\left[P^*\int_0^{P^*}f(P)\mathrm{d}P-\int_0^{P^*}Pf(P)\mathrm{d}P\right]}{\left[\int_0^{P^*}f(P)\mathrm{d}P\right]^2} \tag{3-9}$$

由式(3－7)可知

$$\frac{\mathrm{d}P^*}{\mathrm{d}r}=-\frac{nLB(1+r)^{n-1}}{[M+B(1+r)^n]^2}<0 \tag{3-10}$$

又由 $0<P<P^*$ 可知

$$P^*\int_0^{P^*}f(P)\mathrm{d}P-\int_0^{P^*}Pf(P)\mathrm{d}P>0 \tag{3-11}$$

由式(3－11)可知

$$\frac{\mathrm{d}\bar{P}}{\mathrm{d}r}=\frac{\frac{\mathrm{d}P^*}{\mathrm{d}r}f(P^*)\left[P^*\int_0^{P^*}f(P)\mathrm{d}P-\int_0^{P^*}Pf(P)\mathrm{d}P\right]}{\left[\int_0^{P^*}f(P)\mathrm{d}P\right]^2}<0 \tag{3-12}$$

式(3－8)至式(3－12)的论证表明，借款利率 r 与项目成功率 P 呈负相关，即在投资项目预期收益既定的情况下，借款人借款利率越高，投资项目的平均成功率越低，借款人的违约风险也越高。在 P2P 网络借贷市场中，平台根据对借款人的信息审核将其划分为不同信用等级，倾向于按照信用评级对借款人收取不同的利息。而在国内征信体系不健全的情况下，劣质借款人为获得借款将采取各种手段粉饰其个人信息以提高信用评级。在预期收益既定时，利率越高借款人获得的平均利润率就越低，平台按照某一评级对借款人收取相应利息（优质借款人和劣质借款人具有相同的评级），优质借款人会因借款成本高于预期而放弃或选择其他

① 张维迎. 博弈论与信息经济学[M]. 上海：上海人民出版社，1996.

渠道借款,而劣质借款人则很乐意接受该利率,由此劣质借款人将优质借款人从平台上驱逐出去,从而产生 P2P 网络借贷中的逆向选择问题。

3.3 网络借贷行为的博弈分析

在分析 P2P 网络借贷中委托代理、逆向选择和道德风险等行为问题形成机制的基础上,本节引入信号传递博弈模型,对出借人和借款人的借贷交易行为进行博弈均衡分析,通过在模型中加入与借款人申请信息密切相关的投资项目成功率、粉饰成本以及抵押担保等参数,从信息甄别和激励机制设计的角度探寻提高借贷效率和降低借贷风险的策略。

3.3.1 选择博弈信号

在 P2P 网络借贷交易市场中,出借人和中介平台共同面对着来自借款人的信息不对称风险。借款人通过向中介平台提交包括个人财务、收入和债务状况以及征信报告等在内的个人信息来申请借款。在目前国内借款人信息收集成本高、信息共享性低和个人信用系统不完善的客观条件下,大部分 P2P 网络借贷中介平台无法有效判断借款人信息的真实性和准确性,只能根据借款人提供的相关资料以及自身有限的信用评价手段对借款人进行信用评级,以此判定不同借款人风险的高低。出借人则只能通过平台对借款人的信用评级来权衡风险,进而投资。

在这一整个过程中,借款人以其提交的个人信息为信号向中介平台明示自身情况,出借人也将中介平台根据借款人信息做出的信用评级作为其投资风险的衡量依据。

由此可以看出,借款人申请信息的质量决定着中介平台和出借人面临的风险。因此,本书以借款人提供的"申请信息"为博弈模型中的传递信号进行分析。

3.3.2 提出博弈假设

在确定将"申请信息"作为信号传递博弈模型风险识别信号的基础上,提出博弈模型的相关假设:

博弈的参与主体主要为借款人和出借人,P2P 网络借贷中介平台为中介信息提供者;

借款人为信号发送者,出借人和中介平台为信号接收者;

博弈各方均是理性经济人,都以自身利益最大化为目标;

借款人的类型为 δ,分别表示为优质借款人 g 和劣质借款人 b;

优质借款人具有低违约率和低风险,劣质借款人则反之,优质借款人的违约概

率为 $p(g)=p$，劣质借款人的违约概率为 $p(b)=1-p$；

借款人所借资金用于投资项目获取收益，借款金额为 m，借款利率为 r，投资项目的收益率为 i_δ，投资项目的成功率为 α_δ；

借款人根据个人申请信息发出的信号为 $s_i(i=l,h)$，其中 s_l 和 s_h 分别表示低风险和高风险；

借款人投资失败的资金回收率为 β，借款人提供抵押担保品的折现率为 γ。

出借人的出借行为表示为 $a_k(k=1,2)$，其中 a_1 和 a_2 分别表示同意出借和拒绝出借。

3.3.3 建立信号传递博弈模型

信号传递博弈模型是研究具有信息传递特征和信息甄别机制的一种不完全信息动态博弈模型，主要研究内容为信息在博弈方传递的可能性和条件、信息传递的程度以及如何设定机制获得更多信息。信号传递博弈模型的基本特征是有两个或两类博弈方，分别为信号发出方和信号接收方，他们先后选择一次行为，其中信号接收方具有不完全信息，但他们可以从信号发出方的行为中获得部分信息，信号发出方的行为对信号接收方来说是一种以某种方式反映其有关得益信息的信号。

博弈的顺序为：首先，"自然"随机选择第一类参与者的类型 δ，第一类参与者了解自然为其选择的类型，第二类参与者不知道第一类参与者的类型，但第二类参与者掌握前者类型的先验概率分布；其次，第一类参与者在了解自然赋予其类型之后，从可选择的信号类型中选择一种信号 s_i 发出；最后，第二类参与者在收到前者发出的信号后，根据贝叶斯法则由先验概率 p 得到后验概率 $\tilde{p}$，然后从可选择的策略中选择一种行动 a_k，双方的收益分别为 u_1 和 u_2。

根据信号博弈的内涵可知，P2P 网络借贷市场交易是一个典型的不完全信息动态博弈过程。由假设及信号博弈的特点可知，在博弈过程中，借款人有以下四种选择策略：①自然赋予其类型 g，选择发出信号 s_l，将其先验概率表示为 $p(s_l|g)$；②自然赋予其类型 b，选择发出信号 s_l，将其先验概率表示为 $p(s_l|b)$；③自然赋予其类型 g，选择发出信号 s_h，将其先验概率表示为 $p(s_h|g)$；④自然赋予其类型 b，选择发出信号 s_h，将其先验概率表示为 $p(s_h|b)$。出借人也有四种选择策略：①收到 g 类型借款人发出的信号 s_l 时，确定为优质借款人，选择出借，后验概率表示为 $\tilde{p}(g|s_l)$；②收到 b 类型借款人发出的信号 s_l 时，确定为劣质借款人，选择不借，后验概率表示为 $\tilde{p}(b|s_l)$；③收到 g 类型借款人发出的信号 s_h 时，确定为优质借款人，选择出借，后验概率表示为 $\tilde{p}(g|s_h)$；④收到 b 类型借款人发出的信号 s_h 时，确定为劣质借款人，选择不借，后验概率表示为 $\tilde{p}(b|s_h)$。

在实际的交易中，借款人在考虑到中介平台会以申请信息作为评级标准和出借人会以评级标准作为出借依据时，会出于自身利益最大化考虑，而采取粉饰个人申请信息的行为。假设借款人粉饰个人信息的成本为 c_δ，优质借款人发出低风险和高风险信号的概率分别为 η 和 $1-\eta$，即 $p(s_l|g)=\eta, p(s_h|g)=1-\eta$；而劣质借款人粉饰个人信息发出低风险和高风险信号的概率分别为 θ 和 $1-\theta$，即 $p(s_l|b)=\theta, p(s_h|b)=1-\theta$。

由假设及借款人的先验概率，根据贝叶斯法则可求得出借人不同选择策略下的后验概率：

$$\tilde{p}(g|s_l)=\frac{p(s_l|g)\cdot p(g)}{p(s_l|g)p(g)+p(s_l|b)p(b)}=\frac{\eta p}{\eta p+\theta(1-p)} \tag{3-13}$$

$$\tilde{p}(b|s_l)=\frac{p(s_l|b)\cdot p(b)}{p(s_l|g)p(g)+p(s_l|b)p(b)}=\frac{\theta(1-p)}{\eta p+\theta(1-p)} \tag{3-14}$$

$$\tilde{p}(g|s_h)=\frac{p(s_h|g)\cdot p(g)}{p(s_h|g)p(g)+p(s_h|b)p(b)}=\frac{(1-\eta)p}{(1-\eta)p+(1-\theta)(1-p)} \tag{3-15}$$

$$\tilde{p}(b|s_h)=\frac{p(s_h|g)\cdot p(b)}{p(s_h|g)p(g)+p(s_h|b)p(b)}=\frac{(1-\theta)(1-p)}{(1-\eta)p+(1-\theta)(1-p)} \tag{3-16}$$

同时根据假设可求得出借人和借款人各自不同选择策略下的期望收益 u_1 和 u_2。

出借人的期望收益：

$u_1(s_l,a_1,g)=rm$；

$u_1(s_l,a_2,g)=0$；

$u_1(s_h,a_1,g)=rm$；

$u_1(s_h,a_2,g)=0$；

$u_1(s_l,a_1,b)=\alpha_b rm-(1-\alpha_b)(1-\gamma)m=[\alpha_b r-(1-\alpha_b)(1-\gamma)]m$；

$u_1(s_l,a_2,b)=0$；

$u_1(s_h,a_1,b)=\alpha_b rm-(1-\alpha_b)(1-\gamma)m=[\alpha_b r-(1-\alpha_b)(1-\gamma)]m$；

$u_1(s_h,a_2,b)=0$。

借款人的期望收益：

$u_2(s_l,a_1,g)=\alpha_g i_g m-rm=(\alpha_g i_g-r)m$；

$u_2(s_l,a_2,g)=0$；

$u_2(s_l,a_2,b)=-c$；

$$u_2(s_h,a_1,g)=\alpha_g i_g m-rm=(\alpha_g i_g-r)m-c_g;$$
$$u_2(s_h,a_2,g)=0;$$
$$u_2(s_h,a_2,b)=0;$$
$$u_2(s_l,a_1,b)=\alpha_b(i_b-r)m+(1-\alpha_b)(\beta-\gamma)m-c$$
$$=[\alpha_b(i_b-r)+(1-\alpha_b)(\beta-\gamma)]m-c_b;$$
$$u_2(s_h,a_1,b)=\alpha_b(i_b-r)m+(1-\alpha_b)(\beta-\gamma)m$$
$$=[\alpha_b(i_b-r)+(1-\alpha_b)(\beta-\gamma)]m。$$

由此构建的出借人和中介平台视角下，以借款人"申请信息"为传递信号的博弈模型如图 3－3 所示。

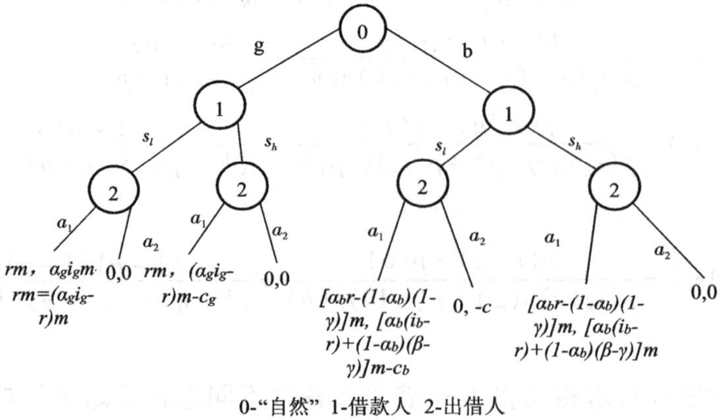

图 3－3 出借人和借款人行为博弈模型

3.3.4 博弈均衡分析

信号传递博弈模型的精炼贝叶斯均衡解包含三种情况：分离均衡、混同均衡和准分离均衡。在不同的均衡状态下，参与人的选择策略也不同。

1. 分离均衡

分离均衡指拥有信息的各方根据各自的真实情况传递出真实的信号。当博弈达到分离均衡状态时，信号能准确明示借款人的类型，优质借款如实按照其个人情况发出信号，劣质借款人也按照其未粉饰的个人情况发出信号，此时市场达到了帕累托最优状态。市场实现分离均衡时，将满足以下条件。

(1)后验概率条件满足：

$$\tilde{p}(g|s_h)=0;$$
$$\tilde{p}(b|s_h)=1;$$
$$\tilde{p}(b|s_l)=0;$$

$\tilde{p}(g|s_l)=1$。

$$\text{即}\begin{cases}\dfrac{\eta p}{\eta p+\theta(1-p)}=1\\[2ex]\dfrac{(1-\theta)(1-p)}{(1-\eta)p+(1-\theta)(1-p)}=1\end{cases}$$

解得：$\begin{cases}\eta=1\\\theta=0\end{cases}$，此时博弈达到分离均衡状态，P2P 网络借贷交易市场成为完全信息市场，优质借款人无须粉饰个人申请信息，发出的个人信息信号必然为低风险，即 $\eta=1$；劣质借款人不存在粉饰自我信息的激励，也会按照自身情况发出高风险信号，即 $\theta=0$，此时后验概率条件满足。在这样的后验概率判断下，出借人的利益最大化选择是对发出低风险信号的借款人给予资金出借，对发出高风险信号的借款人选择拒绝借款，其期望收益为 $u_1(s_l,a_1,g)=rm$，此时只有优质借款人能获得借款，劣质借款人则被驱逐出市场。

(2)给定出借人策略的情况下，优质借款人发出低风险信号申请借款为其最优选择，劣质借款人发出高风险信号申请借款为其最优选择，此时能实现其各自的效用最大化，即

$$u_2(s_l,a_1,g)>u_2(s_h,a_2,g) \tag{3-17}$$

$$u_2(s_h,a_2,b)>u_2(s_l,a_1,b) \tag{3-18}$$

显然，式(3-17)必然成立。式(3-18)可转化为

$$[\alpha_b(i_b-r)+(1-\alpha_b)(\beta-\gamma)]m-c_b<0 \tag{3-19}$$

这表明，当劣质借款人粉饰个人信息的成本满足 $c_b>[\alpha_b(i_b-r)+(1-\alpha_b)(\beta-\gamma)]m$ 时，该信贷市场实现了分离均衡。事实上，市场实现的分离均衡是在借款人没有粉饰个人信息激励的条件下才会出现的极端情况下的均衡，此时市场交易状况达到最理想状态。式(3-19)表明，分离均衡状态的实现取决于借款人的投资项目成功率、粉饰成本和中介平台要求借款人提供的质押担保等因素。因此，为了维护借款人和中介平台自身利益，中介平台应考虑通过要求借款人提供抵押担保以及提高其粉饰成本等方式促使市场向分离均衡状态靠近以降低风险。

2. 混同均衡

混同均衡指拥有不同信息的不同类型参与者发出相同的信号，致使市场失灵、不同类型参与者混杂在一起的情况。在 P2P 网络借贷交易中，混同均衡的情况很常见，劣质借款人为了获得资金，会采取粉饰个人信息的手段发出低风险信号，中介平台和出借人无法通过信号修正先验概率，此时的后验概率等于先验概率，即

$$\tilde{p}(g|s_l)=\frac{\eta p}{\eta p+\theta(1-p)}=p;$$

$$\tilde{p}(b|s_l)=\frac{\theta(1-p)}{\eta p+\theta(1-p)}=1-p;$$

$$\tilde{p}(g|s_h)=\frac{(1-\eta)p}{(1-\eta)p+(1-\theta)(1-p)}=p;$$

$$\tilde{p}(b|s_h)=\frac{(1-\theta)(1-p)}{(1-\eta)p+(1-\theta)(1-p)}=1-p。$$

解得：$\begin{cases}\eta=0.5\\ \theta=0.5\end{cases}$，此时借款人传递的市场信号失效，出借人存在出借或者不出借两种选择策略。当后验概率等于先验概率时，给定出借人的策略，借款人要实现效用最大化需满足：

$$u_2(s_l,a_1,g)>u_2(s_h,a_2,g) \tag{3-20}$$

$$u_2(s_l,a_1,b)>u_2(s_h,a_2,b) \tag{3-21}$$

显然式(3-20)必然成立。式(3-21)可转化为

$$[\alpha_b(i_b-r)+(1-\alpha_b)(\beta-\gamma)]m-c_b>0 \tag{3-22}$$

由式(3-22)可知，当交易市场中优质借款人和劣质借款人的粉饰激励不存在任何差异时，信贷市场实现了混同均衡。此时，劣质借款人将采取粉饰个人信息的手段混同于优质借款人之中，出借人和中介平台以借款人申请信息为传递信号的风险识别机制失效。因此，为了维护借款人和平台自身利益，中介平台应加强自身信用风险评价体系建设，一方面引入先进的金融技术对借款人进行有效信贷审查；另一方面建立信用数据库信息系统，存储借款人历史借款信息，作为后续风险评价的依据。

3. 准分离均衡

准分离均衡是指优质借款人按其自身情况发出低风险借款申请，而高风险借款人随机发出 s_l 或 s_h 的风险信号。由假设劣质借款人粉饰个人信息发出低风险和高风险信号的概率分别为 θ 和 $1-\theta$ 可知，中介平台和出借人此时的后验概率判断为

$$\tilde{p}(g|s_l)=\frac{p}{p+\theta(1-p)}$$

$$\tilde{p}(b|s_l)=1-\tilde{p}(g|s_l)$$

$$\tilde{p}(b|s_h)=1$$

$$\tilde{p}(g|s_h)=0$$

对 θ 进行分析，当 $\theta\to 0$ 时，$\tilde{p}(g|s_l)\to 1$，此时交易市场中大部分的劣质借款人均发出高风险信号，显示为低风险信号的借款人大部分都是优质借款人，此时市场接近分离均衡状态，传递信号能够作为平台评级标准，也能作为出借人投资参考依

据。当 $\theta \to 1$ 时，$\tilde{p}(g|s_l) \to p$，此时交易市场中大部分的劣质借款人均发出低风险信号，劣质借款人和优质借款人混杂，市场接近于混同均衡，平台和出借人无法根据传递信号做出判断，市场交易面临高风险。

若要实现劣质借款人在高风险和低风险之间选择性传递信号，必须满足 $u_2(s_l, a_1, b) = u_2(s_h, a_2, b)$，即 $c_b = [\alpha_b(i_b - r) + (1-\alpha_b)(\beta - \gamma)]m$，此时交易市场实现了准分离均衡。当 $\theta \to 0$ 时，$\tilde{p}(g|s_l) \to 1$，市场接近分离均衡，当 $\theta \to 1$ 时，$\tilde{p}(g|s_l) \to p$，市场接近于混同均衡。因此，可以看出准分离均衡的实现依旧取决于借款人的修饰成本、提供的抵押担保以及其投资项目的成功率。

以借款人"申请信息"为传递信号的博弈分析表明，P2P 网络借贷交易市场能否实现帕累托最优的状态取决于借款人的粉饰成本、提供的抵押担保以及其投资项目的成功率。通常优质借款人的投资项目具有更高的成功率，这说明 P2P 网络借贷中介平台应通过建立有效的信用评价体系，形成相应的信息甄别机制，提高劣质借款人粉饰个人信息的成本，将劣质借款人驱逐出平台，从而降低对借款人的逆向选择问题。在模型中加入抵押担保的参数表明，要求借款人提供相应的抵押担保能够提高其违约成本，在客观上形成一种有效的激励约束机制，从而缓解委托代理问题，降低道德风险。

3.4 网贷中违约行为的实证分析

从出借人和借款人行为博弈视角进行的分析表明，借款人申请信息能够作为衡量借款人风险的传递信号，合理控制借款人发出风险信号的概率能够形成相应的信息甄别机制，提高借款人的粉饰成本和要求其提供抵押担保能够形成有效的激励约束机制。本节利用 P2P 网络借贷中介平台的交易数据，对借款人的违约行为进行实证分析，进一步挖掘影响借款人的风险的具体因素，为中介平台提升风险防控能力提供参考。

3.4.1 数据选取与变量定义

考虑到本研究所用数据涉及公司未公布的违约率等与公司利益密切相关的敏感信息，本书以 S 为代号将其命名为 S 平台。作为国内规模较大的 P2P 网络借贷中介平台之一，S 平台拥有较好的信用风险控制能力，在融 360 联合中国人民大学发布的 2015 中国 P2P 网络借贷行业信用等级评估中，连续四次获得 AA 最高评级，S 平台开展的业务模式和国内宜人贷模式相似，既有单纯中介型的无抵押信用借款，也有售卖理财产品的智能匹配方式的借款，属于复合型中介平台。因此，从该平台获取数据进行研究具有一定的代表性。

本书的研究数据由每日从S平台的交易数据库中获取积累所得，共获得包含借款人基本信息、借款人信用信息和借款合同信息等在内的784条交易数据，删除其中信息不完整的数据，最终得到400条完整可用的交易数据（其中包含338条正常还款数据和62条违约数据），作为模型的研究样本。

从前文对国内外文献研究的综述可以发现，学者们主要从借款人社会资本、财产收入、借款描述和借款目的、金额、期限等方面研究了影响借款人借款成功率的因素。由于国内P2P网络借贷行业交易数据难以获取，从借款人违约行为方面进行研究的尚不多，部分学者仅从借款人性别、年龄、借款金额、利率和借款期限等方面研究了影响借款人违约的因素。鉴于本书构建的信号传递博弈模型从理论上论证了借款人申请信息能够起到风险识别的作用、提供抵押担保能够形成激励约束机制，结合所获得数据的有效性，本书在前人研究的基础上选取借款人性别、年龄、学历、历史违约、信用评级、借款标的类型、借款利率、借款期限和借款金额等9个指标，归类为借款人基本信息（性别、年龄、学历）、借款人信用信息（历史违约、信用评级）、借款合同信息（标的类型、利率、期限、金额）3大类，作为分析借款人违约行为影响因素的变量。

借款人基本信息主要包括借款人性别、年龄、学历，借款人性别为虚拟变量，将男性和女性分别赋值为1和2；将借款人年龄进行分段并分别赋值，年龄低于30岁赋值为1，介于30岁到50岁赋值为2，年龄高于50岁赋值为3；平台中借款人学历从小学到研究生各个阶段均有，将不同学历阶段进行分段并赋值，研究生以上赋值为1，本科赋值为2，专科赋值为3，高中及以下赋值为4。

借款人信用信息主要包括历史违约、信用评级情况。在S平台历史交易中有违约记录的赋值为1，无历史违约记录的赋值为2；S平台的信用评级由高到低划分为AA，A，B，C，D，E共6个等级，将信用评级进行分段赋值，评级高于A的赋值1，评级介于B到D的赋值2，评级低于D的赋值3。

借款合同信息主要包括借款标的类型、借款利率、借款期限和借款金额。作为复合中介型平台，S平台中的借款标的类型主要包括实地认证标、押担保标和纯信用标三种类型，分别赋值为1，2，3；借款利率的范围主要为6%～24%，将利率在6%～10%赋值为1，利率在11%～15%赋值为2，利率为16%以上赋值为3；平台上的借款期限最短为1月，最长为3年，将借款期限分段为1年以下、1～2年和2年以上，分别赋值为1，2，3；借款金额为连续变量。各个变量的定义如表3-1所示。结合前人的研究以及考虑现实生活中可能影响违约的因素，提出以下假设。

H1：在性别方面，男性借款人比女性借款人有更高的违约率。

H2:在年龄方面,年龄越大的借款人违约率越低。

H3:在学历方面,学历越高的借款人违约率越低。

H4:在历史违约记录方面,有违约记录的借款人再次违约的概率更高。

H5:在信用评级方面,信用评级越高的借款人违约率越低

H6:在标的类型方面,实地认证标和抵押担保标比纯信用标违约率低。

H7:在借款利率方面,利率越高的借款人违约率越高。

H8:在借款期限方面,借款期限越长的借款人违约率越高。

H9:在借款金额方面,借款金额越高的借款人违约率越高。

表3-1 研究数据的选取及变量定义

指标分类	变量	表示	变量赋值
基本信息	性别	*sex*	男性和女性分别赋值为1和2
	年龄	*age*	年龄低于30岁赋值1,30岁到50岁赋值2,年龄高于50岁赋值3
	学历	*edu*	研究生以上赋值1,本科赋值2,专科赋值3,高中及以下赋值4
信用信息	历史违约	*rec*	有历史违约记录赋值1,无历史违约记录赋值2
	信用评级	*ran*	评级高于A的赋值1,评级介于B到D的赋值2,评级低于D的赋值3
合同信息	标的类型	*kid*	实地认证标赋值1,抵押担保标赋值2,纯信用标3
	借款利率	*rat*	利率在6% ~10%赋值1,利率在11% ~15%赋值2,利率为16%以上赋值3
	借款期限	*tim*	借款期限1年以下赋值1,1~2年赋值2,2~3年赋值3
	借款金额	*amo*	借款人在S平台借款合同中的借款金额

3.4.2 模型选取与构建

Logistic回归模型作为广义线性回归模型,主要具有以下优点:第一,Logistic回归模型是一种线性的模型,能够保证概率值在有意义的区间内取值;第二,Logistic回归模型的因变量为二分类或多分类变量,其对自变量没有严格的要求,自变量既可以为分类变量,也可以为连续变量;第三,Logistic回归模型求解方便,运算快捷,分析结果具有直观的含义。本书所研究的借款人违约行为分为正常还款和发生违约两种情况,即因变量只存在两种取值0和1,具备二项分布的特点,适合采用Logistic回归模型进行分析。因此,本书选择Logistic模型来研究影响借款人

违约行为的因素。根据前文对变量的定义和 Logistic 模型的结构特点，构建如式 3 -23 所示的回归模型：

$$\ln\frac{p(y=1)}{p(y=0)}=\beta_0+\beta_1 sex+\beta_2 age+\beta_3 edu+\beta_4 rec+\beta_5 ran+\beta_6 kid+\beta_7 rat+\beta_8 tim+\beta_9 amo+\alpha \quad (3-23)$$

其中 $p(y=1)$ 和 $p(y=0)$ 分别表示借款人违约和不违约的概率，β_0 是常数项，β_1—β_9 是回归系数，α 是随机扰动项。

3.4.3 样本描述性统计

对选取的 S 平台 400 条完整交易数据分别按照借款人个人基本信息、信用信息和合同信息分类进行初步的描述性统计，如表 3 -2 至 3 -4 所示。

表 3 -2 S 平台借款人的基本信息

借款人基本信息		正常还款样本		发生违约样本	
		人数	所占比重	人数	所占比重
性别	男	231	68.34%	48	77.42%
	女	107	31.66%	14	22.58%
年龄	50 岁以上	34	10.06%	1	1.62%
	30 ~ 50 岁	215	63.61%	41	66.13%
	30 岁以下	89	26.33%	20	32.25%
学历	研究生以上	8	2.37%	0	0.00%
	本科	98	29.00%	2	3.22%
	专科	162	47.93%	37	59.68%
	高中及以下	70	20.70%	23	37.10%

表 3 -2 中的统计分析初步反映了借款人性别、年龄和学历与其违约行为之间的关系，可以初步推断，男性借款人比女性借款人具有更高的违约率，高年龄借款人比低年龄借款人违约率低，高学历借款人违约率低于低学历借款人。

表 3-3　S 平台借款人的信用信息

借款人信用信息		正常还款样本		发生违约样本	
		人数	所占比重	人数	所占比重
历史违约	有历史违约纪录	76	22.49%	12	19.35%
	无历史违约纪录	262	77.51%	50	80.65%
信用评级	评级高于 *A*	145	42.90%	11	17.74%
	介于 *A*～*D* 之间	134	39.65%	24	38.71%
	评级为 *D* 以下	59	17.45%	27	43.55%

表 3-3 中的统计数据初步表明，借款人的历史违约情况和信用评级对违约率均有一定影响，其中有历史违约纪录的借款者的违约率明显低于无历史违约纪录的借款者的违约率，在信用评级方面，低信用评级者有较高违约率。

表 3-4　S 平台借款合同信息

借款合同信息		正常还款样本		发生违约样本	
		人数	所占比重	人数	所占比重
标的类型	实地征信	107	34.62%	6	9.68%
	抵押担保	69	17.46%	4	6.45%
	纯信用标	162	47.92%	52	83.87%
借款期限	1 年以内	134	39.65%	34	54.84%
	1-2 年之间	126	37.28%	23	37.10%
	2 年以上	78	23.07%	5	8.06%
借款利率	6% -10%	84	24.85%	10	16.13%
	11% -15%	119	35.21%	14	22.58%
	16% 以上	135	39.94%	38	61.29%
借款金额	1 万元以下	135	39.94%	38	61.29%
	1 万 -5 万元	119	35.21%	14	22.58%
	5 万元以上	84	24.85%	10	16.13%

从表 3-4 的统计数据可以看出，在借款标的类型方面，进行实地征信和提供抵押担保的标的比纯信用标的违约率低。在借款期限方面，期限越长的借款人违

约率越高，在借款利率方面，高利率借款人具有更高的违约率。

在对各个变量进行初步统计分析的基础上进一步进行相关性分析，由于前文对大部分自变量进行了赋值，因此对所有自变量之间进行 spearman 相关性检验。表 3－5 显示，借款人年龄和借款金额两个变量与因变量不相关，其他各变量之间的相关系数均低于 0.7，而通常相关系数高于 0.8 时变量之间会存在共线性问题，这表明本书所选择的变量之间有较好的区分度，无严重的共线性问题，剔除借款人年龄和借款金额两个变量，其他变量均可以作为模型分析的有效变量。

表 3－5　样本变量相关性系数表

变量	*def*	*sex*	*age*	*edu*	*hou*	*rec*	*kid*	*rat*	*tim*	*amo*
def	1.000									
sex	0.521***	1.000								
age	－0.662	－0.539	1.000							
edu	－0.629*	－0.589***	－0.484**	1.000						
rec	0.531**	0.421*	0.570**	0.623***	1.000					
ran	0.432**	0.427***	0.395**	0.321**	0.228*	1.000				
kid	0.576***	0.322*	0.357*	0.335**	0.385***	0.264**	1.000			
rat	0.354*	0.263	0.241	0.175	0.268*	0.093	0.351**	1.000		
tim	0.567***	0.254*	0.647*	0.455*	0.581*	0.325**	0.254***	0.362**	1.000	
amo	0.543	0.497	0.382	0.362	0.163	0.631	0.438	0.265	0.682	1.000

注：*，**，*** 分别表示在 1%、5% 和 10% 的水平上显著。

3.4.4　分类指标回归分析

本书构建的 Logistic 回归模型中共包含借款人性别、学历、历史违约、信用评级、借款标的类型、借款利率、借款期限共 7 个自变量，划分为借款人基本信息、信用信息和合同信息三类，首先分别考察三类指标各自对借款人违约行为的影响，回归分析的结果如表 3－6 所示；然后考虑所有变量对借款人违约行为的影响，回归分析的结果如表 3－7 所示。

表 3-6 分类指标分别回归分析的结果

自变量	模型 1	模型 2	模型 3
sex	0.157***		
edu	-0.416**		
rec		0.375***	
ran		0.253*	
kid			0.257**
rat			0.269*
tim			0.310**
R^2	623.24	752.67	690.26
LR 统计量	0.4323	0.6525	0.2449

注：*，**，*** 分别表示在系数在 1%、5% 和 10% 的水平上显著。

表 3-7 分类指标两两回归分析

自变量	模型 4	模型 5	模型 6
sex	0.157***		0.125**
edu	-0.416**		-0.397*
rec	0.362*	0.375***	
ran	0.134**	0.253*	
kid		0.318**	0.257**
rat		0.235**	0.269*
tim		0.482***	0.310**
R^2	436.23	529.61	692.76
LR 统计量	0.2353	0.3362	0.7552

注：*，**，*** 分别表示在系数在 1%、5% 和 10% 的水平上显著。

3.4.5 回归结果分析

从回归分析结果可知，借款人的性别、学历、历史违约、信用评级、借款标的类型、借款利率和借款期限等自变量对因变量违约率均有显著的影响。

（1）借款人性别。借款人性别与其违约行为存在关联性，男性借款人比女性更容易出现违约情况。男性作为家庭主力,所借资金一般用于投资、创业、资金周转,甚至会有用于赌博等非法活动等各个方面,由于创业和投资具有一定的风险,而赌博等非法活动则具有更大风险,而女性借款人借款主要由于短期资金紧张而借款,所借金额较少,在一定时间内能够获取新的收入而按时还款,由此男性借款人比女性借款人更易违约。

(2)借款人学历。借款人的学历与其违约率呈负相关,这表明学历越高,借款人违约率越小;学历越低,借款人违约率越高。这与现实逻辑基本相通,通常高学历借款人更容易找到工作,收入有一定的保障,更愿意从长远考虑维护个人信用且具有更强的守法意识;而低学历借款人收入来源不稳定,对自身信用不重视,在出现危机时总是想方设法逃避债务而不是努力去还款。

(3)历史违约情况。在 P2P 网络借贷市场中有历史违约记录的借款人违约率更高,主要原因在于曾经发生过违约的借款人有惯犯心理,对于自己的信用记录不重视,一旦有过违约记录之后就不会在意下次的违约。

(4)信用评级。出借人按照 P2P 网络借贷中介平台的要求提供相应资料后,中介平台据此对借款人进行风险评级。信用评级的系数为负,表明信用评级越高,违约率越低。这表明 A 平台基于大数据技术的信用评级系统对于甄别借款人风险具有良好的效果。

(5)借款标的类型。要求提供抵押担保是 P2P 网络借贷平台为降低出借人风险,针对有较高风险但希望通过较低利率获得所需资金的借款人而采取的手段。从表中的系数可以看出,提供抵押担保的借款人比不提供抵押担保的借款人违约的可能性小,主要原因在于借款人所获得的借款金额通常与其提供的担保品变现价值相当,一旦违约,不仅要受到中介平台的惩罚,还面临着抵押品被强制变现为还款资金而受到损失。

(6)借款利率。在 P2P 网络借贷中,高风险借款人为了能够提高交易成功率,获得所需资金,通常会给出更高的收益率,而分析表明借款利率与借款人违约率呈反比,这与高风险、高收益的经济逻辑吻合。因此,出借人在出借资金时应关注借款人给出的回报率,中介平台应合理把控出借人的利率。

(7)借款期限。一般而言,借款人还款的期限越长,其收入、资金和财务等要素的变动未知性越大,面临的风险也越高,而还款期限短的借款人主要为了短期个人消费或资金暂时周转而向中介平台求助,在短期内也有能力偿还所借款项,表中的回归分析结果也说明了这一事实。

第4章 网络借贷集群化发展模式构思

令政府两难的规模困境和监管困境影响了P2P网络借贷行业的持续繁荣和稳定。故本书提出P2P网络借贷的集群化的规制方式,探讨优化P2P网络借贷风险管控、缓解信息不对称的途径,进而构建使我国P2P网络借贷市场有序发展的长效机制。从这个意义上讲,P2P网络借贷集群的研究不但具有理论上的必要性,同时也具有现实上的紧迫性。

4.1 网络借贷的困境分析

中小微企业长期处于金融抑制之下,而P2P网络借贷为其提供了灵活便捷的新融资渠道。我国P2P网贷企业呈喷井式发展,数量多、规模小、协作差、问题频发,可见我国P2P网络借贷行业仍处于数量扩张的初级阶段,呈现明显的"伪互联网金融"特征,尚未发挥出互联网金融的本质优势,严重阻碍了P2P网络借贷行业的健康发展。如何规制并保持其活力,实现"小而不弱",使其在满足小微企业和个人信贷需求的同时,增强风险管控能力,成为政府部门当前面临的两难困境。政府监管部门面临的两难困境主要是指规模困境和监管困境。

4.1.1 网络借贷的规模困境

P2P网络借贷的概念源自国外,在中国得到迅速发展。虽然我国的P2P网络借贷来源于国外,但是在某些层面上又区别于国外。从规模角度来看,与中国5 000多家P2P网络借贷公司群雄逐鹿的局面不同的是,国外的P2P网络借贷行业呈现出数量少、规模大的特征。在国外,几家大型的P2P网络借贷公司便足以稳控市场,如美国Lending Club和Prosper两家P2P网络借贷公司占据的市场份额在95%以上,而Lending Club更是独占鳌头,鲸吞将近75%的市场份额。英国也仅仅只有十几家网贷公司,其中最大的四家P2P网络借贷公司Zopa、Funding Circle、Rate Setter和Market Invice的交易金额超过了市场份额的75%。而我国的P2P网络借贷却呈现出数量多、规模小、风险难以管控、问题频发的特征。

在契合个人和小微信贷需求的同时,受制于自身规模实力,我国P2P网络借贷公司大多难以真正发挥大数据与动态征信等互联网金融优势，导致自律性差、风险管控能力弱，如P2P网络借贷公司跑路、诈骗等问题高频发生。而倘若发展成几家大型P2P网络借贷公司稳控市场的局面，又难以实现普惠金融，满足个人和小微企业的融资需求。

可见，政府部门迫切需要解决其面临的规模困境来实现P2P网络借贷公司的"小而不弱"。

4.1.2 网络借贷的监管困境

目前，我国P2P网络借贷行业的监管形势严峻，公司经营不合规的现象严重，总体形势不容乐观。我国P2P网络借贷行业监管所面临的问题主要包括以下三个方面。

第一，P2P网络借贷行业自律的缺失和法律法规的不健全。我国目前尚未出台针对P2P网络借贷行业的法律法规，也并没有对P2P网络借贷公司的运营模式做出明确的界定。庞氏骗局、假借开立P2P网络借贷公司的名义进行非法集资、建立资金池等现象屡见不鲜，严重阻碍了P2P网络借贷行业的健康发展。如2012年淘金贷设立了"秒标"的营销模式来吸引投资者的关注。当时标的是50万元，利率是8.88%，每笔限额是3 888元，同时还会额外赠送0.28%的奖励。在高利率的吸引下，投资者纷纷投标，50万元的标的瞬间被投满。但是，"秒标"的借款实际上是P2P网络借贷公司虚拟的，背后并不存在真正的借款者。此次的"秒标"就是所谓的庞氏骗局，是为了提高知名度，以短期高息来吸引投资者。

第二，监管主体的缺位和监管模式的模糊。我国P2P网络借贷行业目前还处于无约束、无监管的尴尬境地，自P2P网络借贷行业出现以来，政府还在一直使用已有的监管模式进行监管。目前，央行、工商局、银保监会、工信部等部门都有一定的权限对P2P网络借贷行业进行监管，但是它们之间责任不明确，分工不清晰，没有形成一套完整的监管模式和框架，各部门各自为政，难以实现有效的监管。所以P2P网络借贷行业迫切需要一套统一有效的监管体系。

第三，P2P网络借贷行业自身的不足。首先，P2P网络借贷行业普遍存在信息披露不全面、信用评级体系不完善、资金管理不到位的问题。我国P2P网络借贷行业目前并没有制定统一的行业标准，使得各P2P网络借贷公司的信息披露水平完全取决于其自觉程度，从而导致P2P网络借贷公司在披露内容和披露形式等方面都缺乏规范和统一性，加大了信息不对称风险。其次，P2P网络借贷公司的征信系统并没有和央行征信系统进行对接，导致P2P网络借贷公司无法共享借款者的个人信用信息，只能靠自身的征信系统进行资质审核和风险评估。由于无法获得借款者的历史信用状况，所以P2P网络借贷行业的风险会加大，尤其对于中小型P2P网络借贷公司，没有完善的征信体系，对借款人的授信和审核都只是流于程序，实际上并没有起到真正鉴别风险的作用。最后，P2P网络借贷公司资金管控不到位，导致P2P网络借贷公司跑路、建立资金池挪用资金的问题频发，同时也无法得到管控，使得投资者资金的安全性无法得保障。

可见，目前P2P网络借贷行业的监管现状给监管部门带来很大的挑战。由于P2P网络借贷公司数量多、规模小、地理位置分散等，政府部门想做到监管的面面俱到不具有现实性，但监管部门若放任P2P网络借贷行业自由生长而不完善监管，P2P网络借贷这一新兴行业必然会野蛮生长。所以，如何对P2P网络借贷行业进行有效监管，并通过P2P网络借贷公司的自律来缓解信息不对称，降低风险，提高整体的安全性，是政府部门迫切需要解决的监管困境问题。

4.2 网络借贷集群的规制方式

基于政府部门面临的两难困境，本书提出P2P网络借贷集群的概念，即小而弱的P2P网络借贷公司与技术先进的大数据公司、经验丰富的信用评级公司、资金雄厚的担保公司等，通过互联网空间中跨区域、跨行业的泛空间集聚，组成多个介于完全市场化组织与单一企业组织之间的“中间网络组织”——P2P网络借贷集群，并依托集群共享网贷大数据，依托集群自律塑造集群品牌，依托集群品牌开展市场竞争，通过P2P网络借贷集群之间的有序竞争而实现整个市场的风险管控。

4.2.1 产业集群的发展模式

集群化发展模式，是提高区域经济竞争力的一项非常有效的发展策略，是适应全球经济竞争由单个企业竞争走向产业链竞争趋势的有效途径。在集群模式研究方面，Markusen ①根据集群组织形式将产业集群分为马歇尔集群、轮轴式集群、卫星平台式集群和政府支持式集群四类；陈继海②根据国家干预在产业集聚过程中作用的强弱程度及市场机制和政府作用的互动程度，将集群发展模式分为企业主导型、政府主导型、政府引导型；李兰和肖双琼③研究发现，集群的形成机制主要有

---

① MARKUSEN A. Sticky places in slippery space: A typology of industrial districts[J]. Economic geography,1996,72(3):293 - 313.

② 陈继海. 国外企业集群发展模式比较研究[J]. 开放导报,2003(12):38 - 40.

③ 李兰，肖双琼. 产业集群文献综述[J]. 中国高新技术经济,2013(9):150 - 152.

三种:市场自发形成机制、政府主导机制、政府引导机制。基于上述分析,本研究认为当前典型的集群模式可以分成如下四种类型。

1. 政府引导型集群模式

政府引导型集群模式是指政府在产业集群的形成和发展过程中不用行政手段等加以干预,只是出于行业发展的需要而出台引导性的政策,引导产业集群向更好的方向发展。在政府引导型的集群构建模式中,政府需要在最大程度上发挥行政职能,以政府直接或者间接参与的形式推进区域品牌建设,这在集群建设初期尤为重要。

此模式的优势在于通过政府的引导和干预,可以有效地规避企业集群建设中的机会主义行为、短期行为和违法造假行为,从而促进集群的发展和品牌的建设。而对于缺乏先天资源和技术水平不高的集群而言,政府的引导可以保障集群的发展,加快集群品牌的建设。

2. 政府主导型集群模式

在政府主导型集群模式下,政府扮演着重要的角色。政府通过制定一系列法律、法规和政策来引导和规范企业的合作与竞争,追求社会福利水平的最优化,这一标准通常也是国家在该行业所执行的技术标准。同时,出于扶持集群的需要,政府会在政策制定、税收等方面给予一定的优惠。通常政府部门会在已有集群的基础上对其所属的行业进行选择、规划,充分利用已有集群的优势,其中比较具有代表性的政府主导型模式为日本筑波、印度班加罗尔。

此模式的优势在于为起点较低的产业集群创造良好的条件,强力推进集群的形成与发展,为其创造良好的创新创业环境,鼓励和促进资源合理、有效地配置,壮大集群发展规模。政府的强势作用贯穿产业集群规划期和形成期,具有管理和调控的作用,但是这种作用随着集群的形成和产业的成熟呈逐渐减弱趋势。

3. 企业主导型集群模式

这类集群通常由行业内占主导地位的少数企业发起形成,包括主导企业、成员企业,这少数几家企业是集群的龙头企业,与众多成员企业之间相互独立又相互依赖,在生产中发挥横向支撑作用,在营销中以品牌效应发挥纵向纽带作用。主导企业与成员企业之间形成了领导与被领导的关系,集群的进入退出机制、运行标准等一般由主导企业制定,其他企业须遵照这一标准进行研究、开发、经营等活动,唐山钢铁产业集群、东软全赢软件联盟是该模式的典型代表。

此模式有利于主导企业保持领先地位和竞争优势,同时也有助于主导企业与成员企业间形成长期稳定的生产或经营协作关系。但是此集群模式的相关制度、标准是由主导企业制定的,一旦主导企业在行业内的地位下降,则原有的技术标准有可能被其他企业的标准取代，那些在技术上跟随主导企业的成员企业将被迫改变技术方向，从而加大了成本投入，影响了成员企业的竞争力。同时，由于主导企业在集群中占绝对领导地位，其他附属企业的发展将或多或少受到主导企业的制约，在某种程度上，成员企业将按主导企业的生产需要来确定自身的发展方向，这制约了成员企业的发展和其核心竞争力的提升。

4. 市场主导型集群模式

市场主导型模式是指市场在资源配置中起基础作用的集群模式。在市场调节下，一些拥有相近资源、技术、文化等的企业为了自身利益聚集在一起，并通过企业间的相互联系和合作，形成具有一定规模的产业集群。集群的形成、演化基本上依赖市场机制来完成，绍兴的轻纺、温州的皮鞋、珠江三角洲等基本上都基于该模式形成。

这种集群的优势在于以集群的外部经济性、竞争与合作网络、知识积累与集群学习以及基于网络的创新能力和区域要素整合能力为主要动力，互为依托，层级递进，促进内生型集群成长。但是若产业发展时间较短，市场机制不完善，很难单靠市场的作用在短期内创造出集群成长发展的条件，需要政府的干预和调控市场经济的经验。

4.2.2 网络借贷集群的特征

与非集群的P2P网络借贷公司个体、大型金融机构、其他产业集群模式相对比，本书所构建的P2P网络借贷集群具有以下几个鲜明的特征。

1. 个体独立化

作为中间网络组织，集群并非完全的一体化。在集群模式下，P2P网络借贷集群内部的各成员，依然保持其独立性，即各成员仍然是独立的法人，保持各自的隶属关系、所有制、灵活性、便捷性和个性化等。

2. 联系密切化

P2P网络借贷集群内部成员之间的联系更加密切。P2P网络借贷集群通过跨地理空间的虚拟集聚，缩短了成员之间的空间距离，使成员之间的沟通交流更加密切。

3. 结构动态化

P2P网络借贷集群组织结构呈现动态化。由于成员进入或者退出P2P网络借贷集群的障碍比较小，所以P2P网络借贷集群结构一直处于动态变化之中。也正因为如此，集群才能一直保持活力。除此之外，各成员自身也在发生着动态性的变化，如成员为了使关系更加密切或者为了解决成员之间的不一致等情况而采取的行动,都会使得 P2P 网络借贷集群的组织结构更具动态性。

4. 环境诚信化

良好的"信任和承诺"等人文环境是 P2P 网络借贷集群能够顺利运行的基础。这种人文环境不仅使集群内部成员之间保持长期稳定的关系,而且能够使 P2P 网络借贷公司实现自律,降低 P2P 网络借贷行业的风险,提高整体的安全性。同时"信任和承诺"等人文环境也使得 P2P 网络借贷集群能够在竞争的环境中享有独特的竞争优势。

5. 资源共享化

互联网技术、大数据技术的不断进步为网络借贷行业的快速发展提供了技术支持。在普惠金融的背景下,网贷行业的资金管理、行业监管、产品研发、信息技术管理等对技术要求较高,都需要大量的专业人才。但我国 P2P 网络借贷公司一般没有能力和足够的资金开发自身的征信体系,且目前没有和银行等传统金融机构共享交易者的信息数据资源,故其缺乏构建征信系统所需要的交易者的历史信用记录等数据资源。而 P2P 网络借贷集群可以凭借集群优势,共享网贷大数据资源、信用分析技术等。如 P2P 网络借贷集群平台负责信息统一发布、资金统一存管、大数据统一建设、信用技术统一分享,而各 P2P 网络借贷公司专职于业务开拓和尽职调查。

6. 风险内控化

P2P 网络借贷集群可将原有的一些外部监管规制内化为集群内部规制,通过集群内部的自律和协调机制,实现网贷体系的生态协调,形成可与国外大型 P2P 网络借贷公司相媲美的 P2P 网络借贷集群的风险管控能力和竞争力,从而降低 P2P 网络借贷行业的风险,尤其是能够显著降低信用风险。

7. 发展集群化

P2P 网络借贷集群的发展路径可以概括为:质量提升—品牌塑造—产品创新。小型 P2P 网络借贷公司跨区域、跨行业的泛空间集群化,使得网贷行业从初期的数量扩张阶段逐步升级到成熟的品牌塑造阶段和产品创新阶段,以"小网贷、大集群"灵活且稳健地契合小微信贷需求。正如聚美、网易、淘宝等通过互联网平台进行品牌塑造一样,P2P 网络借贷集群也可依托集群品牌来开展市场竞争,通过 P2P 网络借贷集群之间的有序竞争来实现对整个 P2P 网络借贷市场的风险管控等。

4.2.3 网络借贷集群的演进

本书认为 P2P 网络借贷集群的形成和演进主要经历平台驱动、形成社区、成为无边界网贷生态体系三个主要的阶段。

1. 平台驱动

平台是P2P网络借贷集群的核心驱动力。比较各类虚拟产业集群平台，不难发现平台对P2P网络借贷公司的吸引力源于平台的三类机制，它们为P2P网络借贷集群的形成提供了制度基础。

进入平台的机制。虽然P2P网络借贷集群平台的进入门槛比较低，但是P2P网络借贷公司也需要遵循平台的进入规则。通过这道门便加入了P2P网络借贷集群，成为P2P网络借贷集群的成员。如同现实生活中的社区一样，P2P网络借贷集群中任何友好的入驻、来访、交流都会受到欢迎，相反，不健康或者破坏性的因素则不被允许进入P2P网络借贷集群。

退出平台的机制。P2P网络借贷集群成员的退出，包括主动退出和被勒令退出两种情况。主动退出的成员需要首先清算其相关经济利益的联系，以免其主动退出使得其自身以及平台上的利益相关者遭受损失。被P2P网络借贷集群平台勒令退出的成员主要包括僵尸成员、沉睡型成员、违规成员等。对于这些成员，也必须有一套完善的清理机制，否则，必然会使P2P网络借贷集群中其他利益相关主体的经济利益受到威胁和损失。长此以往，也必然会对P2P网络借贷集群平台造成不良的影响，如有的用户会因为这种潜在风险的存在而主动退出平台，同时也会使得平台的潜在进入者选择放弃进入集群平台。

在平台上活动的机制。P2P网络借贷集群成员的进入、退出需要遵循一定的机制，同时成员在P2P网络借贷集群平台上的行为活动也必然受到平台制度的制约。

2. 形成社区

无论是现实中的社区，还是虚拟的P2P网络借贷集群社区，其在促进成员间协作和互动等方面都具有先天的优势。基于P2P网络借贷集群形成的虚拟社区，不仅给正式制度和非正式制度充分融合的空间，而且也为制度的试验提供了一个天然的场所。本书认为虽然P2P网络借贷集群构建社区的具体方式可有所不同，但一般都基于两个阶段，即先积累P2P网络借贷集群平台的用户，然后以用户为资源吸引政府及相关企业进入P2P网络借贷集群平台进行互动。这种需求规模效应主要表现在贷款者发现资金需求的效率会大幅提高，同时借款者也会更容易找到贷款者。此外，有了P2P网络借贷公司的数量规模，各类相关企业必然会追逐而来，最后自然会形成的P2P网络借贷集群社区。

3. 成为无边界网贷生态体系

P2P网络借贷集群使P2P网络借贷公司能够摆脱传统的地理位置上的束缚，发展成为无边界的全球化的P2P网络借贷企业。P2P网络借贷集群社区的形成，又为平台成员之间的互动和沟通提供了一个高效的平台,同时也为缩短成员之间的距离提供了制度保障。这将促使P2P网络借贷集群进一步优化升级,最终向无边界的P2P网络借贷集群生态体系演化。

4.3 网络借贷集群平台的构建

P2P网络借贷集群将独立分散的网贷公司逐渐聚集到集群平台上,是对现有P2P网贷的升级优化。

4.3.1 网络借贷集群平台的运行模式

P2P网络借贷集群是对现有的P2P网络借贷公司的优化升级。P2P网络借贷集群平台、P2P网络借贷公司、监管机构以及借贷双方等基于其功能角色各尽其责、协同发展、相互制约。P2P网贷集群平台侧重信用品牌经营,P2P网贷公司侧重借贷产品经营,监管机构侧重宏观经济运行,投资者侧重资产可靠增值,借款者侧重项目规划实施等。具体运作模式如图4-1所示。

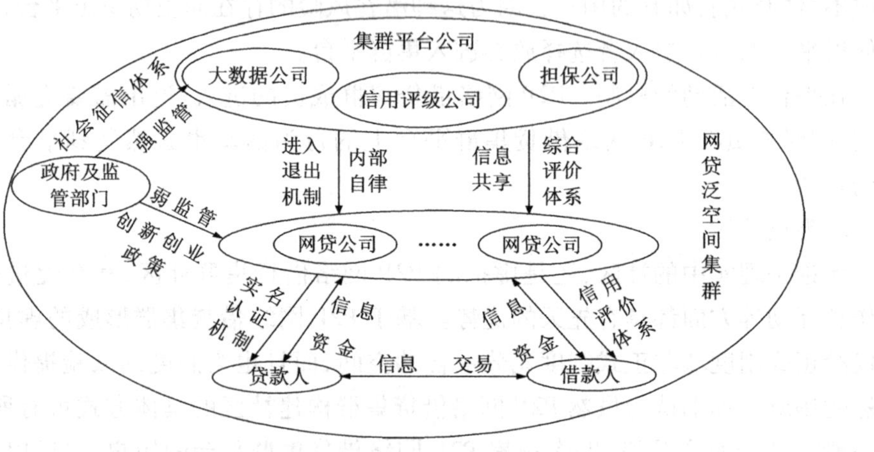

图4-1 P2P网络借贷集群的运行模式

首先,政府及监管部门积极响应创新创业号召,建立健全网贷集群的扶持政策,落实网贷泛空间集群的合法地位,着力监管集群平台公司,规范集群平台公司业务。

其次,集群平台公司作为监管机构的被监管人和网贷公司的管理人,应从整体掌控各网贷公司的运营状况,协同大数据公司、信用评级公司和担保公司等机构建立综合评价机制,凭借完整的大数据信息和严密的逻辑推理,综合评价网贷公司的诚信度、成长性、赢利能力、网贷专业能力、风险控制能力等,根据网贷公司综合评价体系制定规范公开的进入退出机制,提高网贷集群内信息共享效率。

最后,集群内各网贷公司仍是独立的法人实体,但应接受集群平台公司和监管机构的双重管理,定期主动向集群平台公司详细地披露交易和自身经营状况等信息,共建集群品牌;网贷公司对放贷人进行实名认证管理,严格审核放贷人信息,对其资金来源的合法性进行审查;同时,依托集群平台大数据和信用评级技术,建立网贷泛空间集群的信用评级体系,从道德品质、还款能力、资本实力等方面综合评价借款人。

4.3.2 网络借贷集群平台的运行机制

要想实现网贷泛空间集群的有序发展,各主体需要基于其功能角色形成完善的内部协调机制,并签订合理的集群网络协议。

集群网络协议是P2P网络借贷集群良好运行的关键,是集群成员之间实现资源共享、进行优势互补必须遵守的约定和准则。网络协议主要包括成员进入和退出的条件、集群平台以及内部成员的运行规则、利益分配原则、借贷双方的借贷协议、借款者的还款协议等。这些网络协议的达成使得成员在进行活动时受到行为准则的约束,进而促进网络借贷集群灵活、高效的运作。

以网络协议为核心的运行机制能够保证P2P网络借贷集群处于良好的运行状态,反之,P2P网络借贷集群就不能对集群内部成员的行为活动进行有效的管控,导致其内部的经济活动扭曲变质。可见,P2P网络借贷集群的良好运作,除了需要构建合理的网络结构之外,还需要在P2P网络借贷集群内部建立良好的运行机制。这些运行机制主要包括动力机制、风控机制、监管机制等。

1. 动力机制

动力机制是各个主体有序参与集群运作的动机。网贷集群的动力机制是在政策引导下,建立统一的监管、投资与创新创业政策体系,构成以网贷公司、监管机构、集群公司和借贷双方为主体的网贷集群结构体系,使其内部主体成为一个利益共同体,在利益一致、风险共担的目标驱动下,形成各网贷公司基于其核心业务建立起来的、相互协作的集群化结构体系。集群内自发的约束激励机制,有助于集群内主体更加注重自身的声誉,促进主体间互相学习与合作。集群内主体合作程度越高,越能推动集群内各主体创新发展。

2. 风控机制

风控机制是网贷集群风险管理者为降低网贷风险而采取的各种措施和方法,是网贷集群规范发展的可靠保证与基础。网贷集群风险管理者在集群内部建立开放的信息共享平台和健全的客户征信体系，依托集群平台公司的大数据资源和专业的信用风险技术，构建集群模式下的五元四层蛛网化风险控制体系，如图4－2所示。

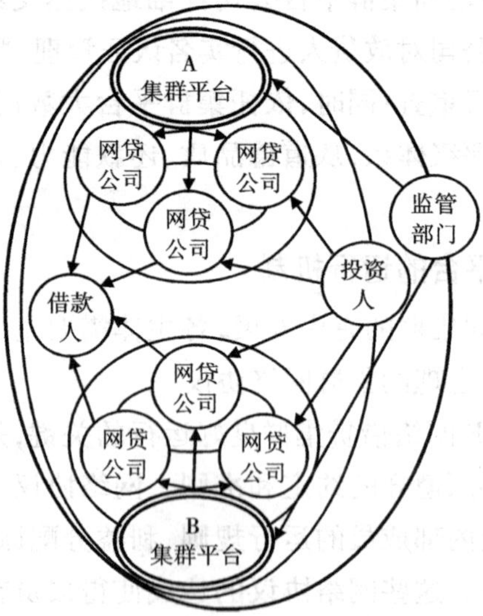

图4－2　五元四层蛛网化风险控制体系

3. 监管机制

监管机制是保障市场有序运行的重要手段。基于集群的视角，监管部门制定相关法律法规，为网贷行业风险管控提供良好的制度环境。集群平台公司负责整体管控各网贷公司的运营状况，对网贷公司上报信息的真实性尽职检查，建立违约数据库，对有问题的网贷公司和客户进行披露；同时建立统一专业的信用评级体系和标准化的网贷公司运行体系，实现集群内部自律，降低交易成本，维护市场秩序。集群内的网贷公司对其产品的真实性和客户信息的真实性进行严格管控，并对自身网站的安全性进行实时检查，保护客户的隐私，以防被不法分子利用。

4.3.3　网络借贷集群的运行保障

在P2P网贷集群形成和发展的过程中，需要一些保障措施来维持其健康运行，这些保障措施主要包括技术保障、信用保障、政府保障等。

1. 技术保障

技术保障主要为以P2P网络借贷集群总部的服务器为代表的网络实体设施以及软件系统，如引进区块链技术建立黑白名单，从而完善P2P网络借贷行业的征信体系，缓解信息不对称和降低交易成本。由于P2P网络借贷集群平台是不同主体之间相互交流、合作、交易的虚拟网络平台，技术保障环境是网贷集群健康运行的关键。

技术保障标准主要包括两个方面，即网络技术标准和行业技术标准。从网络技术层面上来看，P2P 网络借贷集群本质上是具有核心能力的集群成员共享其核心技术和知识资源所形成的技术网络、知识网络。网络技术是 P2P 网络借贷集群赖以生存和发展的基础，地理空间上分散的 P2P 网络借贷公司通过网络技术聚集在虚拟的网络空间上。在 P2P 网络借贷的实际运行中，P2P 网络借贷集群成员只有在软、硬件方面都达到标准化，才能充分利用信息网络快速实现彼此之间的协调和合作。从行业层面上来看，标准来源于创新性的技术，同时反过来也会促进创新。行业技术标准是 P2P 网络借贷集群形成的关键，直接推动了 P2P 网络借贷集群的发展，决定了 P2P 网络借贷集群的兼容性和开放性。

2. 信用保障

信用保障主要包括在虚拟社区化运作机制上建立的正式制度和非正式制度。任何不正当、不道德的行为，如 P2P 网络借贷集群平台上故意降低信息披露水平或者成员间合作过程的失信行为等，都将会受到正式制度和非正式制度的共同惩罚，只有坚持“诚信”的成员才能进入集群并持续享受 P2P 网络借贷集群带来的好处①。

3. 政府保障

P2P 网络借贷集群的运行保障中，政府保障尤为重要。政府在 P2P 网络借贷集群的形成和发展的每一个阶段都扮演着非常重要的角色。政府不仅可以支持 P2P 网络借贷集群信息化的建设，而且能够制定相关政策引导 P2P 网络借贷集群结构的配置。此外，政府还能影响 P2P 网络借贷集群中人文环境的建设、P2P 网络借贷集群成员的行为习惯和思维方式，而且其也可以通过制定和颁布相关的制度以及法律为 P2P 网络借贷集群的健康有序发展提供法律保障。

4.4 网络借贷集群的优势

从整个网贷行业来看，P2P 网络借贷是多主体组成的典型的复杂网络系统，P2P 网络借贷集群是多核心混合式的集群模式（如图 4 - 3（c）），即以多个大型 P2P 网络借贷集群平台为中心，中小型 P2P 网络借贷公司为外围形成的集群模式。但是不同于马歇尔式产业集群（如图 4 - 3（a））是相关企业以及其支撑企业在地

① 陈小勇. 产业集群的虚拟转型[J]. 中国工业经济，2017（12）：78 - 94.

理区域内的集聚，P2P 网络借贷集群则是跨空间的虚拟集聚，每一个 P2P 网贷公司在符合准入规则的情况下都可以加入一个或者多个 P2P 网络借贷集群，而且 P2P 网络借贷集群的成员也不受地理位置的限制。P2P 网络借贷集群的优势与其网络结构密切相关。集群网络结构通过各节点的连接方式，决定着各成员之间的相互位置和联系，也决定着集群内部资源的分布及整合状况。

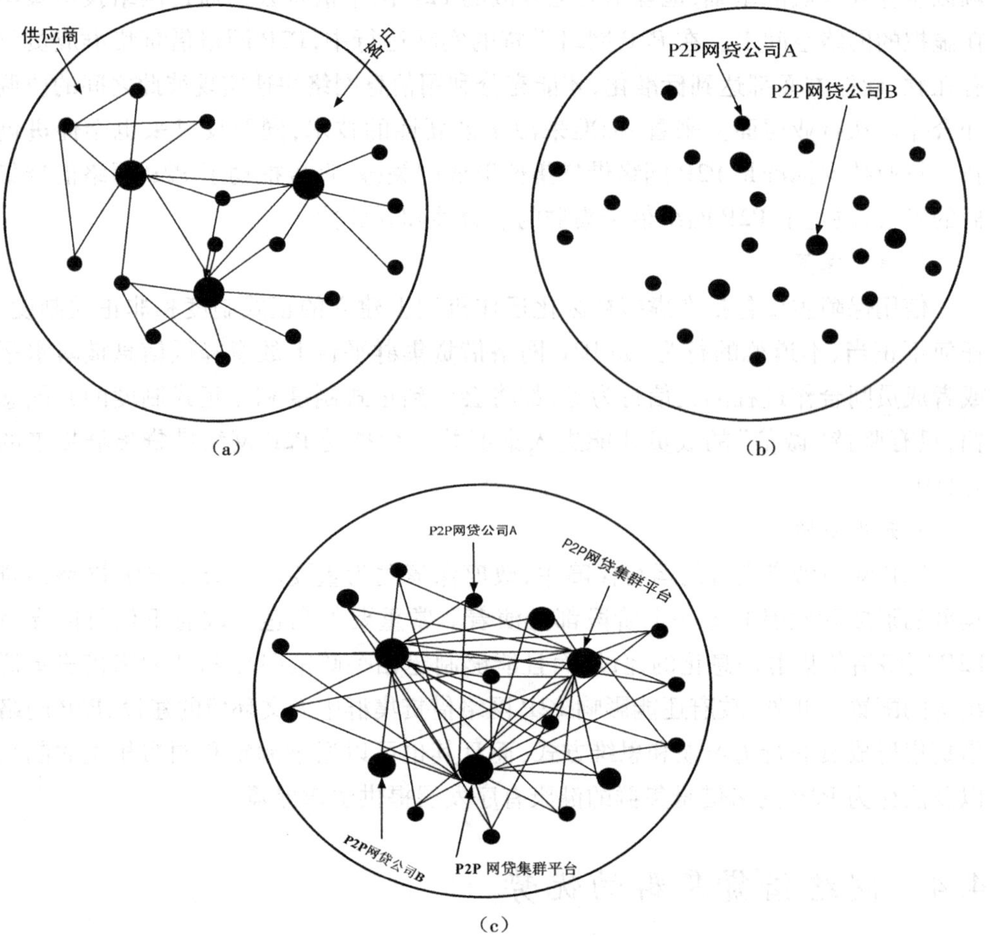

（a）马歇尔式产业集群 （b）P2P 网贷公司集群前 （c）多核心混合式 P2P 网贷集群

图 4－3 马歇尔式产业集群及网贷产业集群前后的网络结构对比

4.4.1 网络借贷集群的市场运作优势

P2P 网络借贷集群通过集群化运作模式，提升了集群及成员的竞争优势。P2P 网络借贷集群构建以核心节点为中心的集群平台，利用网络节点之间的“短距离”

优势，实现金融资源的高效流动。多核心混合式的集群模式，能加强集群内部成员之间的合作，进而增强集群网络的稳健性，降低网络结构的脆弱性，从而实现"1 + 1 > 2"的整体效益。

进一步，网络借贷相关主体通过塑造集群品牌，逐步发挥集群品牌效应。P2P网络借贷集群网络的节点在连接时，呈现出复杂的网络择优性，即大部分网络节点的连接集中在少数核心节点，使核心节点——具有品牌优势的P2P网络借贷集群平台在整个网络借贷行业中拥有相对丰富的资源。集群品牌越强，集群平台所能吸引的网贷公司和金融资源越多，该集群也将逐步成为整个P2P网络借贷集群网络结构的主体。

塑造P2P网络借贷集群品牌，是增强集群竞争力、实现网贷行业可持续发展的必由之路。P2P网络借贷集群品牌的形成要经历P2P网络借贷公司、P2P网络借贷集群、集群品牌三个阶段。在经济全球化、金融自由化不断推进的过程中，网贷行业参与者应该主动出击，构建P2P网络借贷集群，整合网贷行业优势资源，加快金融技术创新，形成独特的集群文化，打造占据主导地位的P2P网络借贷集群品牌。只有形成了属于自己的P2P网络借贷集群品牌，才能规避市场竞争带来的风险，在竞争中脱颖而出。

4.4.2 网络借贷集群的风险管控优势

测度P2P网络借贷集群结构的变量主要是聚集程度、路径长度以及度分布。由于P2P网络借贷集群平台的存在，各节点在P2P网络借贷集群平台上进行虚拟聚集，从图4-3(b)、图4-3(c)中可以看出P2P网络借贷集群前后网络结构也发生了明显变化，即P2P网络借贷集群后表现出明显的风险管控优势。

P2P网络借贷集群在风险管控方面的优势主要体现在以下两个方面。一方面，P2P网络借贷集群后聚集程度、平均路径长度都在增大，说明P2P网络借贷集群后各成员企业交流范围变大，信息传播速度、资源整合效率和深度都有所提高，这有利于P2P网络借贷集群实现大数据资源的共享，并通过信用风险分析技术、成员企业自律缓解信息不对称，在节约成本的同时提高风险管控水平。另一方面，网络中每个节点连接的边的数量增多，度分布增大，可以提高整体的安全性。节点包括核心节点和外围非核心节点。由于P2P网络借贷集群属于多核心混合式的集群模式，即使个别核心节点衰退，也不会对集群整体的稳定性产生较大的不良影响。同时由于每个P2P网络借贷公司可以加入一个或者多个P2P网络借贷集群平台，所以外围非核心节点也不会因技术变革失败对网络整体的安全性产生巨大的消极影响。可见P2P网贷集群能够提高风险管控水平，降低P2P网络借贷行业的风险,提高 P2P 网络借贷行业的稳定性和竞争力。

此外,P2P 网络借贷集群内部会建立虚拟社区,社区中的成员也必然会拥有虚拟社会资本。虚拟社会资本是指参与主体可以利用在 P2P 网络借贷集群社区中建立的网络关系以及以往交易所累积的评价等虚拟社区资源来实现自身的一定诉求,并对经济活动产生影响的一种资本形式。P2P 网络借贷集群网络结构的变化会影响成员的虚拟社会资本,进而对个人的信用状况产生影响。虚拟社会资本对个人信用风险的影响路径主要包括以下几个方面。

(1)投资者可以通过虚拟社会资本获得更多的决策参考信息,从而限制借款者的高风险行为,起到有效防范信用风险的作用。投资者在进行投标之前,会先考察借款者的虚拟社会资本状况,从而对借款者的信用水平做出更加准确和全面的判断。而借款者在交易活动中考虑到自己的虚拟社会资本会被考察,会在一定程度上减少或者放弃造成逆向选择和道德风险的行为活动。这些就会有效地防范 P2P 网络借贷市场中的信用风险问题。

(2)虚拟社会资本有助于 P2P 网络借贷集群信用体系的完善,从而为度量借款者个人信用提供便利。P2P 网络借贷行业缺乏统一规范的信用体系,所以如何对 P2P 网络借贷主体的信用状况进行度量成为 P2P 网络借贷发展面临的一大困境。P2P 网络借贷集群平台可以通过众多的 P2P 网络借贷公司成员获取大量的信息资源,并通过对借款者的虚拟社会资本进行研究,逐步开发出一套适用的借款者个人信用测度工具。这不仅能够为投资者提供更加优质的服务,而且能够极大保障投资者的资金安全。

(3)虚拟社会资本对借款者起到监督和激励的作用,从而有助于提升借款者的个人信用。虚拟社会资本包含借款者的历史借贷记录、借款者在借贷交易中的信息认证以及所有的还款表现等,这些都会对借款者的借贷交易产生影响。虚拟社会资本的测量值越高,借款者的信用就越会被贷款者所认可,借款者再次借款的成本就会下降。所以需要长期融资的借款者就会非常重视自己的虚拟社会资本,从而认真履行应尽的义务,保持良好的还款记录。而这些对个人信用提升有很大帮助。

4.4.3 网络借贷集群的自我协调优势

网贷集群会将大量的经济信息、客户信息及交易信息聚集起来,实现信息资源的共享,从而推动网络借贷集群的自我协调。

1. 促进网贷集群内部形成竞争激励机制

网络借贷集群化使集群内各主体形成一个利益共同体,在利益一致、风险共担的目标驱动下，形成约束激励机制，缓解我国网贷双层委托代理的失灵问题，形成有效的委托代理链条。集群并不是网贷公司的简单扎堆，而是各网贷公司基于其核心业务建立起来的、相互协作的集群化结构体系。网络借贷集群加强了集群内网贷公司之间的合作与竞争，同时产生激励作用。网贷集群化下的竞争激励机制，有助于集群内部主体更加注重自身的声誉，主体间互相学习与合作，集群内主体合作程度越高，越能推动集群内各主体创新发展，促进网贷行业有序健康地发展。

2. 为网贷公司的健康运营提供系统支持

在集群环境下，利用集群内部大数据技术专业化升级，运用专业的大数据技术优势进行高效的信用评价和风险控制，为建设网贷征信体系、服务借贷双方提供有利的技术支持。同时，网络借贷的集群化不仅仅是网贷公司的集群，也是人才的聚集。在网贷集群化的品牌竞争与专业竞争环境中，会引进全球各地精英的加入。随着网贷集群化的有序发展，会有更多的高校、科研机构、金融机构的介入，形成更加完善的集群品牌竞争体系，从而为网贷行业的发展提供更多创新知识和更加专业的技术支持，为网贷公司的健康运营提供系统支持。

3. 全面专业的信息披露可以缓解信息不对称

借助网贷集群的大数据共享优势，无论是集群内各主体还是与集群外相关部门，信息传播更加及时有效，可在一定程度上有效地缓解集群内主体之间的信息不对称，降低网贷公司的信用调查成本，在很大程度上减少了由信息不对称引发的逆向选择和道德风险问题。

4. 有利于资金的统一管存

自 2017 年 2 月 23 日，原银监会发布《网络借贷资金存管业务指引》以来，银行存管业务逐渐成熟，进一步规范了我国网贷行业的发展。但是根据网贷行业发展现状，银行与其对接的门槛并没有放宽，据网贷之家的不完全统计，截至 2018 年 11 月，有 888 家网贷公司实现了对接，大部分的小平台依然面临“存管难”。主要原因是目前我国网贷公司大部分散乱、风险事件频发，银行缺乏安全感而收缩网贷资金存管业务。在集群模式下，监管部门可在集群平台公司的辅助管理下对各网贷公司进行高效的监管，对平台实施有效的风险管控。同时，参与集群的网贷公司采取标准的运行体系和完善的信息披露机制，与散乱、封闭的非集群化网贷公司相比，银行更愿意适度降低与集群内网贷公司对接的门槛，有助于集群内网贷公司实现资金的统一管存，降低网贷公司因资金管存问题而面临的挪用风险、流动性风险。

第5章　网贷集群最优关系强度演化分析

本章把网贷集群视为一个渐进演化的系统，基于演化博弈思想，分析网贷集群动态演化过程和影响演化稳定的因素，重点探讨网贷集群各主体间的关系强度与集群剩余价值间的阈值关系，进而依据各主体的定位与特征，选择最优的关系强度。

5.1　网贷集群的关系强度

关系强度的概念起源于 Granovetter 在《弱关系的力量》一文中所提出的"关系力量"一词①。此后，网络关系强度一直是各界学者研究的焦点概念。随着相关研究的不断深入，网络关系强度理论被应用在组织合作、组织创新、资源交换和工作绩效等方面。但学者对于关系强度的界定没有统一的定论，Gilsing 和 Nooteboom②等学者以关系的紧密程度衡量关系强度，将关系强度分为强关系和弱关系。其中，强关系表明企业间的社会网络同质性较强，企业间关系紧密，有很强的情感因素维系着社会关系。反之，弱关系表明企业间社会网络异质性较强，不用付出过多的成本去维系企业间的互惠性，也没有太多的感情维系那些具有异质性信息和资源的社会关系。

杨皎平等③认为，网络借贷集群是一种特殊的网络组织形式，其中集群关系强度对集群主体合作共赢的影响显著，集群主体不仅可以利用集群关系以较低的成本获取交易所必需的全部信息资源，还能通过集群关系拓宽客户资源，提升企业绩效。

目前，越来越多的学者认为集群关系的强弱与集群合作的效果是相互作用的，

---

① GRANOVETTER M S. The strength of weak ties[J]. American journal of sociology, 1973, 78(6): 1360 - 1380.

② GILSING V A, NOOTEBOOM B. Density and strength of ties in innovation networks: A competence and governance view[J]. Ecis, 2004(1): 1 - 44.

③ 杨皎平，张恒俊，侯楠. 集群企业间关系强度对合作技术创新的影响：基于企业类型和创新类型的视角[J]. 运筹与管理，2015，24(1)：280 - 286.

存在着辩证关系①。在强关系集群网络中,网贷集群主体建立如图 5 - 1 所示的紧密的合作关系,主体间监管、运营等信息交流的深度和频率显著提高,杨俊等②指出关系强度越高,集群主体进行资源整合花费的时间成本越小,越容易获得较大的集群剩余,越能促进集群主体建立良好的信任机制,形成一个环环相扣的网贷集群化协作系统。

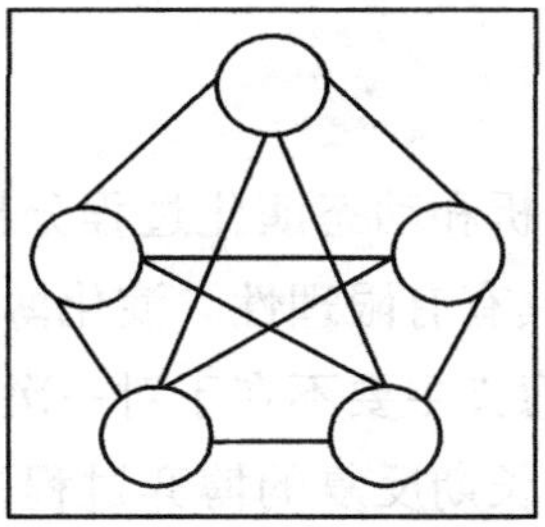

图 5 - 1　强关系集群网络

而 Granovetter 的"弱关系的力量"假说指出弱关系是获取新信息资源的重要手段,如图 5 - 2 所示,弱关系集群网络比强关系集群网络范围更广,网贷集群主体流动性较高易于引进新成员,促使其以较低的成本吸收更多异质性信息资源,促使集群主体在良性的竞合关系中构建集群内部有效的竞争激励机制,激励网贷集群主体积极发展。

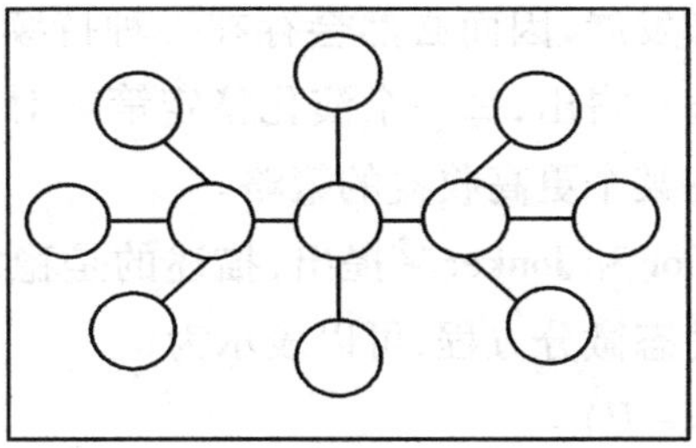

图 5 - 2　弱关系集群网络

① 朱兵. 产业集群合作创新网络最优关系强度演化机理分析[J]. 安徽师范大学学报(人文社会科学版),2016,44(4):481 - 489.

② 杨俊,张玉利,杨晓非,等. 关系强度、关系资源与新企业绩效:基于行为视角的实证研究[J]. 南开管理评论,2009,12(4):44 - 54.

5.2 关系强度的演化博弈分析

5.2.1 演化博弈理论的发展现状

通过对演化博弈理论的基本方法和发展现状进行梳理,为网贷集群最优关系强度演化分析做准备。

1. 演化博弈的基本方法

演化博弈论把博弈理论分析和动态演化过程分析结合起来,起源于行为生态学和生物进化论,认为参与方具有有限理性。演化博弈论研究的对象是一个群体,不是单个的参与者,其分析的意义主要不在于对一次性博弈结果或均衡的决定,而在于组成博弈方的群体成员在长期反复的博弈过程中策略的调整过程、趋势及其局部稳定性。“演化稳定策略”和“复制动态原理”是演化博弈理论中最为核心的两个概念,但是两者的侧重点不同,演化稳定策略更多关注突变的作用,而复制者动态原理则更多关注选择的作用。

演化稳定策略(Evolutionarily Stable Strategy,ESS)最早由 Smith① 提出,指的是所有博弈方通过长期的模仿和改变而采取某种稳定的策略,采用其他策略的个体获得的收益远远低于采取稳定策略的主体获得的收益,演化稳定策略为演化博弈的发展奠定了理论基础。演化博弈群体由无数个个体组成,每个个体都试图最大限度地为自己谋求利益和发展,因而必然会存在一种持续演进的策略——演化稳定策略。通过对定义的分析得出,每一个演化稳定策略对于群体本身一定是最优的策略,否则,一定会存在某个更高收益的策略。

复制动态原理由 Taylor 和 Jonker ②提出,描述的是稳定策略在一个种群中被采用的比例或者频率的动态微分方程,可以表示为:

$$dx(t)/dt = x(Us - \bar{U}) \tag{5-1}$$

其中,x 表示博弈一方采取策略 S 的比例;Us 为该博弈方采取策略 S 的期望收益;$\bar{U}$ 表示该博弈方采取策略 S 的平均收益;$dx(t)/dt$ 表示该博弈方采取策略 S 的比例随时间的变化率。相比较演化稳定策略,对于演化策略稳定过程的动态描述是复制动态原理着重注意的地方,该理论主要被应用于经济现象中交易对象不稳定、

① SMITH J M. The theory of games and the evolution of animal conflict[J]. Journal of theoretical biology, 1974, 47(1):209-221.

② TAYLOR P D,JONKER L B. Evolutionarily stable strategies and game dynamics [J]. Mathematical biosciences,1978,40(12):145-156.

较为长期的经济关系。

演化博弈理论与传统博弈理论的区别主要体现在如下三个方面。

(1)传统博弈理论的研究对象主要是单个参与者,以个体作为研究对象来寻求博弈的均衡。而演化博弈以群体为研究对象,把造成个体行为的影响因素纳入模型中,描述个体与群体之间的行为关系,构建宏观模型。现实生活中,个体处于复杂多变的环境之中,其行为与所处的环境必然会有一定的关系。由此可见,传统博弈理论分析不够全面,演化博弈理论能够更加全面反映系统中那些参与主体的复杂性和多样性,并为研究宏观上的那些群体行为奠定理论方面的基础。

(2)传统博弈理论的基本假设要求博弈方是完全理性的,并且处于完全信息市场,即假设博弈方完全了解对手的策略及选择任一策略的概率。而演化博弈理论则认为博弈双方具有有限理性,由于博弈双方信息的不对称,博弈双方不能掌握全部信息,在进行博弈的过程中无法做到完全理性。但是在找到其最优策略前,博弈双方的行为是在反复博弈的演化过程中不断调整和改进的,博弈双方可根据有限信息做出合理的决策,接近完全理性。因此,采用演化博弈理论的分析方法得出的均衡结果会与实际更加相符。

(3)在方法的论述上,传统博弈理论重点关注静态均衡,演化博弈理论则更加强调动态的均衡①。在演化博弈理论的观点下,博弈是一个反复进行、不断调整和改进的过程。而传统博弈理论剔除了时间因素对演化分析的影响,认为一次性博弈就能达到均衡的结果。事实上,只有不断修正、改进、复制,才能够实现均衡。因此,当现实生活中的经济社会问题无法得到合理解释时,运用演化博弈理论就能比传统博弈理论更好地做出解释。

2. 演化博弈理论的发展与应用

近年来,国内关于演化博弈理论的研究成果越来越丰富,且随着研究范围的拓展、研究内容的深入,该理论已融入多个学科之中,众多学者在研究基础理论的同时,也结合实践对相关的应用进行了研究。学者对不同领域问题进行的研究很大程度上丰富了演化博弈的理论体系。本研究主要分析演化博弈理论在经济领域和集群领域的应用。

第一,演化博弈理论在经济领域的应用十分广泛,它是构建相互依存、相互影响的利益相关者之间决策模型并分析其均衡结果的一种有效方法。夏恩君等②、

---

① 李宁,张蕊.潜规则对会计准则制度变迁的演化博弈分析[J].经济管理,2010(8):118-122.

② 夏恩君,王素娟,张一.商业银行小微企业信贷业务发展策略[J].技术经济,2014,33(1):92-96.

王继升[①]、吴非等[②]运用演化博弈理论对企业与银行之间的信贷关系进行分析，其中，夏恩君等对银行和小微企业在信心不对称下的行为进行动态分析，结合 *SPP* 理论为小微企业融资提供可行方案；王继升认为企业和银行共同选择"合作"有利于缓解小微企业融资困境；吴非等引入演化博弈模型，提出小微企业与银行建立金融关系，更能提高其守信概率，并能改善自身的经营能力。

第二，学者运用博弈论分析 P2P 网贷行业的监管问题。宫晓林[③]将前景理论与演化博弈理论相结合，分析政府、网贷平台和贷款人之间的行为，提出政府要对 P2P 网贷行业进行明确的监管；俞林等[④]将演化博弈理论引入网贷模式中分析网贷参与者的行为，以制定完善的监管体系；韩景倜等[⑤]基于演化博弈理论分析网贷平台和政府的有限理性特征，为监管部门设计监管机制提供依据；吕守军等[⑥]运用演化博弈理论对网贷运营与政府监管行为进行分析，提出运用激励监管的思路对金融监管体系进行创新与规范。

其次，演化博弈理论为集群领域的研究提供了新思路。演化博弈理论应用于集群的研究主要集中于三个方面。

(1)有关技术创新问题。赵骅等[⑦]利用演化博弈理论分析企业主导型技术创新模式。王凤莲等[⑧]引入技术创新参数，建立了集群内采取不同策略的双寡头企业的产量动态博弈系统，分析了技术创新参数对博弈均衡稳定性的影响；卢燕群等[⑨]以企业合作专利创新网络为载体，研究企业间个体技术创新采纳博弈及技术创新扩散模型，以及技术创新的扩散机制、规律和影响因素。

---

① 王继升. 小微企业与银行的信贷行为分析：基于演化博弈视角[J]. 时代金融，2015(2)：97－100，108.

② 吴非，张健. 大型金融机构天生不适合为小企业融资吗？——基于博弈模型的演绎[J]. 经济与管理，2017(5)：39－43.

③ 宫晓林. P2P 网络借贷风险与监管：基于有限理性假设的分析[J]. 投资研究，2014(6)：29－40.

④ 俞林，康灿华，王龙. 互联网金融监管博弈研究：以 P2P 网贷模式为例[J]. 南开经济研究，2015(5)：126－139.

⑤ 韩景倜，陈群. 不确定条件下 P2P 网贷平台运营与政府监管演化博弈稳定性分析[J]. 商业研究，2016(3)：36－44.

⑥ 吕守军，徐海霞. 金融创新与金融监管的动态博弈及对我国金融监管改革的启示[J]. 新疆社会科学，2017(5)：25－32，148.

⑦ 赵骅，李雁. 龙头企业主导型企业集群技术创新模式分析：考虑技术溢出的距离衰减效应[J]. 科研管理，2011，32(6)：157－164.

⑧ 王凤莲，赵骅. 技术创新对集群双寡头产量博弈均衡的影响分析[J]. 系统科学与数学，2016，36(8)：1255－1264.

⑨ 卢燕群，何永芳. 基于个体博弈的企业集群技术创新扩散模型研究[J]. 统计与决策，2018，34(15)：180－184.

(2)有关集群内知识共享机制。李煜华等[①]分析集群内知识共享的演化过程,提出知识共享的收益、风险和位势是影响知识共享的关键因素;雷俊霞[②]利用演化博弈模型分析集群知识共享的影响因素及机制。米捷等[③]通过构建中间知识位势主体积极参与和消极参与两种情况下的演化博弈模型,研究了双方的知识共享行为和相应机会主义行为的演化博弈过程。韩莹等[④]建立集群企业与集群外部企业间知识共享决策与演化的动态模型,探讨在无政府补贴和有政府补贴条件下高技术与低技术集群企业间的博弈决策。

(3)有关集群竞合行为的分析。孟娜娜等[⑤]着重分析小微企业集群融资链中参与主体之间的互动行为,并分析四个参与主体在竞合博弈过程中的合作促进机制、激励与收益分配机制。范如国等[⑥]基于空间公共品博弈模型,通过考虑投入水平、前期收益水平、企业地位和逐利行为等因素,构建一个产业集群合作创新演化博弈模型。吴先锋等[⑦]构建了中小企业合作的演化博弈模型,具体分析了电子商务环境下促进产业集群内中小企业合作的主要因素对演化稳定策略和演化路径的影响。

5.2.2 网贷集群关系强度的分析思路

网贷公司要想及时规避信息不对称带来的风险,则需要公开有效的征信数据;网贷集群要想实现集群内部乃至网贷行业的信息共享,则需要担负信息统筹协调的责任。但是何种关系强度更有利于网贷集群信息传递和价值创新尚不明确。

集群成员获得一定经济收益是网贷集群模式持续发展的根本动力,该经济收益在网贷集群中表现为集群剩余,即企业加入集群相比不加入集群所获得的额外收益,是集群主体能够比市场上单个主体简单加总实现更大绩效的表现形式。集群内的成员也可以享受到更为低廉的信息搜寻成本及长期合作的交易成本,专业

---

① 李煜华,聂德才,胡瑶瑛.基于演化博弈的创意产业集群知识共享策略研究[J].商业研究,2014(2):24-29.

② 雷俊霞.创意产业集群知识共享的创新策略研究[J].管理世界,2015(5):180-181.

③ 米捷,林润辉,董坤祥,等.OFDI企业与本土集群企业知识共享的演化博弈分析:基于知识位势的视角[J].管理评论,2016,28(9):106-120.

④ 韩莹,陈国宏.基于不同网络层次的集群企业知识共享演化分析[J].运筹与管理,2018(9):139-147.

⑤ 孟娜娜,蔺鹏,刘婷婷.基于参与主体的小微企业集群融资竞合博弈研究[J].商业经济研究,2016(16):188-190.

⑥ 范如国,张应青,罗会军.基于空间公共品博弈的产业集群合作创新演化分析[J].经济问题探索,2017(6):155-161.

⑦ 吴先锋,杨婉蓉,苟栖文.电子商务环境下中小企业合作演化博弈分析[J].重庆邮电大学学报(社会科学版),2018,30(3):88-94.

化分工也带来了交易成本的下降,同时加强了网贷集群内主体间的相互协调性,网络的传递效应则使得集群知识外溢效应更强。因此,集群剩余的最大化是维持网贷集群运行模式持续发展的根本目标,它引导网贷集群走向降低集聚成本、增强集聚收入及培育竞争优势的发展轨道,将分散的个体行为导入统一追求轨道, 促使个体利益和集体利益共同成长。

然而,网贷集群是一种较复杂的网络组织结构形态,很难得到协同演化研究需要的全部变量信息。而且,模型的建立及参数的确定常需要较大历史跨度的数据资料,变量信息的准确性也难以保证,目前并没有网贷集群的实证依据,很难找到定量分析的数据,因此,本研究采用演化博弈理论将集群剩余与网贷集群模式的可行性分析相结合。同时,分析网贷泛空间集群内企业在不同条件下发展的趋势和策略的调整,并进一步分析这种关系强度如何建立起全面高效的新型风险管控体系以应对网贷行业的困境,最终实现网贷集群乃至整个网贷行业的稳定有序发展。

5.2.3 演化博弈分析的基本假设

(1)假设1:在网贷集群中具有代表性的主体是网贷公司和集群平台公司,为简化分析,本书着重从网贷公司和集群平台公司博弈的视角进行探讨。假设其他主体在网贷集群中已经具有最优选择策略,如投资人放弃追求名义利益最大化,关注期望收益和VAR,倾向于品牌效应,寻求理性投资;监管者优先选择借助集群平台公司监管,进而规范网贷公司业务经营,从而通过多种监管渠道综合监管,降低监管成本,提高监管效率,同时,监管者的加入保障了网贷泛空间集群的合法性,为网贷集群有序发展提供政策支持;借款人在资金规模、期限满足需求的基础上关注贷款利率。

(2)假设2:在具体的博弈过程中,不同主体根据自身在集群中的相对适应性,来选择和调整各自的策略。为了简化分析关系强度对网贷集群的作用,对其只进行强弱类型划分,假设集群平台公司和网贷公司的策略如下。

集群平台公司的策略行为有“强关系”和“弱关系”,选择“强关系”管理意味着集群平台公司通过建立紧密的信任机制和约束机制,使加入集群内的公司建立起相互信任的紧密的合作关系,形成一个环环相扣的协作系统;选择“弱关系”管理意味着集群主体保持相对适中的竞合关系,集群平台公司通过适中约束机制以保持集群主体的异质性,集群内各网贷公司仍是独立的法人实体,具有独立的自主经营权,运营方式及内容基本不会发生本质变化。

网贷公司的策略行为有“加入”和“不加入”,选择“加入”意味着网贷公司不仅享受集群平台公司提供的品牌优势,如社会征信体系、信息共享机制等以提高成交额、节约交易费用，还能获得完善的信用评级、风险管控等技术保障，为其带来新的竞争优势，增加网贷公司交易额，获得集群剩余；选择“不加入”意味着集群创新模式对网贷行业失效，网贷公司维持目前网贷行业模式，遵循松散无序的丛林法则。

（3）假设3：在网贷集群中，$p(t)$为集群平台公司选择强关系管理策略的比例，$(1-p(t))$为选择弱关系管理策略的比例；$q(t)$为网贷公司选择加入集群策略的比例，$(1-q(t))$为网贷公司选择不加入集群策略的比例，p和q都是时间t的函数。

（4）假设4：R_i为集群平台公司正常运营的固定收益；MR_i为集群平台公司进行集群管理获得的边际收益，包括品牌价值、网贷公司加入集群的加盟费等；C_i为集群平台公司集群管理时所付出的固定成本，即维持集群平台公司正常运营所付出的成本；MC_i为集群平台公司集群管理时所付出的边际成本，如品牌维护成本、聚集成本、协调成本、资源配置成本、信息收集成本和信息扩散成本等。其中，$i=1$为选择强关系管理，$i=2$为选择弱关系管理。

r为网贷公司不加入集群时的正常利润；u_1为集群平台公司采取强关系管理时，网贷公司加入集群，利用集群关系建立的紧密联系得到集群优势而获得的收益；u_2为集群平台公司采取弱关系管理时，网贷公司加入集群通过良性的竞合关系而经营所得的收益；c_1为网贷公司加入强关系集群的成本，c_2为加入弱关系集群的成本，即网贷公司在集群网络中进行信息共享、关系互动、经营交易所付出的成本；同时假设选择加入网贷集群的网贷公司个数为n。

杨皎平等①指出集群主体加入集群所获得的收益以及投入的成本相对固定，但在弱关系集群内不需要付出太多成本去维系企业之间的互惠性，投入水平必然比强关系集群低，同时，在弱关系集群中得到的集群优势较少，从而获得收益也比强关系集群低。因此，网贷泛空间集群主体的收益及投入水平与关系强度k成正比例关系，即$R_1>R_2$，$MR_1>MR_2$，$C_1>C_2$，$MC_1>MC_2$，$u_1>u_2$，$c_1>c_2$。

（5）假设5：集群剩余是集群主体通过集群关系获得的超额利润，从博弈主体参数关系中可以得出u_1-c_1-r为网贷公司加入强关系集群获得的集群剩余β_1，u_2-c_2-r为加入弱关系集群获得的集群剩余β_2。

基于以上假设，可构建如表5-1所示的集群平台公司与网贷公司之间非对称演化博弈模型。

---

① 杨皎平，张恒俊，侯楠. 集群企业间关系强度对合作技术创新的影响：基于企业类型和创新类型的视角[J]. 运筹与管理，2015，24(1)：280-286.

表 5－1 集群平台公司和网贷公司的收益矩阵

主体策略		网贷公司	
		加入(q)	不加入($1-q$)
集群平台公司	强关系(p)	$R_1+nMR_1-C_1-nMC_1, u_1-c_1$	R_1-C_1, r
	弱关系($1-p$)	$R_2+nMR_2-C_2-nMC_2, u_2-c_2$	R_2-C_2, r

5.3 关系强度的演化博弈模型

5.3.1 集群平台公司的收益分析

由表 5－1 可知，集群平台公司选择强关系管理时收益为：

$$U_{11}=q(R_1+nMR_1-C_1-nMC_1)+(1-q)(R_1-C_1) \tag{5-2}$$

集群平台公司选择弱关系管理时收益为：

$$U_{12}=q(R_2+nMR_2-C_2-nMC_2)+(1-q)(R_2-C_2) \tag{5-3}$$

集群平台公司的期望收益：

$$\begin{aligned}U_1=&pq(R_1+nMR_1-C_1-nMC_1)+p(1-q)(R_1-C_1)\\&+(1-p)q(R_2+nMR_2-C_2-nMC_2)+(1-p)(1-q)(R_2-C_2)\end{aligned} \tag{5-4}$$

依据式(5－1)可得出集群平台公司的复制动态方程：

$$\begin{aligned}F(p)=&\frac{dp}{dt}=p(U_{11}-U_1)\\&=p(1-p)[qn(MR_1-MC_1-MR_2+MC_2)-(C_1-R_1-C_2+R_2)]\end{aligned} \tag{5-5}$$

5.3.2 网贷公司的收益分析

由表 5－1 还可得，网贷公司选择加入集群时收益为：

$$U_{21}=p(u_1-c_1)+(1-p)(u_2-c_2) \tag{5-6}$$

网贷公司选择不加入集群时收益为：

$$U_{22}=r \tag{5-7}$$

网贷公司的收益期望：

$$U_2=pq(u_1-c_1)+q(1-p)(u_2-c_2)+(1-q)r \tag{5-8}$$

网贷公司的复制动态方程：

$$G(q)=\frac{dq}{dt}=q(U_{21}-U_2)=q(1-q)[p(u_1-c_1-u_2+c_2)-(r-u_2+c_2)] \tag{5-9}$$

5.3.3 演化稳定策略分析

网贷公司和集群平台公司的最优关系强度的演化过程可以由下列复制动态方程组来描述：

$$\begin{cases} F(p)=\dfrac{\mathrm{d}p}{\mathrm{d}t}=p(1-p)[qn(MR_1-MC_1-MR_2+MC_2)-(C_1-R_1-C_2+R_2)] \\ G(q)=\dfrac{\mathrm{d}q}{\mathrm{d}t}=q(1-q)[p(u_1-c_1-u_2+c_2)-(r-u_2+c_2)] \end{cases} \tag{5-10}$$

当$\dfrac{\mathrm{d}p}{\mathrm{d}t}=0$，$\dfrac{\mathrm{d}q}{\mathrm{d}t}=0$时，$p$与$q$均处于系统的稳定状态，即当$p=0$或$p=1$，或$p=\dfrac{r-u_2+c_2}{u_1-c_1-u_2+c_2}$时，集群平台公司采取强关系管理的比例是稳定的；当$q=0$或$q=1$，或$q=\dfrac{C_1-R_1-C_2+R_2}{n(MR_1-MC_1-MR_2+MC_2)}$时，选择加入集群的网贷公司的比例是稳定的。

网贷公司和集群平台公司的演化稳定性，可通过分析雅可比矩阵的局部稳定性得到。复制动态方程组的雅可比矩阵为：

$$\boldsymbol{J}=[(1-2p)[qn(MR_1-MC_1-MR_2+MC_2)-(C_1-R_1-C_2+R_2)] \quad p(1-p)n(MR_1-MC_1-MR_2+MC_2) \quad q(1-q)(u_1-c_1-u_2+c_2) \quad (1-2q)[p(u_1-c_1-u_2+c_2)-(r-u_2+c_2)]] \tag{5-11}$$

矩阵$\boldsymbol{J}$的迹为：

$$tr(\boldsymbol{J})=(1-2p)[qn(MR_1-MC_1-MR_2+MC_2)-(C_1-R_1-C_2+R_2)]+(1-2q)[p(u_1-c_1-u_2+c_2)-(r-u_2+c_2)] \tag{5-12}$$

5.3.4 演化路径分析

基于以上演化求解分析过程可以求得，网贷集群最优关系强度的演化博弈模型的局部均衡点为$O(0,0)$、$A(0,1)$、$B(1,0)$、$C(1,1)$、$D(p*,q*)$，其中：

$$p*=\frac{r-u_2+c_2}{u_1-c_1-u_2+c_2}$$

$$q*=\frac{C_1-R_1-C_2+R_2}{n(MR_1-MC_1-MR_2+MC_2)}$$

这五个均衡点的稳定性，可根据雅可比矩阵的局部稳定性表示。当且仅当$|\boldsymbol{J}|>0$且$tr(\boldsymbol{J})<0$时，局部均衡点为演化稳定策略(ESS)。由于网贷集群演化博弈双方选择不同策略的收益及其成本差距的变化会导致其采取不同的策略，在不同变量条件下网贷泛空间集群最优关系强度的具体演化路径有以下七种情况。

路径1：当$R_1+nMR_1-C_1-nMC_1>R_2+nMR_2-C_2-nMC_2$，$\beta_1>0$且$\beta_2<0$时，由表5－2可知，演化均衡点有点$O$和点$C$，对应于博弈双方采取“强关系，加入”和“弱关系，不加入”策略。此外，该演化博弈模型还存在两个不稳定点A和点B以及一个鞍点D。

表5－2 局部稳定点分析结果——路径1

$R_1+nMR_1-C_1-nMC_1>R_2+nMR_2-C_2-nMC_2$，$\beta_1>0$，$\beta_2<0$			
均衡点	J的行列式（符号）	J的迹（符号）	结果
$p=0,q=0$	+	−	ESS
$p=0,q=1$	+	+	不稳定
$p=1,q=0$	+	+	不稳定
$p=1,q=1$	+	−	ESS
$p=p^*,q=q^*$	−	0	鞍点

图5－3描述了集群平台公司和网贷公司之间博弈的动态过程，不稳定点$A(0,1)$和$B(1,0)$及鞍点$D(p^*,q^*)$连成的折线为系统收敛于不同状态的临界线。当初始状态在$AOBD$区域时，演化博弈收敛于$O(0,0)$，即集群平台公司选择弱关系管理，网贷公司选择不加入集群的策略。当初始状态在$ADBC$区域时，演化博弈收敛于$C(1,1)$，即集群平台公司选择强关系管理，网贷公司选择加入集群的策略。网贷集群化创新模式的演化趋势将随着鞍点D的变化而向不同的均衡点收敛，博弈双方根据条件变化采取不同的策略。

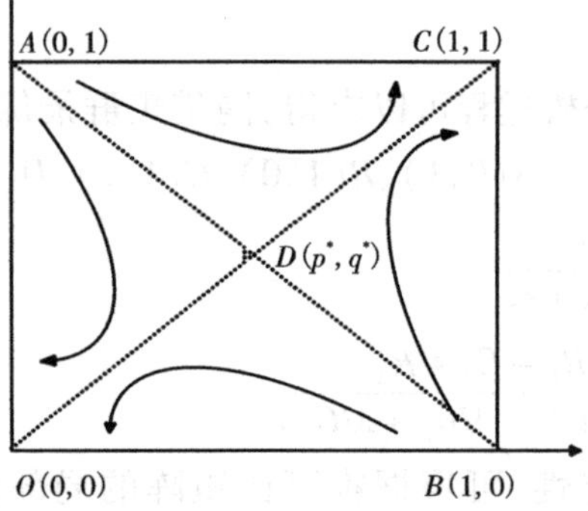

图5－3 系统演化相位图——路径1

路径2：当$R_1+nMR_1-C_1-nMC_1>R_2+nMR_2-C_2-nMC_2$，$\beta_1<0$且$\beta_2<0$时，

如表 5-3 所示，在该条件下系统中有 4 个局部稳定点，其演化博弈的复制动态关系通过图 5-4 看出，从任何状态出发，系统都将收敛于点 $O(0,0)$，即在该条件下集群平台公司选择弱关系管理集群。在集群剩余的目标驱动下，网贷公司不会选择加入集群剩余为负的集群关系中，博弈双方的长期演化策略为“弱关系，不加入”。

表 5-3　局部稳定点分析结果——路径 2

$R_1+nMR_1-C_1-nMC_1>R_2+nMR_2-C_2-nMC_2, \beta_1<0, \beta_2<0$			
均衡点	J 的行列式（符号）	J 的迹（符号）	结果
$p=0, q=0$	+	−	ESS
$p=0, q=1$	+	+	不稳定
$p=1, q=0$	−	不确定	鞍点
$p=1, q=1$	−	不确定	鞍点

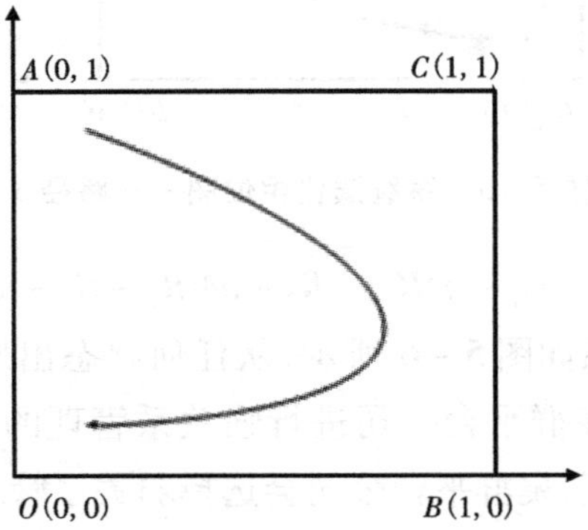

图 5-4　系统演化相位图——路径 2

路径 3：当 $R_1+nMR_1-C_1-nMC_1<R_2+nMR_2-C_2-nMC_2$，$\beta_1<0$ 且 $\beta_2<0$ 时，如图 5-5 的系统演化相位图所示，从任何状态出发系统都将收敛于点 $O(0,0)$，即网贷公司加入集群获得的集群剩余都为负时，由于集群剩余的激励作用，网贷公司不会选择加入集群，并且此条件下集群平台公司只会选择弱关系管理，即“弱关系，不加入”是该状态下演化的稳定策略。

表 5-4　局部稳定点分析结果——路径 3

$R_1+nMR_1-C_1-nMC_1<R_2+nMR_2-C_2-nMC_2,\beta_1<0,\ \beta_2<0$			
均衡点	J 的行列式(符号)	J 的迹(符号)	结果
$p=0,q=0$	+	-	ESS
$p=0,q=1$	-	不确定	鞍点
$p=1,q=0$	-	不确定	鞍点
$p=1,q=1$	+	+	不稳定

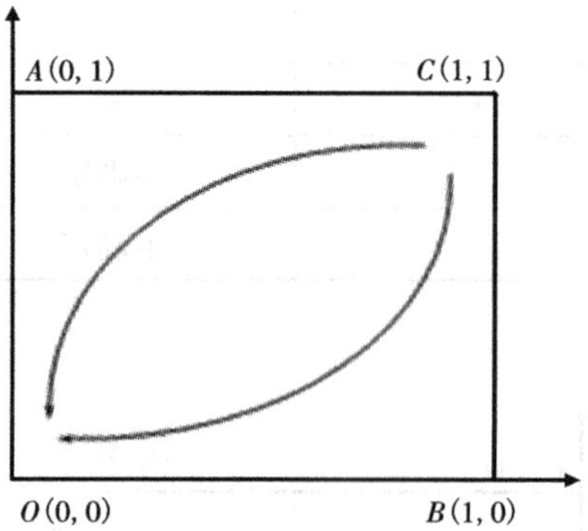

图 5-5　系统演化相位图——路径 3

路径 4：当 $R_1+nMR_1-C_1-nMC_1<R_2+nMR_2-C_2-nMC_2,\beta_1>0$ 且 $\beta_2<0$ 时，演化博弈的复制动态关系如图 5-6 所示，从任何状态出发，系统都将收敛于点 $O(0,0)$，这种情况是由于集群平台公司进行强关系管理的收益与成本的差额小于其进行弱关系管理的差额，集群平台公司会选择弱关系管理；而网贷公司在弱关系集群中会获得负向集群剩余，由于集群剩余的激励作用，网贷公司不会加入弱关系集群。因此，长期演化的均衡结果为：当集群平台公司选择弱关系管理策略时，网贷公司会选择不加入策略。

表 5-5　局部稳定点分析结果——路径 4

$R_1+nMR_1-C_1-nMC_1<R_2+nMR_2-C_2-nMC_2,\beta_1>0,\ \beta_2<0$			
均衡点	J 的行列式(符号)	J 的迹(符号)	结果
$p=0,q=0$	+	-	ESS
$p=0,q=1$	-	不确定	鞍点

续表

$R_1+nMR_1-C_1-nMC_1<R_2+nMR_2-C_2-nMC_2, \beta_1>0, \beta_2<0$			
$p=1, q=0$	+	+	不稳定
$p=1, q=1$	-	不确定	鞍点

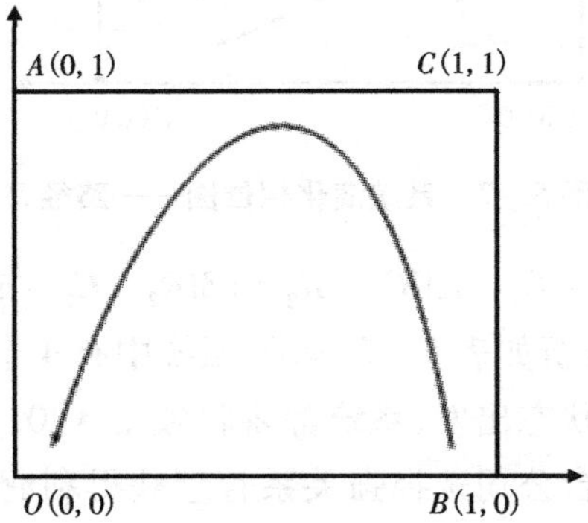

图 5-6　系统演化相位图——路径 4

路径 5：当 $R_1+nMR_1-C_1-nMC_1>R_2+nMR_2-C_2-nMC_2$，$\beta_1>0$ 且 $\beta_2>0$ 时，其雅可比矩阵的稳定性分析如表 5-6 所示，系统中有 4 个局部稳定点；其演化博弈的复制动态关系如图 5-7 所示，从任何状态出发，系统都将收敛于点 $C(1,1)$，博弈双方采取“强关系，加入”是演化的稳定策略。这种情况是由于集群平台公司进行强关系管理的收益与成本的差额大于其进行弱关系管理的差额，集群平台公司会选择强关系管理，而网贷公司在强关系集群组织中获得的集群剩余 $\beta_1>0$，网贷公司会选择加入强关系集群。因此，长期演化的均衡结果为：当集群平台公司选择强关系管理策略时，网贷公司会选择加入策略。

表 5-6　局部稳定点分析结果——路径 5

$R_1+nMR_1-C_1-nMC_1>R_2+nMR_2-C_2-nMC_2, \beta_1>0, \beta_2>0$			
均衡点	J 的行列式（符号）	J 的迹（符号）	结果
$p=0, q=0$	-	不确定	鞍点
$p=0, q=1$	-	不确定	鞍点
$p=1, q=0$	+	+	不稳定
$p=1, q=1$	-	不确定	ESS

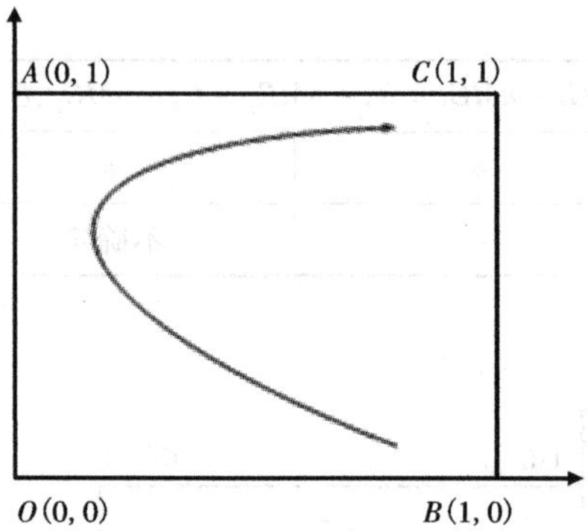

图 5-7　系统演化相位图——路径 5

路径 6：当 $R_1+nMR_1-C_1-nMC_1<R_2+nMR_2-C_2-nMC_2$，$\beta_1>0$ 且 $\beta_2>0$ 时，其雅可比矩阵的稳定性分析如表 5-7 所示，系统中有 4 个局部稳定点，图 5-8 显示出在此条件下，从任何状态出发，系统都将收敛于 $A(0,1)$，"弱关系，加入"是演化的稳定策略，即集群平台公司选择强关系管理获得利润小于其选择弱关系管理的利润，集群平台公司会选择弱关系管理；而网贷公司加入强关系和弱关系集群时获得的集群剩余均为正，因此，网贷公司会选择加入弱关系强度的集群。

表 5-7　局部稳定点分析结果——路径 6

$R_1+nMR_1-C_1-nMC_1<R_2+nMR_2-C_2-nMC_2$，$\beta_1>0$，$\beta_2>0$			
均衡点	*J* 的行列式(符号)	*J* 的迹(符号)	结果
$p=0,q=0$	−	不确定	鞍点
$p=0,q=1$	+	−	ESS
$p=1,q=0$	+	+	不稳定
$p=1,q=1$	−	不确定	鞍点

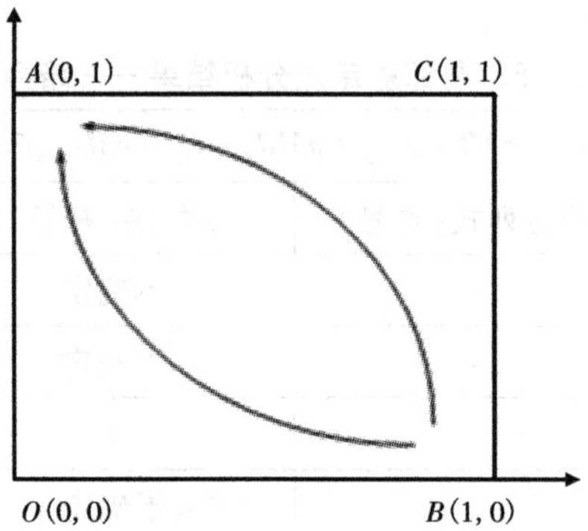

图 5-8　系统演化相位图——路径 6

路径 7：当 $R_1+nMR_1-C_1-nMC_1<R_2+nMR_2-C_2-nMC_2$，$\beta_1<0$ 且 $\beta_2>0$ 时，图 5－9 显示出在此条件下，从任何状态出发，系统都将收敛于 $A(0,1)$，集群平台公司会选择能获得高额利润的弱关系管理，网贷公司会加入集群剩余为正的弱关系集群。因此，长期演化的均衡结果为“弱关系，加入”。

表 5－8　局部稳定点分析结果——路径 7

$R_1+nMR_1-C_1-nMC_1<R_2+nMR_2-C_2-nMC_2$，$\beta_1<0$，$\beta_2>0$			
均衡点	J 的行列式（符号）	J 的迹（符号）	结果
$p=0,q=0$	－	不确定	鞍点
$p=0,q=1$	＋	－	ESS
$p=1,q=0$	－	不确定	鞍点
$p=1,q=1$	＋	＋	不稳定

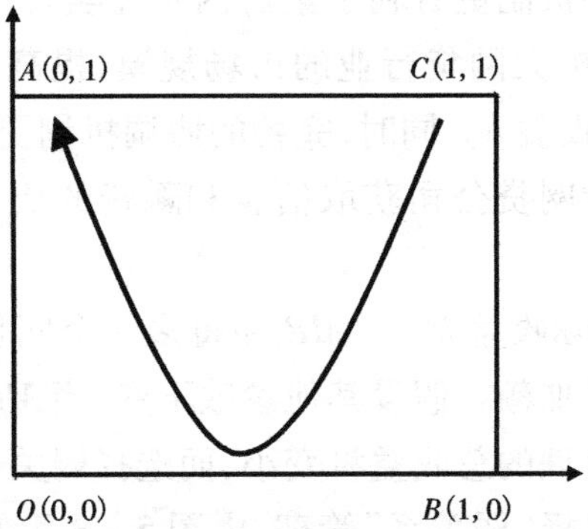

图 5－9　系统演化相位图——路径 7

5.4　基于参数变化的策略分析

本书为对网贷公司与集群平台公司的关系做了明确分析，并且基于博弈双方的有限理性构建了二者的演化博弈模型。模型结果证明网贷集群模式适用于网贷行业，通过控制博弈双方加入集群的支付成本、获得的品牌收益、分配的集群剩余等影响因素使网贷集群模式在最优关系强度下稳步发展，进而追求集群剩余最大化，建立起网贷行业全面高效的新型风险管控体系。

（1）网贷公司集群收益 u。由图 5－3 可知，当其他参数不变，网贷公司加入集群后的集群收益 u 增加时，演化相位图 $ADBC$ 区域的面积将变大，即系统收敛于点

$C(1,1)$的概率也变大,博弈主体更加趋于选择“强关系,加入”策略。反之,博弈主体更加趋于选择“弱关系,不加入”策略。因此,要注重利用集群关系增加网贷公司的集群收益,使其加入集群策略的意愿更强。

(2)网贷公司加入集群成本 c。假设其他参数不变,网贷公司加入集群所付出的成本 c 越小,由图 5-3 可知,演化相位图 $AOBD$ 区域的面积会越大,即系统收敛于点 $O(0,0)$ 的概率也变大,网贷公司趋于选择不加入弱关系集群策略。反之,网贷公司趋于选择加入强关系集群策略。

从(1)和(2)的分析可知,集群收益 u 增加或者加入集群成本 c 降低会导致集群剩余 β 增加。集群剩余是网贷公司加入集群的动机,是集群主体维持长期竞合关系的隐性契约,要实现网贷集群稳定持续发展,追求集群剩余最大化,需要建立有效协调机制。要注重构建多方主体协同发展、各尽其职、循环制约的网贷集群协调机制,如主体在关系集群中交流互动建立起集群内信任机制,推进网贷行业信息资源共享,通过集群主体间合作与竞争,建立网贷集群激励竞争机制,保障集群主体竞争优势。完善的协调机制更有利于集群内企业实现专业化协作,满足小微企业对资金多样化的需求,扩大网贷行业的市场规模,提高集群内网贷公司的交易额,增加网贷公司的集群收益 u。同时,完善的协调机制更有利于集群内部信息交流,降低信息不对称,节约网贷公司获取信息和融资的成本 c,实现集群剩余 β 最大化。

(3)集群平台公司边际收益 MR_i。MR_i为每多一个网贷公司加入网贷集群,集群平台公司获得的收益增加额。假设其他参数不变,当 MR_1降低或 MR_2增加时,集群平台公司进行强关系管理的总收益将变小,而选择弱关系管理的总收益将变大,集群平台公司更趋向于选择“弱关系”管理,由图 5-3 可知,演化相位图 $AOBD$ 区域的面积将变大,系统收敛于点 $O(0,0)$ 的概率也变大,博弈主体更加趋于选择“弱关系,不加入”策略。反之,集群平台公司会更趋向于选择“强关系”管理的策略,演化相位图 $ADBC$ 区域的面积将变大,系统收敛于点 $C(1,1)$ 的概率也变大,博弈主体更加趋于选择“强关系,加入”策略。由此看出,集群平台公司的策略选择与边际收益正向相关,要注重提高集群平台公司的边际收益。

边际收益包括品牌价值、网贷公司加入集群的加盟费以及集群平台以加盟费方式让渡品牌使用权获得的收益等,边际收益的实现不仅需要集群平台公司合法、有序的经营,还需要政府的政策支持。政府对网贷行业的约束监督必然影响网贷集群的发展,要建立健全的扶持政策,落实集群平台公司的合法地位,推动我国网贷行业与传统金融行业有效对接。同时,制定有效的人才引进机制,激励集群内人才的聚集与进步,保障集群平台公司的经营实力。针对网贷泛空间集群内的信息共享平台建立相应的监督激励制度,监督集群内各主体全面及时地共享信息,实现信息最大程度的透明化,使其获得良好的声誉,实现网贷泛空间集群内社会资本的累积。

(4)集群管理边际成本 MC_i。MC_i为每多一个网贷公司加入网贷泛空间集群,集群平台公司进行管理增加的成本。假设其他参数不变,当 MC_1增加或 MC_2降低时,集群平台公司选择强关系管理的预期收益将变小,而选择弱关系管理的预期收益将变大,集群平台公司更趋向于选择"弱关系"管理的策略,由图 5-3 可知,演化相位图 *AOBD* 区域的面积将变大,系统收敛于点 $O(0,0)$的概率也变大,博弈主体更加趋于选择"弱关系,不加入"策略。反之,集群平台公司会更趋向于选择"强关系"管理的策略,演化相位图 *ADBC* 区域的面积将变大,系统收敛于点 $C(1,1)$的概率也变大,博弈主体更加趋于选择"强关系,加入"策略。由此得出,集群平台公司获得的收益与集群管理边际成本负向相关,为提高集群平台公司的收益,要注意降低集群管理边际成本。

集群管理的边际成本包括集群品牌维护成本、聚集成本、协调成本、资源配置成本、信息收集成本和信息扩散成本等。要实现管理成本的降低,需要技术先进的大数据公司、信用评级公司和资金雄厚的担保公司提供技术支持。通过网贷泛空间集群内先进的大数据技术,建立统一、规范的集群内信息共享平台,利用集群关系强度,实现主体间信息资源的双向流通,这不仅使信息披露的质量提高,大大降低信息不对称带来的风险,而且也会降低集群管理的边际成本 MC_i和不确定性,提高交易效率。

综上所述,网贷集群模式存在最优的关系强度,系统的演化路径与集群平台公司选择不同关系强度的收益与成本相关,也与网贷公司加入不同强度集群所获得的集群剩余相关。

网贷集群规范化管理的关系强度与集群剩余存在着显著阈值关系。若关系强度极弱,集群内成员仍处于松散的状态,难以发挥互联网金融的优势;若关系强度极强,集群内连接冗余,信息趋于同质化,会出现网贷交易的成本与收益的不对称,难以实现普惠金融。因此,实现网贷集群平衡发展,追求集群剩余最大化,不能只局限于建立"强关系"网络,还要建立广泛的"弱关系"组织,根据不同的价值范围,选择最优的关系强度。

在网贷集群初步构建时,集群成员的最优选择策略应为"强关系,加入"和"弱关系,不加入",即各网贷公司只有在集群平台公司对网贷集群进行强关系管理时才会选择集群化运营模式,在网贷集群的强关系组织中建立起长期互惠、紧密稳定的协作与信息交流,形成一个环环相扣的网贷集群协作系统,实现网贷行业有序发展。但是考虑到网贷集群的管理程度、品牌收益、投入水平，集群平台公司和网贷公司博弈的最优策略也会演化成“弱关系，加入”，即集群平台公司制定适当协调机制，使集群内主体保持相对较弱但广泛的联系，并获得更多异质性的信息资源，以维持较低的关系成本，促使众多网贷公司在良性的竞合关系中构建集群内部有效的竞争激励机制，激励网贷集群主体积极发展。

第6章 基于超网络的网贷集群均衡分析

网络借贷公司是否加入网络借贷集群的关键在于能否获得超额收益,即是否存在集群剩余。为此,本章引入超网络理论进行网络借贷集群的均衡分析,为下一章构建网络借贷集群超网络模型及算例验证做准备。

本章通过对超网络基本理论及其变分不等式描述和投影动态系统算法的梳理,构建网络借贷集群超网络的复合结构,明确网络借贷集群超网络的关系强度、主要风险、影响因素及均衡条件。

6.1 超网络的基本理论

6.1.1 超网络的基本概念

超网络的概念,最早是由 Y. Sheffi 提出来的,他最早将超网络运用在运输系统中。之后,Nagurney 在处理网络问题时,明确提出了超网络的概念,将超于现存网络的网络称为超网络(Supernetwork)。

我们生活在一个纷繁复杂的社会中,随着科技的发展和进步,人们的活动范围也越来越大。为了方便沟通,世界上形形色色的人和物都会通过网络联系起来,如社会关系网络、交通网络、信息网络、知识网络等,这些网络都在促进着社会的进步。随着网络的快速发展,许多更加复杂的网络出现在人们的面前,这些网络的节点和边的连接复杂、规模巨大、结构异常复杂,例如互联网。因此,用一般的网络图形并不能真实、全面地刻画超网络的特征,相应地,与这些复杂网络相关的决策和优化问题,也变得更加困难和复杂。

在现实生活中,研究规模巨大、结构复杂的网络系统时,会出现物流网络与资金网络、信息网络相交织的问题。即使引入工程方法,也很难厘清各网络之间的关系。因此,就出现了如何解决超越一般网络的网络系统问题,超网络的概念也应运而生。

6.1.2 超网络的结构特征

与现实中的一般的网络不同,超网络更加复杂。一般来说,超网络具备下列的一种或者若干特征。

(1)多层性:比如交通运输网有业务层、物理层和管理层;信息协议也是多层的。层内(水平)和层间(垂直)都有连接。

(2)多级性:企业的组织结构,也是一个复杂的网络,企业内部既有水平关系网络,也有垂直关系网络。如财务部、贸易部、采购部属于同级关系,而集团总部和下属所有子公司属于垂直的有等级之分的关系。

(3)流量的多维性:比如铁路、水运、公路和航空等行业,都是既有客运流量又有货运流量。

(4)多属性(或多准则):比如我国的通信网络,客户可以选择移动、联通或者电信的通信网络。

(5)拥塞性:由于流量多维性的存在,缺乏调控的网络自然会出现网络的拥塞,如通信堵塞、交通堵塞等问题。

(6)协调性:网络的多属性以及流量的多维性,使得网络需要协调好局部优化和整体优化的关系。

(7)嵌套性:超网络是网络中嵌套网络所形成的,根据其映射关系将网络集成,形成一个庞大的具有一定结构的网络。

超网络模型可以比较直观、全面地刻画网络与网络之间的交互关系。目前,超网络理论已经逐步运用于各种复杂系统的研究,它能够运用一些数据工具,如优化理论、变分不等式、博弈论和可视化工具等来对网络加以描述和分析。

6.1.3 超网络的研究现状

对于超网络方面的研究,在21世纪初,随着计算机处理技术与运算能力的快速发展,开始有研究者系统地研究超网络,并将其用于解决现实问题①。美国Nagurney教授是超网络研究的首创者,她将超于现存网络的网络称为超网络。目前,超网络已经成为一个重要的研究领域,引起了理论界和企业界的广泛关注。继美国麻省理工学院建立首个超网络研究中心之后,我国相继建立上海理工大学超网络研究中心、大连理工大学超网络研究中心。

目前,超网络理论方面的研究已经涉及很多领域,在金融网络领域,柯珂等②构建考虑金融中介以及风险管理的电子金融的超网络模型,证明金融网络经济的均衡条件可以表述为一个有限维变分不等式问题,并提出变分不等式求解的算法。

---

① 漆玉虎,郭进利.超网络研究[J].上海理工大学学报,2013,35(3):227-239.

② 柯珂,樊智,佘震宇,等.超网络时代的电子金融和风险管理[J].上海理工大学学报,2011(3):258-262.

在此基础上，张婷等[①]把信用风险、操作风险函数加入超网络模型中，给出整个互联网金融超网络的均衡条件，特别指出可以构建P2P网络借贷的超网络模型。在供应链领域，马军等[②]将中断风险概率引入动态供应链模型中，从而优化风险管理、降低风险损失，提升供应链网络在风险管理下的竞争优势。吴义生等[③]从低碳和网购的角度对单体超网络优化模型和整体超网络优化模型进行比较分析。李昌兵等[④]构建基于企业社会责任的闭环供应链超网络均衡模型，并通过三个算例分析得出企业社会责任水平对产品交易平衡和价格水平的影响。王治莹等[⑤]构建了基于生态供应链的超网络均衡模型，并分析契约履行率、操作技术参数、讨价还价能力、交易损耗率对均衡状态的影响。除此之外，超网络理论在交通网络、电信网络和知识网络领域也有广泛的应用。李学迁等[⑥]、王梅等[⑦]、朱兵等[⑧]利用超网络模型从不同角度解释了产业集群的网络演化和升级路径。

6.1.4 超网络的分析思路

网络借贷集群是一个复杂的自适应系统，大量具有差异性和多样性的成员在网络借贷集群内部紧密关联。而超网络模型主要适用于多层、多级、多维和多属性的网络，非常适用于研究复杂的网络借贷集群。网络借贷集群的主要目的是提高网贷集群整体的效益，获取网贷集群剩余，因为“人类生存、生活乃至从事一切经济活动的终极目的就是追求效益”。所谓集群剩余，就是集群内部所有成员加入集群后能够获得的利润减去加入集群前能够获得的利润的差额之和，它表明网贷集群能够获得比市场上单个网贷公司简单加总更大的效益。

故本文借鉴目前超网络研究的成果，在考虑信用风险、操作风险的影响下，研究网络借贷集群超网络的均衡模型，并对P2P网络借贷公司构成的规范集群状态

---

① 张婷，米传民．基于超网络的互联网金融均衡问题研究[J]．复杂系统和复杂性科学，2016，13(2)：36－43．

② 马军，董琼，杨德礼．基于风险管理的动态供应链超网络均衡模型[J]．运筹与管理，2015，24(1)：1－9．

③ 吴义生，吴顺祥，白少布，等．面向网购的低碳供应链超网络优化模型及其应用[J]．中国管理科学，2017(6)：111－120．

④ 李昌兵，杨宇，何亚辉．基于企业社会责任的闭环供应链超网络均衡模型[J]．企业管理，2017(5)：172－176．

⑤ 王治莹，李春发．基于超网络的生态工业链动态均衡研究[J]．管理工程学报，2014，28(1)：151－159．

⑥ 李学迁，朱道立，李进，等．全球生产网络视角下产业集群的网络演化[J]．科技进步与对策，2010，27(13)：54－56．

⑦ 王梅，王文平．基于超网络视角的产业集群升级研究[J]．管理学报，2012，9(4)：570－577．

⑧ 朱兵，张廷龙，吴冬梅．产业集群超网络均衡研究[J]．经济与管理研究，2011(9)：52－58．

和非规范集群状态在均衡条件下的交易利润进行比较分析，来间接测算网络借贷集群是否可以产生集群剩余，从而论证网络借贷集群的内生利益驱动机制及其合理性。

6.2 网贷集群超网络的结构

在共享集群剩余的利益驱动下，众多差异化和多样性的成员在网络借贷集群内部紧密关联，构成一个多层、多级、多维和多属性的超网络。

6.2.1 不考虑关系强度

在网贷集群化发展模式下，网贷行业由最初的众多 P2P 网贷公司的独立的自由竞争阶段，逐步向依托集群品牌的合作竞争过渡。集群之间呈现理性的品牌竞争，集群内部在集群自律下合作竞争。同时，在这个过渡阶段，P2P 网贷公司可以有三种决策状态，一是加入某个网贷集群，共享集群资源和集群品牌效应的同时，遵守集群的规范化管理和约束激励机制；二是同时加入多个网贷集群，共享更多资源的同时受到更多的约束，网贷公司在不同集群的进退和迁移，反映了不同集群的竞争优势和吸引力；三是不加入任何规范化的网贷集群，或者说，作为非规范的网贷集群的一员，该非规范的网贷集群没有可共享的集群资源，也没有强制的集群约束，是集群收益与费用均为 0 的名义集群，实际是独立的网贷公司的简单集合。对于任一特定网贷公司或一组网贷公司，对比来自规范化网贷集群和非规范网贷集群的利润，可间接反应规范化网贷集群的集群剩余。

为论证网贷集群平台在风险管控和集群剩余方面的优越性，采用超网络模型真实刻画网贷集群模式下网贷行业的融资现状，本文构建了一个由 M 个投资者，N 个网贷集群平台，I 个网贷公司和 J 个借款者构成的四层网贷集群超网络模型（图 6－1）。其中第 2 层表示网贷集群平台，包括 $N-1$ 个规范化的网贷集群平台和 1 个非规范的网贷集群平台（即众多中小型 P2P 网贷公司在原始状态下可以视为一个非规范的 P2P 网贷集群平台）。

图 6－1 中实线表示资金的真实流动，其中，细实线反映了集群模式下规范化集群的实际资金流动情况，粗实线反映了集群模式下非规范集群的实际资金流动情况；图中虚线表示资金的名义流动，当节点间虚线实线共存时，虚线也可作为收益、费用、风险计算的依据，其中，细虚线反映了集群模式下规范化集群中借贷业务的名义资金流动情况，粗虚线反映了集群模式下非规范集群中借贷业务的名义资金流动情况。

如果分别展示规范化集群与非规范集群的资金流,将更清楚地展现资金流动情况。图6-2是集群模式下规范化集群中资金流动情况,图6-3是集群模式下非规范集群中资金流动情况。

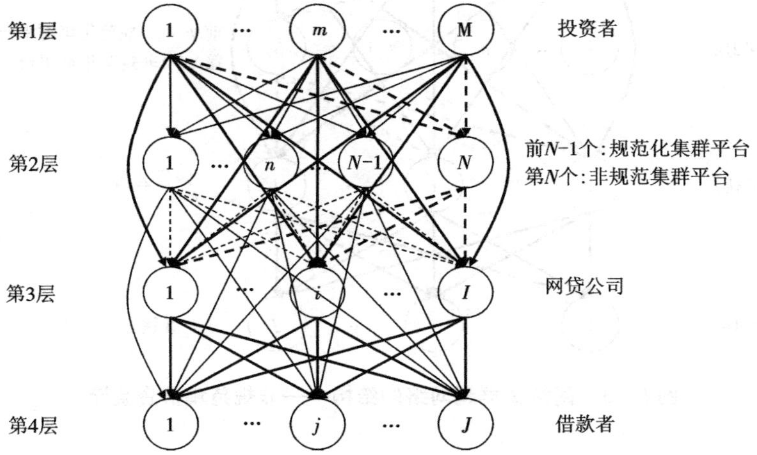

图6-1 网贷集群超网络的结构——资金流

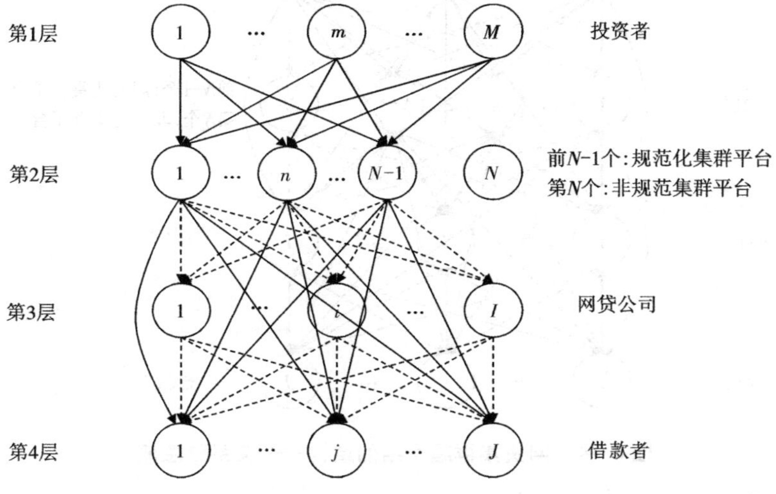

图6-2 网贷集群超网络的结构——规范化集群资金流

6.2.2 考虑关系强度

网贷集群模式存在最优关系强度,这个最优关系强度体现为规范化统一管理的关系强度和参与者之间的社交网络关系强度。

图6-4中,实线表示各节点间关系强度的大小(强度>0),虚线表示非规范的名义集群 N 与相关节点的关系强度为0。

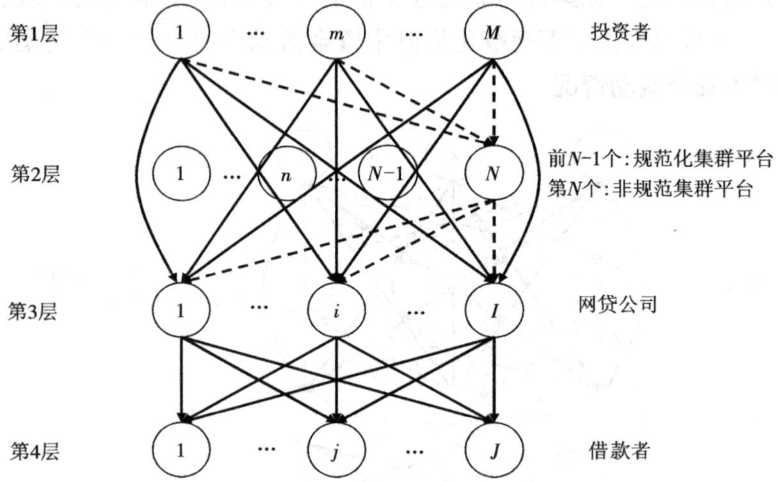

图6-3 网贷集群超网络的结构——非规范集群资金流

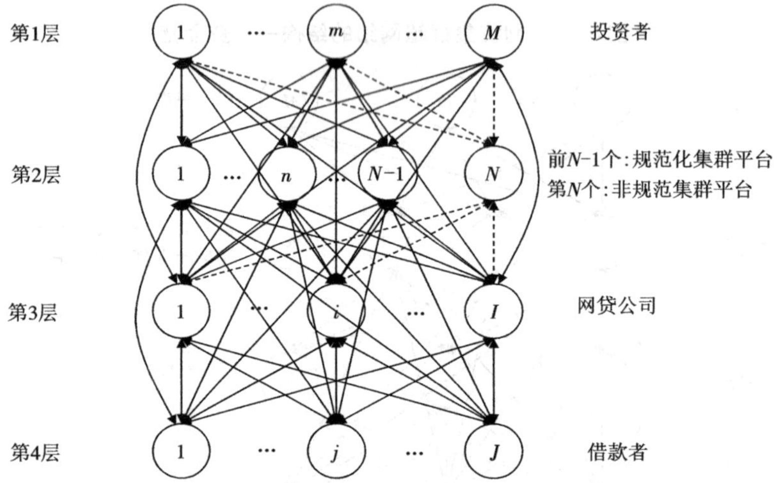

图6-4 网贷集群超网络的结构——关系信息流

最优关系强度可以从两个方面进行衡量，一是网贷集群规范化统一管理的强度、系统的演化路径与集群平台公司选择不同关系强度的收益及成本相关，也与网贷公司加入不同强度集群所获得的集群剩余相关；二是网贷集群参与者之间的社交网络关系强度，包括以往的商业合作关系、可能的私人关系等。

关系强度的增加可以降低交易费用和信用风险，更有利于交易的达成。每个决策者都会试图与其他决策者达到并维持一定的关系强度，并愿意付出额外的金钱或者时间。可构建关系费用函数来描述各个决策者愿意为了达到并维护一定的关系强度而付出的成本，构建关系强度函数来描述各个决策者之间的关系水平，并将之与交易费用函数、信用惩罚函数、风险函数等建立动态的反馈关系。

整合资金流和关系信息流的网贷集群超网络结构如图 6－5 所示。

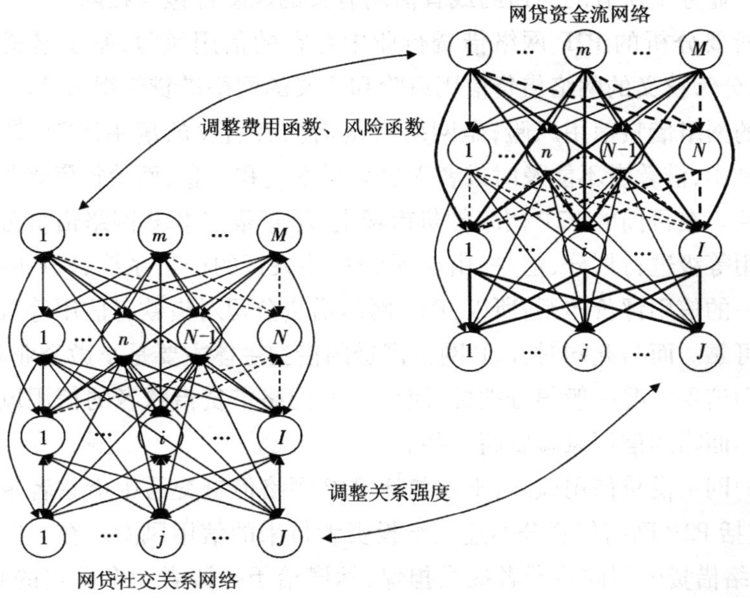

图 6－5　网贷集群超网络的结构——超网络

6.2.3　考虑主要风险

P2P 网络借贷作为一种新兴的互联网金融交易方式，其风险来源范围广泛。我国的 P2P 网络借贷公司主要面临的风险有两类，即非系统性风险和系统性风险。非系统性风险主要包括信用风险、操作风险、流动性风险、技术风险等；系统性风险主要包括市场风险、声誉风险、法律政策风险等。

本书在构建超网络模型的过程中，主要考虑信用风险和操作风险这两种风险因素，并引入信用惩罚函数和操作风险函数，仿真描述各方决策者在加入网络借贷集群前后所面临的信用风险和操作风险的差异。

6.2.3.1　信用风险

信用风险，也称为违约风险，主要取决于交易对手的财务状况与经营状况。从狭义的角度看，信用风险主要指信贷风险，即在信贷过程中，借款者或者交易对手因为各种原因不再遵守约定，不能或者不愿意按照约定履行按时偿还欠债而给另一方带来本息损失的不确定性，以及借款者的信用等级变动或者其履约能力发生变动,造成的其债务市场价值的变动而带来损失的可能性。从广义的角度看,参与经济活动的各方根据自身业务需要自愿签订经济合约以后,一方当事人不履约而给对方带来的风险,皆可视为信用风险。因此,广义上的信用风险不仅仅包含传统的信贷风险,实际上可以将存在于诸如贷款、承诺、证券投资、金融衍生工具等各种表内和表外业务中所有的与违约或者信用有关的风险都包含在内。

这里所要分析的 P2P 网络借贷行业中存在的信用风险,基于借贷主体的不同,也可以分为狭义的网络借贷信用风险和广义的网络借贷信用风险。

狭义的网络借贷信用风险,是网络借贷借款者引发的信用风险,是在 P2P 网络借贷交易中,借款者不能及时或者无法兑付本金和利息,而给投资者带来经济损失的可能性。在目前的 P2P 网络借贷市场上,尽管很多 P2P 网络借贷公司会对借款者的信用等级进行划分,但是,由于无法对接央行的征信系统,P2P 网络借贷公司缺乏统一的信用评价体系,所以,P2P 网络借贷公司对借款者信用等级的划分并不全面和可靠。而与此同时,P2P 网络借贷的借款主体主要是小微企业和个人,其资金状况和信用状况一般很难把握,使得 P2P 网络借贷借款者的信用风险要比传统金融机构面临的信用风险要高一些。

广义的网络借贷信用风险,不仅包括 P2P 网络借贷交易中借款者带来的信用风险,还包括 P2P 网络借贷公司违约给投资者带来的信用风险。在一些业务模式下,P2P 网络借贷公司向投资者提供担保,承诺给予投资者一个固定的收益,例如保证本金(利息)模式,但是在借贷交易到期结束时,P2P 网络借贷公司可能会因为经营不善、集资诈骗、携款跑路等各种原因,而不能履行约定的义务,从而使投资者的利益遭受损失。此外,P2P 网络借贷公司可能由于经营能力差、经济实力弱、没有雄厚的资金保障等而给投资者带来风险;也有可能是在市场竞争下,P2P 网络借贷公司收取的服务费用不能安全覆盖其成本而造成入不敷出的局面,长此以往,P2P 网络借贷公司将面临停业倒闭而最终造成信用风险;除此之外,由于我国 P2P 网络借贷行业还不够成熟,有些 P2P 网络借贷公司可能会利用 P2P 网络借贷行业的监管漏洞进行金融投机、诈骗钱财,使得投资者的利益遭受损失。

6.2.3.2 操作风险

操作风险,是遭受潜在损失的可能。损失可能来自内部或外部事件、宏观趋势,以及不能为公司决策机构、内部控制体系、信息系统、行政机构组织、道德准则或其他控制手段所洞悉并阻止的变动。操作风险不包括市场风险、信用风险及决策风险。根据定义,操作风险可以分为操作战略风险和操作失败风险。操作失败风险主要来源于内部操作业务过程中发生失败的可能,包括人、过程或技术等失败而导致的风险。造成操作战略风险的原因主要为外部的各种因素,如监管环境、政治制度等发生变化。新巴塞尔协议界定操作风险为内部流程、人员、技术和外部事件的不完善或者故障等原因造成损失的风险。导致操作风险的原因主要包括以下七种,即内部欺诈、外部欺诈、雇佣以及工作现场的安全性、客户产品以及经营行为、有形资产损失、经营中断和系统出错、执行和交割以及交易过程管理等。

在互联网金融时代,P2P网络借贷行业属于新兴行业,其经营业务和传统银行的部分业务具有一定的相似性。依据新巴塞尔协议对操作风险的定义,P2P网络借贷的操作风险可以界定为,P2P网络借贷公司内部控制体系的不健全导致投资者、网络借贷公司遭受损失的可能性。

P2P网络借贷的运作模式引入我国之后,便在我国得到快速的发展。但是P2P网络借贷在我国发展时间较短,目前我国P2P网络借贷行业的业务操作流程以及内部管控措施大多是参考欧美国家。由于我国的政治、经济、社会、法律等环境,与P2P网络借贷发展比较成熟的欧美国家相比存在比较大的差异,所以我国P2P网络借贷公司显然会存在潜在的操作风险。在我国P2P网络借贷现有的三种业务模式中,操作风险普遍存在,其最直接、最突出的表现形式就是停业整顿。

我国P2P网络借贷公司的操作风险属于内生性风险。究其原因,首要因素是网络借贷交易的软硬件设施不配套或者存在漏洞、网络借贷公司内部制度规范还不健全、从业人员专业素质较差以及公司治理不作为等;其次,就是P2P网络借贷业务审核流程不规范、借贷业务数量多金额小、互联网的虚拟性、交易者来源广泛等。这些原因,都会导致我国P2P网络借贷公司的内部治理出现诸多问题,比如,非法集资、擅自设置资金池、非法挪用公司资金等行为,使得网络借贷投资者承受着严重的损失风险。

6.2.4 考虑影响因素

在网络借贷集群超网络的建模过程中,交易费用、惩罚函数、操作利润是影响超网络模型参与者决策的三个重要因素,它们都对参与者的决策产生重要影响。下面着重介绍一下这三个影响参与者决策的因素。

1. 交易费用

交易费用有两种,一种为隶属于两个不同决策层的不同决策者之间交易时所产生的一系列费用,例如资金转手时所产生的费用。我们认为这种费用的多少取决于转化资金量的大小。另一种为一个决策者与某一层整体之间的一种费用。例如某个中间商所承担的员工工资、办公室设施等费用。这种费用的多少取决于他从其他层所获得的资金多少以及本层其他个体的情况。

2. 惩罚函数

惩罚函数的含义是,当决策者本身违反了某种规则,就会按照某种事先规定好的规则进行相应的惩罚。为此,定义了一个信誉参数,它表示某一决策者能够履行规定的可能性大小。如果某个决策者违反规定,他会按照惩罚规则承担相应的惩罚。我们假设这个惩罚函数受两方面因素的影响,一是上述定义的固定的信誉参数,这是由决策者本身的客观实际情况所决定的客观信誉;二是交易双方的交易量大小,因为理论上讲,交易量越大,惩罚力度就越大。

3. 操作利润

我们认为,每个人在金融投资方面都有很多惯用的技巧和方法,而不同的决策者具有不同的金融操作技术水平。为此,我们定义了一个技术参数,它表示通过某种技巧的操作,决策者可以多获得的那一部分利润与正常利润的比例大小。同样的,可以建立一个技术函数,它与惩罚函数相似之处在于,技术函数同样与一个固定的参数(与决策者本身的客观情况相关)和交易量的大小有关。

6.3 网贷集群超网络的变分不等式算法

Nagurney 作为最早明确超网络概念的学者,在实际求解超网络模型的过程中,首先逐层分析各个决策者的行为目标和最优化条件,然后使用变分不等式来表示和描述,最后运用投影动态系统算法等对变分不等式进行求解。本文也将采用该思路求解网贷集群超网络的均衡解。

6.3.1 变分不等式的基本理论

变分不等式起源于对非线性规划和数学物理问题的研究。许多学者对变分不等式进行研究,并做出了卓越的贡献。Lions,Stampacchia 和 Brezis 提出了解决变分不等式的存在性和唯一性的方法。随后,Steinbach 得出了在一定条件下,可以利用变分不等式研究记忆障碍问题的结果,并且证明了结果具有唯一性和存在性。Cojocaru,Daniele 和 Nagurney 进一步对进化变分不等式进行研究,将其与 Hilbert 空间上的投影动力系统进行了统一,得到了这类问题的存在性和唯一性结果。此后,在 20 世纪 70 年代,变分不等式在弹性问题、最优控制问题、渗透问题以及弹塑性问题等领域得到了成功的运用。20 世纪 80 年代以来,变分不等式理论已经成为现代偏微分方程理论的重要组成部分,并得到深入的发展,至今已经发展得比较成熟。20 世纪 90 年代,*Mathematical Programming* 杂志出版了关于非线性互补问题与变分不等式的专辑,这标志着变分不等式理论已经成为非线性规划的一个重要的研究领域。目前,变分不等式理论已经得到了广泛的应用,被广泛用于处理交通运输、平衡模型、力学、物理学、运筹学等领域的问题。

有限维的变分不等式问题 $VI(F,K)$，就是求解一个向量 $\boldsymbol{X}^* \in K$，满足：

$$(\nabla F(\boldsymbol{X}^*), \boldsymbol{X}-\boldsymbol{X}^*) \geqslant 0 \quad \forall \boldsymbol{X} \in K$$

即

$$\nabla F(\boldsymbol{X}^*) \cdot (\boldsymbol{X}-\boldsymbol{X}^*) \geqslant 0 \quad \forall \boldsymbol{X} \in K$$

其中，F 是给定的 K 到 $\mathbf{R}^N$ 的连续函数；K 是闭凸集，表示定义在 $\mathbf{R}^N$ 上的内积。

引入变分不等式，以变分不等式描述超网络的优化条件，可进而求解超网络均衡条件下的最优解。变分不等式和最优化理论之间的关系如下。

命题 6.1 假设存在一点 $\boldsymbol{X}^* \in K$，满足

$$\min f(x)$$

则 $\boldsymbol{X}^*$ 是变分不等式

$$\boldsymbol{X}^* \in K: (\nabla F(\boldsymbol{X}^*), \boldsymbol{X}-\boldsymbol{X}^*) \geqslant 0 \quad \forall \boldsymbol{X} \in K$$

的解。其中，$\nabla F(\boldsymbol{X}^*)$ 表示 F 对 $\boldsymbol{X}$ 的各个分量的梯度（偏导），

$$\nabla F(\boldsymbol{X}^*)^{\mathrm{T}} = \left(\frac{\partial F(\boldsymbol{X}^*)}{\partial X_1}, \frac{\partial F(\boldsymbol{X}^*)}{\partial X_1}, \cdots, \frac{\partial F(\boldsymbol{X}^*)}{\partial X_N}\right)$$

命题 6.2 假设存在 $F(x)$ 是凸的（V 形，凸向原点，下凸），且 $\boldsymbol{X}^*$ 满足：

$$\boldsymbol{X}^* \in K: (\nabla F(\boldsymbol{X}^*), \boldsymbol{X}-\boldsymbol{X}^*) \geqslant 0 \quad \forall \boldsymbol{X} \in K$$

则 $F(\boldsymbol{X}^*) = \min\limits_{X \in K} F(\boldsymbol{X})$。

特别是，若 $K = \mathbf{R}^N$，上面优化问题 $\min f(x)$ 是一个无约束问题。另外，若存在对称的条件，则变分不等式问题也可以表达成一个最优化问题。

命题 6.3 假设存在 $F(\boldsymbol{X})$ 是定义在 K 上的连续可微函数，且其雅可比矩阵为

$$\nabla F(\boldsymbol{X}) = \begin{pmatrix} \frac{\partial F_1}{\partial X_1} \cdots \frac{\partial F_1}{\partial X_N} \\ \vdots \quad\quad \vdots \\ \frac{\partial F_N}{\partial X_1} \cdots \frac{\partial F_N}{\partial X_N} \end{pmatrix}$$

它的行列式是对称且半正定的，即 F 是凸的，则存在一个实值函数 $f: K \to R$，满足：

$$\nabla f(\boldsymbol{X}) = F(\boldsymbol{X})$$

且变分不等式 $VI(F,K)$ 的解 $\boldsymbol{X}^*$，也是其相应的优化问题 $\min f(\boldsymbol{X})$ 的解。这就说明最优化问题可以转化为变分不等式求解问题，进而，使用投影算法对变分不等式问题进行快速准确的求解。

6.3.2 优化问题的变分不等式形式

下面，我们需要探讨一下带有约束集的最优化问题是如何转变为变分不等式

的形式进行求解的问题。

1. 约束集优化问题转化为变分不等式问题

下面将考虑一个带有约束集的最优化问题：

$$\min \sum_{i}^{m} f_i(X_i)$$

同时，

$$\boldsymbol{a}_j^{\mathrm{T}}\boldsymbol{X} \leqslant b_j \quad j=1,\cdots,r$$

$$X_i \in K_i \quad i=1,\cdots,m$$

其中，$f_i: K_i \to R$ 是一个可微的凸函数；$\boldsymbol{a}_j^{\mathrm{T}}$ 是由第 j 个约束条件的系数组成的向量；$\boldsymbol{X} = \{X_1,\cdots,X_m\}$。

这样，这个问题就可以转化为求解 $X_i^* \in K_i, \lambda_j^* \geqslant 0$ 的变分不等式问题（λ_j 为约束条件的拉格朗日乘子）：

$$\sum_{i=1}^{m}\left(\left(\nabla f_i(X_i^*)+\sum_{j=1}^{r}\lambda_j^* a_{ji}\right)^{\mathrm{T}},(X_i-X_i^*)\right)+\sum_{j=1}^{r}(b_j-\boldsymbol{a}_j^{\mathrm{T}}X^*)\times(\lambda_j-\lambda_j^*)\geqslant 0$$

$$\forall X_i \in K_i, \lambda_j \geqslant 0, \forall j$$

2. 解的存在性

接下来，我们需要给出变分不等式的一些性质，特别讨论一下解的存在性和唯一性的问题。

假设 $K \subset \mathbf{R}^N$ 是紧凸集，且 $F: K \to \mathbf{R}^N$ 是连续的，则

$$\langle \nabla \boldsymbol{F}(\boldsymbol{X}^*), \boldsymbol{X}-\boldsymbol{X}^* \rangle \geqslant 0,$$

至少存在一个解 X^*。

如果 K 是无界的，则

$$\langle \boldsymbol{F}(\boldsymbol{X}^*), \boldsymbol{X}-\boldsymbol{X}^* \rangle \geqslant 0,$$

有解 $x_R \in K_R$ 的充分必要条件是：存在 $R>0$，使得解 x_R 满足：$|x_R|<R$。

3. 解的唯一性

探讨解的唯一性的问题，涉及一些与算法收敛有关的定义和讨论。在给出解的唯一性定理之前，首先需要来阐述几个重要的定义。

定义 6.1 单调性

若对 $\forall X^1, X^2 \in K$，有

$$\langle \boldsymbol{F}(X^1)-\boldsymbol{F}(X^2), X^1-X^2 \rangle \geqslant 0,$$

则 $F(\boldsymbol{X})$ 是定义在 K 上的严格单调函数。

定义 6.2 严格单调性

若对 $\forall X^1, X^2 \in K$，有

$$\langle F(X^1)-F(X^2),X^1-X^2\rangle>0,$$

则 $F(X)$ 是定义在 K 上的严格单调函数。

定义 6.3　强单调性

若对给定的 $\alpha\geqslant 0$，对 $\forall X^1,X^2\in K$，有

$$\langle F(X^1)-F(X^2),X^1-X^2\rangle>\alpha\parallel X^1-X^2\parallel,$$

则 $F(X)$ 是定义在 K 上的强单调函数。

在上述定义的基础上，关于严格单调性下解的唯一性问题，设 $F:K\to\mathbf{R}^N$ 是严格单调的，若有一个解 X^* 满足：

$$\langle F(X^*),X-X^*\rangle\geqslant 0,$$

则这个解是唯一存在的。

在强单调的假设前提下，可以同时得到解的存在性和唯一性。

设 $F:K\to\mathbf{R}^N$ 是强单调的，则会精确地存在一个解 X^* 满足：

$$\langle F(X^*),X-X^*\rangle\geqslant 0。$$

6.3.3　网贷集群超网络的均衡分析

超网络在均衡条件下的优化问题和最优解，不同于传统优化模型。在传统的优化模型中，一个决策者的利益获取往往要伴随着另一个决策者利益的损失。但在超网络的均衡模型中，网贷集群超网络的整体优化将意味着整体利益的实现。这有些类似于博弈理论，某一个体的失败也许会连锁引发其他个体的失败。所以，从某一层面上来讲，个体之间应是一种竞争合作的关系。

网贷集群超网络的均衡状态，表现为资金总流出与总流入的一致。也就是说，投资者通过网贷集群委托给网贷公司的资金流量，一定要等于网贷公司借给借款者的资金流量，并且，层与层之间的资金流都必须保持一致。

因此，要想网贷集群超网络在整体上达到均衡状态，必须让投资者、网贷集群平台、网贷公司、借款者这四类参与主体，在寻求自身收益最大且风险最小的优化目标的过程中，始终受到资金流量一致性的强约束，即在资金流量一致下，四方同时实现最优条件。这就是网贷集群超网络的均衡条件。

另外，使用变分不等式求解优化问题，不仅能确定网贷集群超网络层与层之间的均衡资金流，还能确定借贷市场的资金价格（利率），以及投资者、网贷集群平台、网贷公司的均衡价格。

6.3.4　变分不等式的投影动态系统算法

在本书中，我们不详细介绍投影算法和其他的改进算法，这些理论方面的知识在相关的参考文献中都有详细的解释，本书主要叙述一下将会使用到的解变分不

等式的投影算法，其步骤如下。

步骤1 初始化

令 $X^0 \in K$，将 T 设为0，其中 K 为有限集，T 为迭代次数。

步骤2 计算

求解以下变分不等式来计算 X^{T+1}：

$$X^{T+1} = P_K(X^T - \alpha_T F_T(X^T)),$$

其中，$\{P_K(\cdot)\}$ 为 · 在 K 上的垂直投影，$\{\alpha_T, T=1,2,\cdots\}$ 为一正数序列，$\{F_T(\cdot), T=1,2,\cdots\}$ 是 $F_T(\cdot)$ 的近似值。

步骤3 收敛验证

如果 $|X^{T+1} - X^T| \leqslant \varepsilon$，$\varepsilon$ 为任一正数，那么，计算停止；否则，令 $T=T+1$，返回第一步继续计算。

第7章　网贷集群超网络模型的构建

本章首先对网络借贷集群的各主体的行为与目标进行优化分析，并在模型中引入信用惩罚函数和操作风险函数，仿真描述各主体在加入网络借贷集群前后所面临的信用风险和操作风险的差异。然后，在风险差异的基础上，将各主体寻求收益和风险均衡的优化问题转化为变分不等式形式，进而在网络借贷集群的总体均衡状态下建立网络借贷集群超网络的动态均衡模型。最后，通过一个简单的模拟算例，验证网络借贷集群的利益驱动机制及其合理性。

7.1　符号说明

为了突出网贷集群各参与主体之间的总体均衡，避免关系强度将问题复杂化，下文在不考虑关系强度的情况下，重点分析各参与主体的行为与目标。

在分析中构建一个由 M 个投资者、N 个网贷集群平台、I 个网贷公司和 J 个借款者构成的四层网贷集群超网络模型（图7-1）。其中，第2层表示网贷集群平台，包括 $N-1$ 个规范化的网贷集群平台和1个非规范的网贷集群平台。

同时，图7-1中的实线表示实际资金流，虚线表示名义资金流，但不排除资金有可能是通过名义资金流的渠道流动，所以，可把实际资金流与名义资金流视作决策者在收益、费用、风险的综合决策中的两个同时并存的可选渠道。相应地，各方主体的行为与目标分析，将把实际资金流与名义资金流（可能是实际资金流）加总，以总资金流作为约束集进行优化和推导。当然也可优先以名义资金流方式进行更简洁的分析。

在此基础上，对网贷集群超网络中各主体在优化决策过程所涉及的变量符号进行定义，具体见表7-1。

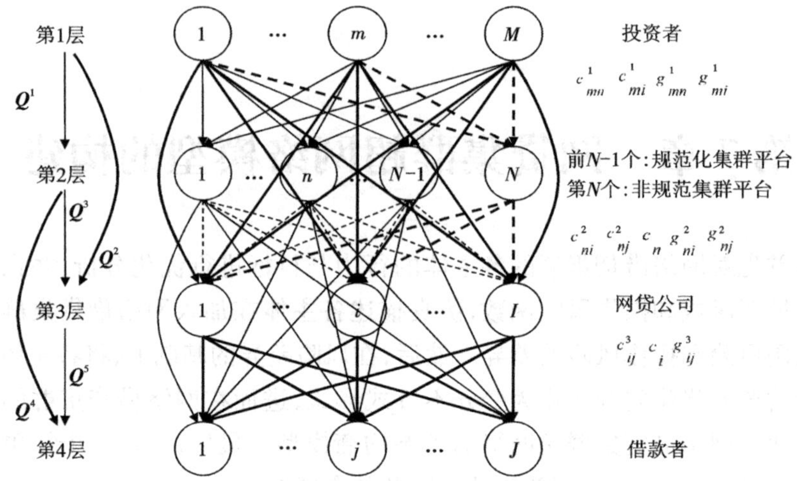

图 7-1　网贷集群超网络的结构——符号定义

表 7-1　基于 P2P 网贷集群的超网络模型中的符号说明

变量	含义
q^1_{mn}	投资者 m 投资给网贷集群平台 n 的资金数目,汇总形成向量 $\boldsymbol{Q}^1$,其中上标 1 表示其为第 1 层的变量符号,下同
q^1_{mi}	投资者 m 投资给 P2P 网贷公司 i 的资金数目,汇总形成向量 $\boldsymbol{Q}^2$
q^2_{ni}	从网贷集群平台 n 流入网贷公司 i 的资金数目,汇总形成向量 $\boldsymbol{Q}^3$,其中上标 2 表示其为第 2 层的变量符号,下同
q^2_{nj}	从网贷集群平台 n 流入借款者 j 的资金数目,汇总形成向量 $\boldsymbol{Q}^4$
q^3_{ij}	从 P2P 网贷公司 i 流入借款者 j 的资金数目,汇总形成向量 $\boldsymbol{Q}^5$,其中上标 3 表示其为第 3 层的变量符号,下同
c^1_{mn}	投资者 m 与网贷集群平台 n 进行交易所承担的交易费用函数
c^1_{mi}	投资者 m 与网贷公司 i 进行交易所承担的交易费用函数
c^2_{ni}	网贷集群平台 n 与 P2P 网贷公司 i 进行交易所承担的交易费用函数
c^2_{nj}	网贷集群平台 n 与借款者 j 进行交易所产生的交易费用函数
c^3_{ij}	P2P 网贷公司 i 与借款者 j 进行交易所产生的交易费用函数
c^2_n	网贷集群平台 n 的转换费用函数
c^3_i	P2P 网贷公司的转换费用函数
g^1_{mn}	投资者 m 与网贷集群平台 n 进行交易,因自身违约所承担的惩罚函数
g^1_{mi}	投资者 m 与网贷公司 i 进行交易,因自身违约所承担的惩罚函数

续表

变量	含义
g_{ni}^2	网贷集群平台 n 与 P2P 网贷公司 i 进行交易,因自身违约所承担的惩罚函数
g_{nj}^2	网贷集群平台 n 与借款者 j 进行交易,因自身违约所承担的惩罚函数
g_{ij}^3	P2P 网贷公司 i 与借款者 j 进行交易,因自身违约所承担的惩罚函数
e_*^*	$e_{ni}^2,e_{nj}^2,e_{ij}^3$分别为网贷集群平台 n、网贷公司 i、借款者 j 两两交易时能反应操作风险的操作技术函数
r^*	r^m,r^n,r^i 分别为投资者 m、网贷集群平台 n、网贷公司 i 面临的风险函数
w_{2*}^*	$w_{2m}^1,w_{2n}^2,w_{2i}^3$分别为投资者 m、网贷集群平台 n、网贷公司 i 所面临风险的风险惩罚权重

7.2 网贷集群的主体行为与目标分析

7.2.1 投资者

对于每一个投资者,其投资量不能超过他的资金拥有量 S_m,S_m 为初始给定的常数,即约束条件为

$$\sum_{n=1}^{N} q_{mn}^1 + \sum_{i=1}^{I} q_{mi}^1 \leqslant S_m \quad \forall m \tag{7-1}$$

投资者 m 与网贷集群平台 n 进行交易所承担的交易费用 c_{mn}^1,是彼此交易量 q_{mn}^1的函数;投资者 m 与网贷公司 i 进行交易所承担的交易费用 c_{mi}^1,也是彼此交易量 q_{mi}^1的函数。则这两个交易费用函数可以表示为

$$c_{mn}^1 = c_{mn}^1(q_{mn}^1) \quad \forall m,n \tag{7-2}$$

$$c_{mi}^1 = c_{mi}^1(q_{mi}^1) \quad \forall m,i \tag{7-3}$$

投资者 m 与网贷集群平台 n 进行交易,因投资者自身违约所承担的惩罚函数 g_{mn}^1,是彼此交易量 q_{mn}^1和自身信誉参数 a_{mn}^1的函数;投资者 m 与网贷公司 i 进行交易,因投资者自身违约所承担的惩罚函数 g_{mi}^1,同样是彼此交易量 q_{mi}^1和自身信誉参数 a_{mi}^1的函数。则这两个信用惩罚函数可以表示为

$$g_{mn}^1 = g_{mn}^1(q_{mn}^1) = a_{mn}^1 G_{mn}^1(q_{mn}^1) \quad \forall m,n \tag{7-4}$$

$$g_{mi}^1 = g_{mi}^1(q_{mi}^1) = a_{mi}^1 G_{mi}^1(q_{mi}^1) \quad \forall m,i \tag{7-5}$$

投资者是网贷集群超网络的资金来源端,在可行的融资模式下,投资者可以选择规范化的网贷集群平台、非规范的网贷集群平台,或者直接选择 P2P 网贷公司。

相比选择两种投资方案，在选择规范化的网贷集群平台的情况下，投资者的成本费用和违约损失将显著降低。因为网贷集群内大数据资源的共享、产品的推陈出新、集群品牌效应等会使其成本费用降低，进而带来投资者所承担的成本费用的降低，即

$$c_{mn}^{1}(q_{mn}^{1})\quad \forall n\in(1,N-1)<c_{mn}^{1}(q_{mn}^{1})\quad \forall n\in(N)$$

$$c_{mn}^{1}(q_{mn}^{1})<c_{mi}^{1}(q_{mi}^{1})\quad \forall n\in(1,N-1)$$

同时，网贷集群内虚拟社会资本的形成和信用分析技术的引进等，会对 P2P 网贷公司产生正向激励，减少 P2P 网贷公司的违约行为，从而规避机会主义带来的信用风险，降低投资者的损失，即

$$g_{mn}^{1}(q_{mn}^{1})\quad \forall n\in(1,N-1)<g_{mn}^{1}(q_{mn}^{1})\quad \forall n\in(N)$$

$$g_{mn}^{1}(q_{mn}^{1})<g_{mi}^{1}(q_{mi}^{1})\quad \forall n\in(1,N-1)$$

投资者 m 所面临的风险 r^{m}，一是与投资者的资金量相关，二是与描述相关交易者风险状况的协方差矩阵 $\boldsymbol{v}_{m}$ 相关。投资者 m 的风险函数可以表示为

$$r^{m}=r^{m}(q_{m})=q_{m}^{T}\boldsymbol{v}_{m}q_{m}\quad \forall m \tag{7-6}$$

由于不同投资者的风险偏好不同，他们对相同风险的感受并不同。引入风险惩罚权重 w_{2m}^{1}作为风险损失的可变权重，即

$$w_{2m}^{1}=w_{2m}^{1}(r^{m}(q_{m}))\quad \forall m \tag{7-7}$$

在上述定义的基础上，考虑每一个投资者 m 都面临收益最大化和风险最小化的问题。可将这两个目标表述如下：

$$\max z_{1m}^{1}=\sum_{n=1}^{N}(p_{mn}^{1}q_{mn}^{1}-c_{mn}^{1}(q_{mn}^{1})-g_{mn}^{1}(q_{mn}^{1}))+\sum_{i=1}^{I}(p_{mi}^{1}q_{mi}^{1}-c_{mi}^{1}(q_{mi}^{1})-g_{mi}^{1}(q_{mi}^{1})) \tag{7-8}$$

$$\min z_{2m}^{1}=r^{m}(q_{m}) \tag{7-9}$$

而每个投资者 m 都追求各自利润最大化，其净利润等于总的交易收入与所有的交易成本、信用惩罚、风险损失之差，则最优化目标函数为

$$\max U_{m}(q_{m})=\sum_{n=1}^{N}(p_{mn}^{1}q_{mn}^{1}-c_{mn}^{1}(q_{mn}^{1})-g_{mn}^{1}(q_{mn}^{1}))+\sum_{i=1}^{I}(p_{mi}^{1}q_{mi}^{1}-c_{mi}^{1}(q_{mi}^{1})-g_{mi}^{1}(q_{mi}^{1}))-w_{2m}^{1}(r^{m}(q_{m}))r^{m}(q_{m}) \tag{7-10}$$

可证明式(7－10)是连续可微凹函数(A 形，凹向原点，上凸)，上述优化问题式(7－10)可以转化为下面的变分不等式形式：

$$\sum_{m=1}^{M}\sum_{n=1}^{N}\left(w_{2m}^{1}(r^{m}(q_{m}))\frac{\partial r^{m}(q_{m}^{*})}{\partial q_{mn}^{1}}+\frac{\partial w_{2m}^{1}(r^{m}(q_{m}^{*}))}{\partial q_{mn}^{1}}r^{m}(q_{m})+\frac{\partial c_{mn}^{1}(q_{mn}^{*})}{\partial q_{mn}^{1}}+\right.$$
$$\left.\frac{\partial g_{mn}^{1}(q_{mn}^{*})}{\partial q_{mn}^{1}}-p_{mn}^{1*}\right)\times(q_{mn}^{1}-q_{mn}^{1*})+\sum_{m=1}^{M}\sum_{i=1}^{I}\left(w_{2m}^{1}(r^{m}(q_{m}))\frac{\partial r^{m}(q_{m}^{*})}{\partial q_{mi}^{1}}+\right.$$
$$\left.\frac{\partial w_{2m}^{1}(r^{m}(q_{m}^{*}))}{\partial q_{mi}^{1}}r^{m}(q_{m})+\frac{\partial c_{mi}^{1}(q_{mi}^{*})}{\partial q_{mi}^{1}}+\frac{\partial g_{mi}^{1}(q_{mi}^{*})}{\partial q_{mi}^{1}}-p_{mi}^{1*}\right)\times(q_{mi}^{1}-q_{mi}^{1*})\geqslant 0 \quad (7-11)$$

7.2.2 网贷集群平台

每一个网贷集群平台的投资量不能超过其从投资者那里获取的资金总量，即约束条件为

$$\sum_{i=1}^{I}q_{ni}^{2}+\sum_{j=1}^{J}q_{nj}^{2}\leqslant\sum_{m=1}^{M}q_{mn}^{1}\quad\forall n \quad (7-12)$$

网贷集群平台 n 与 P2P 网贷公司 i 进行交易所承担的交易费用 c_{ni}^{2}，是彼此交易量 q_{ni}^{2} 的函数；网贷集群平台 n 与借款者 j 进行交易所承担的交易费用 c_{nj}^{2}，也是彼此交易量 q_{nj}^{2} 的函数。则这两个交易费用函数可以表示为

$$c_{ni}^{2}=c_{ni}^{2}(q_{ni}^{2})\quad\forall n,i \quad (7-13)$$

$$c_{nj}^{2}=c_{nj}^{2}(q_{nj}^{2})\quad\forall n,j \quad (7-14)$$

网贷集群平台 n 与投资者 m 进行交易所承担的交易费用 $\hat{c}_{mn}^{1}$，是彼此交易量 q_{mn}^{1} 的函数。这个交易费用函数可以表示为

$$\hat{c}_{mn}^{1}=\hat{c}_{mn}^{1}(q_{mn}^{1})\quad\forall m,n \quad (7-15)$$

网贷集群平台 n 与 P2P 网贷公司 i 进行交易，网贷集群平台 n 因自身违约所承担的函数惩罚 g_{ni}^{2}，是彼此交易量 q_{ni}^{2} 和自身信誉参数 a_{ni}^{2} 的函数；网贷集群平台 n 与借款者 j 进行交易，网贷集群平台 n 因自身违约所承担的惩罚函数 g_{nj}^{2}，同样是彼此交易量 q_{nj}^{2} 和自身信誉参数 a_{nj}^{2} 的函数。则这两个信用惩罚函数可以表示为

$$g_{ni}^{2}=g_{ni}^{2}(q_{ni}^{2})=a_{ni}^{2}G_{ni}^{2}(q_{ni}^{2})\quad\forall n,i \quad (7-16)$$

$$g_{nj}^{2}=g_{nj}^{2}(q_{nj}^{2})=a_{nj}^{2}G_{nj}^{2}(q_{nj}^{2})\quad\forall n,j \quad (7-17)$$

网贷集群平台 n 与投资者 m 进行交易，网贷集群平台 n 因自身违约所承担的惩罚 $\hat{g}_{mn}^{1}$，是彼此交易量 q_{mn}^{1} 和自身信誉参数 $\hat{a}_{mn}^{1}$ 的函数。则这个信用惩罚函数可以表示为

$$\hat{g}_{mn}^{1}=\hat{g}_{mn}^{1}(q_{mn}^{1})=\hat{a}_{mn}^{1}\hat{G}_{mn}^{1}(q_{mn}^{1})\quad\forall m,n \quad (7-18)$$

网贷集群平台 n 与 P2P 网贷公司 i、借款人 j 进行交易的操作收益与风险，是操作技巧的超额收益与操作失败惩罚之差。操作收益与风险函数可以表示为

$$e_{ni}^2 = e_{ni}^2(q_{ni}^2) = E_{ni}^2(q_{ni}^2) - T_{ni}^2(q_{ni}^2) \quad \forall n,i \tag{7-19}$$

$$e_{nj}^2 = e_{nj}^2(q_{nj}^2) = E_{nj}^2(q_{nj}^2) - T_{nj}^2(q_{nj}^2) \quad \forall n,j \tag{7-20}$$

网贷集群平台 n 与 P2P 网贷公司 i 之间的操作收益与风险函数 $e_{ni}^2(q_{ni}^2) = E_{ni}^2(q_{ni}^2) - T_{ni}^2(q_{ni}^2)$、网贷集群平台 n 与借款人 j 之间的操作收益与风险函数 $e_{nj}^2(q_{nj}^2) = E_{nj}^2(q_{nj}^2) - T_{nj}^2(q_{nj}^2)$，分别是规范化网贷集群平台和非规范网贷集群平台因操作技巧而获得的净超额收益。比较而言，在规范化集群平台上，新技术的创新和引进（如区块链技术的引进）等会提升操作技巧而带来净收益的提高，故

$$e_{ni}^2(q_{ni}^2) = E_{ni}^2(q_{ni}^2) - T_{ni}^2(q_{ni}^2) \quad \forall n \in (1,N-1) >$$
$$e_{ni}^2(q_{ni}^2) = E_{ni}^2(q_{ni}^2) - T_{ni}^2(q_{ni}^2) \quad \forall n \in (N)$$
$$e_{nj}^2(q_{nj}^2) = E_{nj}^2(q_{nj}^2) - T_{nj}^2(q_{nj}^2) \quad \forall n \in (1,N-1) >$$
$$e_{nj}^2(q_{nj}^2) = E_{nj}^2(q_{nj}^2) - T_{nj}^2(q_{nj}^2) \quad \forall n \in (N)$$

同时，信用分析技术共享和虚拟社会资本的形成会对集群内成员的违约行为产生制约机制，从而实现集群内部成员的自律，进而缓解信息不对称，在节约成本的同时降低风险，故

$$c_{ni}^2(q_{ni}^2) \quad \forall n \in (1,N-1) < c_{ni}^2(q_{ni}^2) \quad \forall n \in (N)$$
$$c_{nj}^2(q_{nj}^2) \quad \forall n \in (1,N-1) < c_{nj}^2(q_{nj}^2) \quad \forall n \in (N)$$
$$\hat{c}_{mn}^1(q_{mn}^1) \quad \forall n \in (1,N-1) < \hat{c}_{mn}^1(q_{mn}^1) \quad \forall n \in (N)$$
$$g_{ni}^2(q_{ni}^2) \quad \forall n \in (1,N-1) < g_{ni}^2(q_{ni}^2) \quad \forall n \in (N)$$
$$g_{nj}^2(q_{nj}^2) \quad \forall n \in (1,N-1) < g_{nj}^2(q_{nj}^2) \quad \forall n \in (N)$$
$$\hat{g}_{mn}^1(q_{mn}^1) \quad \forall n \in (1,N-1) < \hat{g}_{mn}^1(q_{mn}^1) \quad \forall n \in (N)$$

网贷集群平台 n 所面临的风险 r^n，一是与网贷集群平台的资金量相关，二是与描述相关交易者风险状况的协方差矩阵 $\boldsymbol{v}_n$ 相关，则网贷集群平台 n 的风险函数可以表示为

$$r^n = r^n(q_n) = q_n^{\mathrm{T}} \boldsymbol{v}_n q_n \quad \forall n \tag{7-21}$$

由于不同投资者的风险偏好不同，相同风险的感受并不同。引入风险惩罚权重 w_{2n}^2 作为风险损失的可变权重，即

$$w_{2n}^2 = w_{2n}^2(r^n(q_n)) \quad \forall n \tag{7-22}$$

在上述定义的基础上，考虑每一个网贷集群平台 n 都面临收益最大化和风险最小化的问题。可将这两个目标表述如下：

$$\max z_{1n}^2 = \sum_{i=1}^{I} \left(p_{ni}^2 q_{ni}^2 - c_{ni}^2(q_{ni}^2) + e_{ni}^2(q_{ni}^2) - g_{ni}^2(q_{ni}^2)\right) +$$
$$\sum_{j=1}^{J} \left(p_{nj}^2 q_{nj}^2 - c_{nj}^2(q_{nj}^2) + e_{nj}^2(q_{nj}^2) - g_{nj}^2(q_{nj}^2)\right) -$$

$$\sum_{m=1}^{M}(p_{mn}^{1}q_{mn}^{1}+\hat{c}_{mn}^{1}(q_{mn}^{1})+\hat{g}_{mn}^{1}(q_{mn}^{1}))-c_{n}^{2}(\boldsymbol{Q}^{1}) \tag{7-23}$$

$$\min z_{2n}^{2}=r^{n}(q_{n}) \tag{7-24}$$

而每个网贷集群平台 n 都追求各自利润最大化，其净利润等于总的交易收入加上操作风险收益，再减去所有的交易成本、信用惩罚、风险损失、转化费用，则最优化目标函数为

$$\begin{aligned}\max U_{n}(q_{n})=&\sum_{i=1}^{I}(p_{ni}^{2}q_{ni}^{2}-c_{ni}^{2}(q_{ni}^{2})+e_{ni}^{2}(q_{ni}^{2})-g_{ni}^{2}(q_{ni}^{2}))+\\&\sum_{j=1}^{J}(p_{nj}^{2}q_{nj}^{2}-c_{nj}^{2}(q_{nj}^{2})+e_{nj}^{2}(q_{nj}^{2})-g_{nj}^{2}(q_{nj}^{2}))-\\&\sum_{m=1}^{M}(p_{mn}^{1}q_{mn}^{1}+\hat{c}_{mn}^{1}(q_{mn}^{1})+\hat{g}_{mn}^{1}(q_{mn}^{1}))-c_{n}^{2}(\boldsymbol{Q}^{1})-\\&w_{2n}^{2}(r^{n}(q_{n}))r^{n}(q_{n})\end{aligned} \tag{7-25}$$

可证明式(7－25)是连续可微凹函数，上述优化问题式(7－25)可以转化为下面的变分不等式形式($\boldsymbol{\lambda}_n$ 为约束条件的拉格朗日乘子)：

$$\begin{aligned}&\sum_{n=1}^{N}\sum_{i=1}^{I}\left(w_{2n}^{2}(r^{n}(q_{n}))\frac{\partial r^{n}(q_{n}^{*})}{\partial q_{ni}^{2}}+\frac{\partial w_{2n}^{2}(r^{n}(q_{n}^{*}))}{\partial q_{ni}^{2}}r^{n}(q_{n})+\frac{\partial c_{ni}^{2}(q_{ni}^{2*})}{\partial q_{ni}^{2}}+\right.\\&\left.\frac{\partial g_{ni}^{2}(q_{ni}^{2*})}{\partial q_{ni}^{2}}-p_{ni}^{2*}-\frac{\partial e_{ni}^{2}(q_{ni}^{2*})}{\partial q_{ni}^{2}}+\boldsymbol{\lambda}_{n}^{*}\right)\times(q_{ni}^{2}-q_{ni}^{2*})+\\&\sum_{n=1}^{N}\sum_{j=1}^{J}\left(w_{2n}^{2}(r^{n}(q_{n}))\frac{\partial r^{n}(q_{n}^{*})}{\partial q_{nj}^{2}}+\frac{\partial w_{2n}^{2}(r^{n}(q_{n}^{*}))}{\partial q_{nj}^{2}}r^{n}(q_{n})+\frac{\partial c_{nj}^{2}(q_{nj}^{2*})}{\partial q_{nj}^{2}}+\right.\\&\left.\frac{\partial g_{nj}^{2}(q_{nj}^{2*})}{\partial q_{nj}^{2}}-p_{nj}^{2*}-\frac{\partial e_{nj}^{2}(q_{nj}^{2*})}{\partial q_{nj}^{2}}+\boldsymbol{\lambda}_{n}^{*}\right)\times(q_{nj}^{2}-q_{nj}^{2*})+\\&\sum_{m=1}^{M}\sum_{n=1}^{N}\left(w_{2n}^{2}(r^{n}(q_{n}))\frac{\partial r^{n}(q_{n}^{*})}{\partial q_{mn}^{1}}+\frac{\partial w_{2n}^{2}(r^{n}(q_{n}^{*}))}{\partial q_{mn}^{1}}r^{n}(q_{n})+\frac{\partial c_{n}^{2}(\boldsymbol{Q}^{1*})}{\partial q_{mn}^{1}}+\right.\\&\left.p_{mn}^{1*}+\frac{\partial\hat{c}_{mn}^{1}(q_{mn}^{1*})}{\partial q_{mn}^{1}}+\frac{\partial\hat{g}_{mn}^{1}(q_{mn}^{1*})}{\partial q_{mn}^{1}}-\boldsymbol{\lambda}_{n}^{*}\right)\times(q_{mn}^{1}-q_{mn}^{1*})+\\&\sum_{n=1}^{N}\left(\sum_{m=1}^{M}q_{mn}^{1*}-\sum_{i=1}^{I}q_{ni}^{2*}-\sum_{j=1}^{J}q_{nj}^{2*}\right)\times(\boldsymbol{\lambda}_{n}-\boldsymbol{\lambda}_{n}^{*})\geqslant 0\end{aligned} \tag{7-26}$$

7.2.3 网贷公司

每一个网络借贷公司的投资量不能超过其从投资者、网贷集群平台获取的资金总量，即约束条件为

$$\sum_{j=1}^{J}q_{ij}^{3}\leqslant\sum_{n=1}^{N}q_{ni}^{2}+\sum_{m=1}^{M}q_{mi}^{1}\quad\forall i \tag{7-27}$$

P2P 网贷公司 i 与借款者 j 进行交易所承担的交易费用 c_{ij}^3,是彼此交易量 q_{ij}^3的函数,这个交易费用函数可以表示为

$$c_{ij}^3 = c_{ij}^3(q_{ij}^3) \quad \forall i,j \tag{7-28}$$

P2P 网贷公司 i 与投资者 m 进行交易所承担的交易费用 $\hat{c}_{mi}^1$,是彼此交易量 q_{mi}^1的函数。P2P 网贷公司 i 与网贷集群平台 n 进行交易所承担的交易费用 $\hat{c}_{ni}^2$,是彼此交易量 q_{ni}^2的函数。这两个交易费用函数可以表示为

$$\hat{c}_{mi}^1 = \hat{c}_{mi}^1(q_{mi}^1) \quad \forall m,i \tag{7-29}$$

$$\hat{c}_{ni}^2 = \hat{c}_{ni}^2(q_{ni}^2) \quad \forall n,i \tag{7-30}$$

P2P 网贷公司 i 与借款者 j 进行交易,网贷公司 i 因自身违约所承担的惩罚函数 g_{ij}^3,是彼此交易量 q_{ij}^3和自身信誉参数 a_{ij}^3的函数,这个信用惩罚函数可以表示为

$$g_{ij}^3 = g_{ij}^3(q_{ij}^3) = a_{ij}^3 G_{ij}^3(q_{ij}^3) \quad \forall i,j \tag{7-31}$$

P2P 网贷公司 i 与投资者 m 进行交易,网贷公司 i 因自身违约所承担的惩罚函数 $\hat{g}_{mi}^1$,是彼此交易量 q_{mn}^1和自身信誉参数 $\hat{a}_{mn}^1$的函数;P2P 网贷公司 i 与网贷集群平台 n 进行交易,因网贷公司 i 自身违约所承担的惩罚函数 $\hat{g}_{ni}^2$,是彼此交易量 q_{ni}^2和自身信誉参数 $\hat{a}_{ni}^2$的函数。则这两个信用惩罚函数可以表示为

$$\hat{g}_{mi}^1 = \hat{g}_{mi}^1(q_{mi}^1) = \hat{a}_{mi}^1 \hat{G}_{mi}^1(q_{mi}^1) \quad \forall m,i \tag{7-32}$$

$$\hat{g}_{ni}^2 = \hat{g}_{ni}^2(q_{ni}^2) = \hat{a}_{ni}^2 \hat{G}_{ni}^2(q_{ni}^2) \quad \forall n,i \tag{7-33}$$

P2P 网贷公司 i 与借款人 j 进行交易的操作收益与风险,是操作技巧的超额收益与操作失败惩罚之差。操作收益与风险函数可以表示为

$$e_{ij}^3 = e_{ij}^3(q_{ij}^3) = E_{ij}^3(q_{ij}^3) - T_{ij}^3(q_{ij}^3) \quad \forall i,j \tag{7-34}$$

P2P 网贷公司 i 所面临的风险 r^i,一是与网贷公司的资金量相关,二是与描述相关交易者风险状况的协方差矩阵 $\boldsymbol{v}_i$ 相关,则网贷公司 i 的风险函数可以表示为

$$r^i = r^i(q_i) = q_i^T \boldsymbol{v}_i q_i \quad \forall i \tag{7-35}$$

不同投资者的风险偏好不同,因此他们对相同风险的感受并不同。引入风险惩罚权重 w_{2i}^3作为风险损失的可变权重,即

$$w_{2i}^3 = w_{2i}^3(r^i(q_i)) \quad \forall i \tag{7-36}$$

在上述定义的基础上,考虑每一个网贷公司 i 都面临收益最大化和风险最小化的问题。可将这两个目标表述如下:

$$\max z_{1i}^3 = \sum_{j=1}^{J} (p_{ij}^3 q_{ij}^3 - c_{ij}^3(q_{ij}^3) + e_{ij}^3(q_{ij}^3) - g_{ij}^3(q_{ij}^3)) -$$
$$\sum_{m=1}^{M} (p_{mi}^1 q_{mi}^1 + \hat{c}_{mi}^1(q_{mi}^1) + \hat{g}_{mi}^1(q_{mi}^1)) -$$

$$\sum_{n=1}^{N}(p_{ni}^{2}q_{ni}^{2}+\hat{c}_{ni}^{2}(q_{ni}^{2})+\hat{g}_{ni}^{2}(q_{ni}^{2}))-c_{i}^{3}(\boldsymbol{Q}^{2})-c_{i}^{3}(\boldsymbol{Q}^{3}) \tag{7-37}$$

$$\min z_{2i}^{3}=r^{i}(q_{i}) \tag{7-38}$$

每个网贷公司 i 都追求各自利润最大化，其净利润等于总的交易收入加上操作风险收益，再减去所有的交易成本、信用惩罚、风险损失、转化费用，则最优化目标函数为

$$\begin{aligned}\max U_{i}(q_{i})=&\sum_{j=1}^{J}(p_{ij}^{3}q_{ij}^{3}-c_{ij}^{3}(q_{ij}^{3})+e_{ij}^{3}(q_{ij}^{3})-g_{ij}^{3}(q_{ij}^{3}))-\\&\sum_{m=1}^{M}(p_{mi}^{1}q_{mi}^{1}+\hat{c}_{mi}^{1}(q_{mi}^{1})+\hat{g}_{mi}^{1}(q_{mi}^{1}))-\\&\sum_{n=1}^{N}(p_{ni}^{2}q_{ni}^{2}+\hat{c}_{ni}^{2}(q_{ni}^{2})+\hat{g}_{ni}^{2}(q_{ni}^{2}))-\\&c_{i}^{3}(\boldsymbol{Q}^{2})-c_{i}^{3}(\boldsymbol{Q}^{3})-w_{2i}^{3}(r^{i}(q_{i}))r^{i}(q_{i})\end{aligned} \tag{7-39}$$

可证明式(7－39)是连续可微凹函数，上述优化问题式(7－39)可以转化为下面的变分不等式形式($\boldsymbol{\lambda}_i$ 为约束条件的拉格朗日乘子)：

$$\begin{aligned}&\sum_{i=1}^{I}\sum_{j=1}^{J}\left(w_{2i}^{3}(r^{i}(q_{i}))\frac{\partial r^{i}(q_{i}^{*})}{\partial q_{ij}^{3}}+\frac{\partial w_{2i}^{3}(r^{i}(q_{i}^{*}))}{\partial q_{ij}^{3}}r^{i}(q_{i}^{*})+\frac{\partial c_{ij}^{3}(q_{ij}^{3*})}{\partial q_{ij}^{3}}+\right.\\&\left.\frac{\partial g_{ij}^{3}(q_{ij}^{3*})}{\partial q_{ij}^{3}}-p_{ij}^{3*}-\frac{\partial e_{ij}^{3}(q_{ij}^{3*})}{\partial q_{ij}^{3}}+\boldsymbol{\lambda}_{i}^{*}\right)\times(q_{ij}^{3}-q_{ij}^{3*})+\\&\sum_{m=1}^{M}\sum_{i=1}^{I}\left(w_{2i}^{3}(r^{i}(q_{i}))\frac{\partial r^{i}(q_{i}^{*})}{\partial q_{mi}^{1}}+\frac{\partial w_{2i}^{3}(r^{i}(q_{i}^{*}))}{\partial q_{mi}^{1}}r^{i}(q_{i}^{*})+\frac{\partial c_{i}^{3}(\boldsymbol{Q}^{2*})}{\partial q_{mi}^{1}}+p_{mi}^{1*}+\right.\\&\left.\frac{\partial \hat{c}_{mi}^{1}(q_{mi}^{1*})}{\partial q_{mi}^{1}}+\frac{\partial \hat{g}_{mi}^{1}(q_{mi}^{1*})}{\partial q_{mi}^{1}}-\boldsymbol{\lambda}_{i}^{*}\right)\times(q_{mi}^{2}-q_{mi}^{2*})+\\&\sum_{n=1}^{N}\sum_{i=1}^{I}\left(w_{2i}^{3}(r^{i}(q_{i}))\frac{\partial r^{i}(q_{i}^{*})}{\partial q_{ni}^{2}}+\frac{\partial w_{2i}^{3}(r^{i}(q_{i}^{*}))}{\partial q_{ni}^{2}}r^{i}(q_{i}^{*})+\frac{\partial c_{i}^{3}(\boldsymbol{Q}^{3*})}{\partial q_{ni}^{2}}+p_{ni}^{2*}+\right.\\&\left.\frac{\partial \hat{c}_{ni}^{2}(q_{ni}^{2*})}{\partial q_{ni}^{2}}+\frac{\partial \hat{g}_{ni}^{2}(q_{ni}^{2*})}{\partial q_{ni}^{2}}-\boldsymbol{\lambda}_{i}^{*}\right)\times(q_{ni}^{2}-q_{ni}^{2*})+\\&\sum_{i=1}^{I}\left(\sum_{m=1}^{M}q_{mi}^{1*}+\sum_{n=1}^{N}q_{ni}^{2*}-\sum_{j=1}^{J}q_{ij}^{3*}\right)\times(\boldsymbol{\lambda}_{i}-\boldsymbol{\lambda}_{i}^{*})\geqslant 0\end{aligned} \tag{7-40}$$

7.2.4 借款者

对于借款者而言，其位于网贷集群超网络的末端，属于资金需求者，是交易的发起者。借款者可以选择规范化网贷集群平台或者 P2P 网贷公司来筹集资金。由于网贷集群依托集群品牌开展市场竞争，拥有丰富的用户资源、完善的信用评价

技术,故其筹资成本以及违约损失将显著降低,所以有 $\hat{c}_{nj}^{2}(q_{nj}^{2})<\hat{c}_{ij}^{3}(q_{ij}^{3})$, $\hat{g}_{nj}^{2}(q_{nj}^{2})<\hat{g}_{ij}^{3}(q_{ij}^{3})$。

假设借款者的需求函数为

$$d_j = d_j(p_j^4)$$

对于所有网贷集群平台:

$$p_{nj}^{2*}+\hat{c}_{nj}^{2}(\boldsymbol{Q}^{4*}\boldsymbol{Q}^{5*})+\hat{g}_{nj}^{2}(q_{nj}^{2*})\begin{cases}=p_j^{4*} & \text{当 } q_{nj}^{2*}>0 \text{ 时}\\ \geqslant p_j^{4*} & \text{当 } q_{nj}^{2*}=0 \text{ 时}\end{cases} \tag{7-41}$$

对于所有 P2P 网贷公司:

$$p_{ij}^{3*}+\hat{c}_{ij}^{3}(\boldsymbol{Q}^{4*}\boldsymbol{Q}^{5*})+\hat{g}_{ij}^{3}(q_{ij}^{3*})\begin{cases}=p_j^{4*} & \text{当 } q_{ij}^{3*}>0 \text{ 时}\\ \geqslant p_j^{4*} & \text{当 } q_{ij}^{3*}=0 \text{ 时}\end{cases} \tag{7-42}$$

并且

$$d_j(p_j^{4*})\begin{cases}=\sum_{n=1}^{N}q_{nj}^{2*}+\sum_{i=1}^{I}q_{ij}^{3*} & \text{当 } p_j^{4*}>0 \text{ 时}\\ \leqslant\sum_{n=1}^{N}q_{nj}^{2*}+\sum_{i=1}^{I}q_{ij}^{3*} & \text{当 } p_j^{4*}=0 \text{ 时}\end{cases} \tag{7-43}$$

在均衡条件下,约束条件式(7-41)、(7-42)、(7-43)适用于所有的资金需求市场,并可表示成如下变分不等式:

$$\begin{aligned}&\sum_{n=1}^{N}\sum_{j=1}^{J}\left(p_{nj}^{2*}+\hat{c}_{nj}^{2}(\boldsymbol{Q}^{4*}\boldsymbol{Q}^{5*})+\hat{g}_{nj}^{2}(q_{nj}^{2*})-p_j^{4*}\right)\times(q_{nj}^{2}-q_{nj}^{2*})+\\&\sum_{i=1}^{I}\sum_{j=1}^{J}\left(p_{ij}^{3*}+\hat{c}_{ij}^{3}(\boldsymbol{Q}^{4*}\boldsymbol{Q}^{5*})+\hat{g}_{ij}^{3}(q_{ij}^{3*})-p_j^{4*}\right)\times(q_{ij}^{3}-q_{ij}^{3*})+\\&\sum_{j=1}^{J}\left(\sum_{n=1}^{N}q_{nj}^{2*}+\sum_{i=1}^{I}q_{ij}^{3*}-d_j(p_j^{4*})\right)\times(p_j^{4}-p_j^{4*})\geqslant 0\end{aligned} \tag{7-44}$$

7.3 网贷集群超网络模型

下文在整合超网均衡条件基础上进行算例仿真。

7.3.1 模型的动态均衡条件

网贷集群超网络在整体上达到的均衡状态,必须让投资者、网贷集群平台、网贷公司、借款者这四类参与主体,在寻求自身收益最大且风险最小的优化目标的过程中,始终受到资金流量一致性的强约束,或者说,在资金流量一致下,四方主体同时实现最优目标。

即存在解：

$$(\boldsymbol{Q}^{1*},\boldsymbol{Q}^{2*},\boldsymbol{Q}^{3*},\boldsymbol{Q}^{4*},\boldsymbol{Q}^{5*},\lambda_i^1,\lambda_j^1,p_j^{4*})\in\mathbf{R}_+^{MN+MI+NI+NJ+IJ+I+J+J}$$

其能够满足式(7－11)、(7－26)、(7－40)、(7－44)变分不等式之和。

$$\sum_{m=1}^{M}\sum_{n=1}^{N}\Bigg(W_{2m}^1(r^m(q_m))\frac{\partial r^m(q_m^*)}{\partial q_{mn}^1}+\frac{W_{2m}^1(r^m(q_m^*))}{\partial q_{mn}^1}r^m(q_m)+$$
$$W_{2n}^2(r^n(q_n))\frac{\partial r^n(q_n^*)}{\partial q_{mn}^1}+\frac{W_{2n}^2(r^n(q_n^*))}{\partial q_{mn}^1}\times r^n(q_n)+\frac{\partial c_{mn}^1(q_{mn}^*)}{\partial q_{mn}^1}+$$
$$\frac{\partial g_{mn}^1(q_{mn}^*)}{\partial q_{mn}^1}+\frac{\partial c_n^2(\boldsymbol{Q}^{1*})}{\partial q_{mn}^1}+\frac{\partial \hat{c}_{mn}^1(q_{mn}^*)}{\partial q_{mn}^1}+\frac{\partial \hat{g}_{mn}^1(q_{mn}^*)}{\partial q_{mn}^1}-\lambda_n^*\Bigg)\times(q_{mn}^1-q_{mn}^{1*})+$$
$$\sum_{m=1}^{M}\sum_{i=1}^{I}\Bigg(W_{2m}^1(r^m(q_m))\frac{\partial r^m(q_m^*)}{\partial q_{mi}^1}+\frac{W_{2m}^1(r^m(q_m^*))}{\partial q_{mi}^1}r^m(q_m)+$$
$$W_{2i}^2(r^i(q_i))\frac{\partial r^i(q_i^*)}{\partial q_{mi}^1}+\frac{W_{2i}^2(r^i(q_i^*))}{\partial q_{mi}^1}\times r^i(q_i)+\frac{\partial c_{mi}^1(q_{mi}^*)}{\partial q_{mi}^1}+$$
$$\frac{\partial g_{mi}^1(q_{mi}^*)}{\partial q_{mi}^1}+\frac{\partial c_i^3(\boldsymbol{Q}^{2*})}{\partial q_{mi}^1}+\frac{\partial \hat{c}_{mi}^1(q_{mi}^*)}{\partial q_{mi}^1}+\frac{\partial \hat{g}_{mi}^1(q_{mi}^*)}{\partial q_{mi}^1}-\lambda_i^*\Bigg)\times(q_{mi}^1-q_{mi}^{1*})+$$
$$\sum_{n=1}^{N}\sum_{i=1}^{I}\Bigg(W_{2n}^2r^n(q_n^*)\frac{\partial r^n(q_n^*)}{\partial q_{ni}^2}+\frac{\partial W_{2n}^2(r^n(q_n^*))}{\partial q_{ni}^2}r^n(q_n^*)+$$
$$W_{2i}^2r^i(q_i^*)\frac{\partial r^i(q_i^*)}{\partial q_{ni}^2}+\frac{\partial W_{2i}^2(r^i(q_i^*))}{\partial q_{ni}^2}r^i(q_i^*)+\frac{\partial c_{ni}^2(q_{ni}^{2*})}{\partial q_{ni}^2}+\frac{\partial g_{ni}^2(q_{ni}^{2*})}{\partial q_{ni}^2}-$$
$$\frac{\partial e_{ni}^2(q_{ni}^{2*})}{\partial q_{ni}^2}+\lambda_n^*+\frac{\partial c_i^3(\boldsymbol{Q}^{3*})}{\partial q_{ni}^2}+\frac{\partial \hat{c}_{ni}^2(q_{ni}^{2*})}{\partial q_{ni}^2}+\frac{\partial \hat{g}_{ni}^2(q_{ni}^{2*})}{\partial q_{ni}^2}-\lambda_i^*\Bigg)\times(q_{ni}^2-q_{ni}^{2*})+$$
$$\sum_{n=1}^{N}\sum_{j=1}^{J}\Bigg(W_{2n}^2r^n(q_n^*)\frac{\partial r^n(q_n^*)}{\partial q_{nj}^2}+\frac{\partial W_{2n}^2(r^n(q_n^*))}{\partial q_{nj}^2}r^n(q_n^*)+\frac{\partial c_{nj}^2(q_{nj}^{2*})}{\partial q_{nj}^2}+$$
$$\frac{\partial g_{nj}^2(q_{nj}^{2*})}{\partial q_{nj}^2}-\frac{\partial e_{nj}^2(q_{nj}^{2*})}{\partial q_{nj}^2}+\lambda_n^*+\hat{c}_{nj}^2(\boldsymbol{Q}^{4*},\boldsymbol{Q}^{5*})+\hat{g}_{nj}^2(q_{nj}^{2*})-p_j^{4*})\times(q_{nj}^2-q_{nj}^{2*})+$$
$$\sum_{i=1}^{I}\sum_{j=1}^{J}\Bigg(W_{2i}^3r^i(q_i^*)\frac{\partial r^i(q_i^*)}{\partial q_{ij}^2}+\frac{\partial W_{2i}^3(r^i(q_i^*))}{\partial q_{ij}^2}r^i(q_i^*)+\frac{\partial c_{ij}^3(q_{ij}^{3*})}{\partial q_{ij}^2}+$$
$$\frac{\partial g_{ij}^3(q_{ij}^{3*})}{\partial q_{ij}^2}-\frac{\partial e_{ij}^3(q_{ij}^{3*})}{\partial q_{ij}^2}+\lambda_i^*+\hat{c}_{ij}^3(\boldsymbol{Q}^{4*},\boldsymbol{Q}^{5*})+\hat{g}_{ij}^3(q_{ij}^{3*})-p_j^{4*}\Bigg)\times(q_{ij}^3-q_{ij}^{3*})+$$
$$\sum_{n=1}^{N}\Bigg(\sum_{m=1}^{M}q_{mn}^{1*}-\sum_{i=1}^{I}q_{ni}^{2*}-\sum_{j=1}^{J}q_{nj}^{2*}\Bigg)\times(\lambda_n-\lambda_n^*)+$$
$$\sum_{i=1}^{I}\Bigg(\sum_{m=1}^{M}q_{mi}^{1*}+\sum_{i=1}^{I}q_{ni}^{2*}-\sum_{j=1}^{J}q_{ij}^{3*}\Bigg)\times(\lambda_i-\lambda_i^*)+$$

$$\sum_{j=1}^{J}\left(\sum_{n=1}^{N} q_{nj}^{2*}+\sum_{i=1}^{I} q_{ij}^{3*}-d_j(p_j^{4*})\right)\times(p_j^4-p_j^{4*}) \tag{7-45}$$

7.3.2 模型的算例仿真

本节通过一个算例仿真来说明本文构建的超网络模型的可靠性和合理性。为了方便分析,该网贷集群的超网络模型仅包括2个投资者,2个网贷集群平台(1表示规范化集群平台,2表示非规范集群平台),2个P2P网络借贷公司,3个借款者。并在规范化集群平台和非规范集群平台风险管控差异的基础上,设置模型的相关函数。算例仿真结构如图7-2所示。

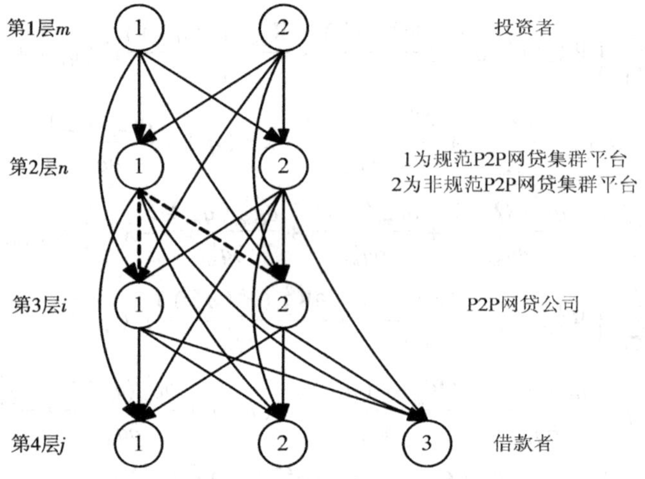

图7-2 网贷集群超网络的结构——仿真算例

对于每一个投资者 m 和P2P网络借贷集群平台 n,设置

$$q_{mn}^1=q_{mi}^1=\frac{s_m}{n+i} \quad s_1=24 \quad s_2=24 \quad \varepsilon=0.0001 \quad \alpha=0.02$$

投资人 m 的成本函数:

$$c_{m1}^1(q_{m1}^1)=0.225(q_{m1}^1)^2+1.5q_{m1}^1$$

$$c_{m2}^1(q_{m2}^1)=0.6(q_{m2}^1)^2+2.625q_{m1}^1$$

$$c_{mi}^1(q_{mi}^1)=0.6(q_{mi}^1)^2+2.625q_{mi}^1$$

投资人 m 的信用风险函数:

$$g_{m1}^1(q_{m1}^1)=0.25\left(\sum_{n=1}^{2} q_{mn}^1\right)^2$$

$$g_{m2}^1(q_{m2}^1)=0.75\left(\sum_{n=1}^{2} q_{mn}^1\right)^2$$

$$g_{mi}^{1}(q_{mi}^{1})=0.75\left(\sum_{i=1}^{2}q_{mi}^{1}\right)^{2}$$

P2P 网贷集群平台 n 的成本函数：

$$\hat{c}_{m1}^{1}(q_{m1}^{1})=0.6(q_{m1}^{1})^{2}+0.75q_{m1}^{1}$$

$$\hat{c}_{m2}^{1}(q_{m2}^{1})=0.8(q_{m2}^{1})^{2}+0.75q_{m2}^{1}$$

$$c_{n}(\boldsymbol{Q}^{1})=0.375\left(\sum_{m=1}^{2}q_{mn}^{1}\right)^{2}$$

$$c_{1i}^{2}(q_{1i}^{2})=0$$

$$c_{2i}^{2}(q_{2i}^{2})=0.375(q_{1i}^{2})^{2}+1.5q_{1i}^{2}$$

$$c_{1j}^{2}(q_{1j}^{2})=-0.5(q_{1j}^{2})^{2}+q_{1j}^{2}$$

$$c_{2j}^{2}(q_{2j}^{2})=0$$

P2P 网贷集群平台 n 的信用风险函数：

$$\hat{g}_{m1}^{1}(q_{m1}^{1})=0.4\left(\sum_{m=1}^{2}q_{m1}^{1}\right)^{2}$$

$$g_{1i}^{2}(q_{1i}^{2})=0$$

$$\hat{g}_{m2}^{1}(q_{m2}^{1})=0.6\left(\sum_{m=1}^{2}q_{m2}^{1}\right)^{2}$$

$$g_{2i}^{2}(q_{2i}^{2})=0.6\left(\sum_{i=1}^{2}q_{ni}^{1}\right)^{2}$$

$$g_{1j}^{2}(q_{1j}^{2})=0.3\left(\sum_{j=1}^{3}q_{1j}^{2}\right)^{2}$$

$$g_{2j}^{2}(q_{2j}^{2})=0.6\left(\sum_{j=1}^{3}q_{2j}^{2}\right)^{2}$$

P2P 网贷集群平台 n 的操作风险函数：

$$e_{1i}^{2}(q_{1i}^{2})=1.35(q_{2i}^{2})^{2}-0.45q_{2i}^{2}$$

$$e_{2i}^{2}(q_{2i}^{2})=0$$

$$e_{1j}^{2}(q_{1j}^{2})=1.5(q_{1j}^{2})^{2}-0.6q_{1j}^{2}$$

$$e_{2j}^{2}(q_{2j}^{2})=1.35(q_{2j}^{2})^{2}-0.45q_{2j}^{2}$$

P2P 网贷公司 i 的成本函数：

$$\hat{c}_{mi}^{2}(q_{mi}^{2})=0.75(q_{mi}^{2})^{2}+2.25q_{mi}^{2}$$

$$\hat{c}_{1i}^{2}(q_{1i}^{2})=0$$

$$\hat{c}_{2i}^{2}(q_{2i}^{2})=0.6(q_{2i}^{2})^{2}+1.125q_{2i}^{2}$$

$$c_{ij}^{3}(q_{ij}^{3})=0.5\,(q_{ij}^{2})^{2}+0.5q_{ij}^{2}$$

$$c_{i}(\boldsymbol{Q}^{2})=0.45\left(\sum_{m}^{2}q_{mi}^{1}\right)^{2}$$

$$c_{i}(\boldsymbol{Q}^{3})=0$$

P2P 网贷公司 i 的信用风险函数：

$$\hat{g}_{mi}^{2}(q_{mi}^{2})=0.375\left(\sum_{m=1}^{2}q_{mi}^{2}\right)^{2}$$

$$\hat{g}_{1i}^{2}(q_{1i}^{2})=0$$

$$\hat{g}_{2i}^{2}(q_{2i}^{2})=0.375\left(\sum_{i=1}^{2}q_{ni}^{2}\right)^{2}$$

$$g_{ij}^{2}(q_{ij}^{2})=0.375\left(\sum_{j=1}^{3}q_{ij}^{2}\right)^{2}$$

P2P 网贷公司 i 的操作风险函数：

$$e_{1j}^{3}(q_{1j}^{3})=1.275\,(q_{1j}^{3})^{2}-0.375q_{1j}^{3}$$

$$e_{2j}^{3}(q_{2j}^{3})=1.2\,(q_{2j}^{3})^{2}-0.225q_{2j}^{3}$$

借款者 j 的资金需求函数：

$$d_{1}(p^{4})=-1.5p_{1}^{4}-0.15p_{2}^{4}-0.225p_{3}^{4}+900$$

$$d_{2}(p^{4})=-0.15p_{1}^{4}-1.5p_{2}^{4}-0.225p_{3}^{4}+900$$

$$d_{3}(p^{4})=-0.15p_{1}^{4}-0.225p_{2}^{4}-1.5p_{3}^{4}+900$$

借款者 j 的成本函数：

$$\hat{c}_{ik}^{2}(\boldsymbol{Q}^{4},\boldsymbol{Q}^{5})=1.5q_{ik}^{2}+3.75$$

$$\hat{c}_{jk}^{3}(\boldsymbol{Q}^{4},\boldsymbol{Q}^{5})=1.875q_{jk}^{2}+1.5$$

借款者 j 的信用风险函数：

$$\hat{g}_{1j}^{2}(q_{1j}^{2})=0.75\,(q_{1j}^{2})^{2}$$

$$\hat{g}_{2j}^{2}(q_{2j}^{2})=0.75\,(q_{2j}^{2})^{2}$$

$$\hat{g}_{ij}^{3}(q_{ij}^{3})=0.75\left(\sum_{i=1}^{2}q_{ij}^{3}\right)^{2}$$

求解超网络的均衡解的方法是投影动态算法，即 Euler 算法，本文采用 MATLAB 2016 来实现，经过 2 184 次迭代，得出满足条件的均衡解，见表 7－2。

表 7－2 基于 P2P 网络借贷集群的超网络模型均衡的结果

变量	变量值
Q^{1*}	$q_{11}^{1*}=9.8094$ $q_{12}^{1*}=8.7597$ $q_{21}^{1*}=9.8094$ $q_{22}^{1*}=8.7597$
Q^{2*}	$q_{11}^{1*}=2.9584$ $q_{12}^{1*}=2.4725$ $q_{21}^{1*}=2.9584$ $q_{22}^{1*}=2.4725$
Q^{3*}	$q_{11}^{2*}=0$ $q_{12}^{2*}=0$ $q_{21}^{2*}=11.9875$ $q_{22}^{2*}=7.3976$
Q^{4*}	$q_{11}^{2*}=6.875$ $q_{12}^{2*}=3.0425$ $q_{13}^{2*}=0$ $q_{21}^{2*}=0$ $q_{22}^{2*}=4.0525$ $q_{23}^{2*}=3.7831$
Q^{5*}	$q_{11}^{3*}=0$ $q_{12}^{3*}=6.0375$ $q_{13}^{3*}=12.0875$ $q_{11}^{3*}=11.7625$ $q_{22}^{3*}=4.3725$ $q_{23}^{3*}=4.0131$
λ_n^*	$\lambda_1^*=220.4637$ $\lambda_2^*=220.6754$
λ_i^*	$\lambda_1^*=204.8678$ $\lambda_2^*=204.8678$
p_j^*	$p_1^{4*}=369.4195$ $p_2^{4*}=369.4195$ $p_3^{4*}=369.4195$

在这个例子中：

$$Q^{1*}=37.1382$$
$$Q^{2*}=10.8618$$
$$Q^{3*}=19.3851$$
$$Q^{4*}=17.7531$$
$$Q^{1*}=Q^{3*}+Q^{4*}$$
$$Q^{5*}=30.2469$$
$$Q^{2*}+Q^{3*}=30.2469$$
$$Q^{5*}=Q^{2*}+Q^{3*}$$
$$Q^{1*}+Q^{2*}=Q^{4*}+Q^{5*}=S_1+S_2=48$$

$Q^{1*}+Q^{2*}$,$Q^{4*}+Q^{5*}$,S_1+S_2,在一定误差范围内保持了一致,这符合建模时的理论要求,因此,这个平衡结果是合理且较为精确的。

P2P 网络借贷集群与网贷公司的交易价格为

$$p_{11}^{2*}=220.4637$$
$$p_{12}^{2*}=220.4637$$

$p_{21}^{2*}=252.928\ 1$

$p_{22}^{2*}=249.497\ 8$

P2P 网贷集群与借款者的交易价格为

$p_{11}^{2*}=190.793\ 3$

$p_{12}^{2*}=202.290\ 8$

$p_{13}^{2*}=211.418\ 3$

$p_{21}^{2*}=216.170\ 5$

$p_{22}^{2*}=209.281\ 3$

$p_{23}^{2*}=209.739\ 3$

网络借贷在规范集群状态下的交易利润为

$$F^1=(p_{11}^{2*}q_{11}^{2*}+p_{12}^{2*}q_{12}^{2*})+(p_{11}^{2*}q_{11}^{2*}+p_{12}^{2*}q_{12}^{2*}+p_{13}^{2*}q_{13}^{2*})=4\ 877.602\ 8$$

网络借贷在非规范集群的交易利润为

$$F^2=(p_{21}^{2*}q_{21}^{2*}+p_{22}^{2*}q_{22}^{2*})+(p_{21}^{2*}q_{21}^{2*}+p_{22}^{2*}q_{22}^{2*}+p_{23}^{2*}q_{23}^{2*})=3\ 568.750\ 9$$

7.3.3 模型的结果分析

由于网贷规范集群状态的利润大于非规范集群状态的利润，产生集群剩余（4 877.602 8 − 3 568.750 9 = 1 308.851 9 > 0），这说明 P2P 网贷公司加入集群时获得的利润减去不加入集群时获得的利润所得差额大于 0。

曼瑟尔·奥尔森①曾在分析集团经济时指出“只有增进成员利益的组织才能得以生存”，只有创造集群剩余的网贷集群才能具有生命力。而网贷集群平台的存在能够使成员之间实现资源共享，同时交易主体为维持和提升自身信任和声誉，将努力降低成员间的信息不对称，改善契约不完整性，从而降低交易费用、信用风险以及操作风险，规范行业的准则，营造一个良好的交易氛围，网贷集群由此能够带来具有集群效率的经济结果，即集群剩余。这说明 P2P 网贷集群的构想是合理的。

显然，网贷集群剩余越大，成员额外分享到的集群剩余就越大，越有利于提高集群团体组织的竞争力和稳定性。所以理性的 P2P 网贷公司必然会在利益的驱动下加入集群平台，非规范网贷集群必然会向规范集群进行演化，网贷集群平台也必然会推动网贷行业从数量扩张转向质量提升、品牌创新的长效发展路径。

---

① 曼瑟尔·奥尔森. 集体行动的逻辑[M]. 陈郁，译. 上海：上海人民出版社，1995.

第 8 章　网贷集群下信用风险度量方法

网络借贷的超速发展，使得网络借贷市场中积聚的信用风险也随之加速膨胀。该风险在成为人们关注焦点的同时，也阻碍了网贷行业的可持续发展。

本章针对网贷信用风险的特征与来源，通过对比分析信用风险度量的主流技术方法和风险评估模型，探究网贷信用风险控制的常用手段和措施，尝试找出适合国内网贷行业现状，尤其是适用于网贷集群化发展模式的信用风险评价、度量、管理的总体框架与方法。

8.1　网贷信用风险研究进展

网贷信用风险主要来源于两个方面：一是借款人；二是网贷公司，也就是网贷公司自己独立运营的网贷平台。

8.1.1　关于网贷借款人

针对借款人风险的分析多为定量研究。于晓虹等①根据已有的非均衡少量借款人样本，分别采用随机森林分类和回归算法进行建模，研究了不同评价指标的重要性及其与信用风险之间的非线性关系，分析了现有的用神经网络建模文献存在的主要问题。廖理等②用实证表明，借款人的违约风险可由非完全市场化的利率部分反映出来，投资人可依据借款人的公开信息识别相同利率下所隐藏的不同违约风险，投资者的此种风险识别能力可以直接反映在一个成功订单的参与人数上，间接反映在订单募资成功所需的竞标时间上。Emekter(2015)利用 Lending Club 的数据，对 P2P 贷款特性进行了探讨并对其信用风险进行了评估，研究发现信用等级、债务收入比、FICO 分数在贷款违约中扮演着重要的角色，贷款违约率或贷款违约的可能性随着借款人信用风险的增加而增加。

---

① 于晓虹，楼文高. 基于随机森林的 P2P 网贷信用风险评价、预警与实证[J]. 金融理论与实践，2016，15(2)：53 – 58.

② 廖理，李梦然，王正位. 聪明的投资者：非完全市场化利率与风险识别：来自 P2P 网络借贷的证据[J]. 经济研究，2014，6(7)：125 – 137.

Freedman 和 Jin① 研究发现在社交网络上评价较好的借款人借款利率常常较低。在 P2P 平台进行交易时,因为借贷双方的信息不对称,借款人承担着逆向选择的可能性。Gordy② 认为,借款人体貌特征和种族类别也对 P2P 网贷借款人的投资行为起着一定的作用,并认为外貌较好及具有吸引人气质的借款人要更易达到借款目的。Klafft③ 研究认为,借款者的信用评级是决定 P2P 网络借贷利率的重要因素之一,在传统金融机构因信用问题不能得到贷款的借款人同样无法在 P2P 平台得到贷款。Greiner 和 Wang④ 在研究 Prosper 的信用审核机制时发现,Prosper 建立严格的信息评级与信用审核机制以选择失忆的借款者,它的各项制度较为健全。Corritore 等⑤从贷款人的风险喜好和性别角度进行研究,发现相较于男性贷款人,女性贷款人更有利他思想,更会把贷款贷给风险较高、信用更差的借款者。Jefferson 等⑥实证分析了贷款人对借款者的信任等级,认为贷款人更乐于向信赖等级高的借款者发放资金,此现象说明在这个信息极度不对称的 P2P 网络借贷平台中,“信任”这一因素对贷款人的投资决定具有极大影响。

袁羽⑦选取美国 P2P 网贷平台 Prosper 借款个人数据作为实证样本,运用 SAS 进行 Logistic 回归分析,结果表明,模型预测准确度达到 74%,拟合效果较好,使用该方法进行 P2P 信用风险度量具有一定的可行性。Xu 等⑧通过比较美国和中国的 4 家 P2P 网贷公司的信用风险问题,分别从贷款者信用风险、公司风险等角度对每家贷款公司的风险做了详细的介绍。熊志斌⑨提出了基于顺序自联想神经网络的非线性主成分分析法,并且结合神经网络和 Logistic 回归模型分别构建了信用评

① FREEDMAN S, JIN G Z. Do social networks solve information problems for peer-to-peer lending? Evidence from prosper[J]. Working Paper,2008,9(8):43.

② GORDY M B. Saddle point approximation of Credit Risk + [J]. Banking and finance,2002,26(7):1335-1353.

③ KLAFFT M. Peer to peer lending: auctioning mircocredits over the Internet[C]// Proceedings of the international conference on information systems, technology management. United Arab Emirates:2008.

④ GREINER M E, WANG H. Building consumer-to-consumer trust in e-finance mark: An eirpirical analysis [J]. International journal of electronic commerce,2010,15(2):11-13.

⑤ CORRITORE C L, KRACHER B, WIEDENBECK S. On-line trust: Concepts, evolving themes, a model [J]. International journal human-computer studies,2009,58(6):737-758.

⑥ JEFFERSON D, STEPHAN S, LANCE A. In :trust and credit[C]// AFA Atlanta meetings paper. America:2010.

⑦ 袁羽. 基于 Logistic 回归的 P2P 网络借贷信用风险度量[D]. 上海:上海社会科学院研究生院,2014.

⑧ XU Y, QIU J X, CHEN D Y. P2P lending in different cultures and business models: a multiple case study [C]// 中国管理现代化研究会. 第五届中国管理学年会论文集[C]. 大连:大连理工大学出版社,2010:32-33.

⑨ 熊志斌. 基于非线性主成分分析的信用评估模型研究[J]. 数量经济技术经济研究,2013,38(10):138-150.

估模型。傅彦铭等①选取美国 P2P 平台 Lending Club 的交易数据作为实证样本，分别采用支持向量机技术和 BP 神经网络构建 P2P 网贷信用风险评估模型，对比两者评估准确率，得出前者较后者有更高的风险识别能力的结论。

8.1.2 关于网贷公司平台

投资人自身的投资知识和相关的专业水平并没有上升到一个自我把控和预测风险的水平，因此平台不应只做一个撮合平台，而应发挥其专业的指挥、评估和推荐的作用，并且平台的信誉、资金实力、人员规模和是否担保等都是投资人在投资时重点考虑的因素，仅仅考虑借款人并不完全适用于 P2P 网贷。Rocholl② 对网络借贷平台的定位提出了风险质疑，他们认为如果网络借贷平台只是单纯的中介平台，以收取服务管理费用为主要盈利方式，同时，在贷款中不承担相应的违约风险，则平台很有可能为了获取更多的服务管理费用而引入高风险的项目，从而使借贷违约率上升。Michaels③ 对 Prosper 网站上的数据进行分析，发现网络借贷平台责任的缺失使网络借贷市场运行有效性降低，因而带来较大的风险。Angilella 和 Mazzu④ 提出并设计了多指标信用风险评估模型，并将该模型应用到中小企业的信用风险评估当中。他们认为“硬信息”的缺失是中小企业信用风险评估中遇到的普遍问题，因此该模型主要基于“软信息”，其使用的 SMAA-TRI 方法考虑了指标权重的不确定性和不精确性，最后通过实证分析证明了他们的模型具有较好的评估性能。

朱琚和蔡瑕⑤认为，P2P 网络借贷作为一种创新的民间借贷模式，提高了社会闲置资金的利用率，迎合了个人以及中小企业对小额信贷融资的需求，同时 P2P 网络借贷的快速发展对于规范我国民间借贷行为以及促进民间金融的健康发展都起到了非常重要的推动作用。然而，P2P 网络借贷的快速发展也可能带来一些负面影响，应该加强对其运营的规范与监管，使其健康有序发展，成为我国正规金融

---

① 傅彦铭，臧敦刚. P2P 网贷信用的风险评估[J]. 统计与决策，2014，7(21)：162－165.

② ROCHOLL. The case of online social mixed signal：multileve reputation effects in peer to peer lending markets[J]. Savannah，georhia，2010(7)：23－28.

③ MICHAELS J. Do unverifiable disclosures matters? Evidence from peer-to-peer lending[J]. The accounting review，2012，65(4)：1385－1413.

④ ANGILELLA S，MAZZU S. The financing of innovative SMEs：a multicriteria credit rating model[J]. Journal of opera-tional research，2015，244(2)：540－554.

⑤ 朱琚，蔡瑕. 我国民间金融的发展现状及规范化管理：以 P2P 网络借贷平台为例[J]. 电子商务，2013(5)：71－73.

组织的重要补充。付智博①研究认为,P2P 网络借贷是民间借贷的电子商务化,具有简便快捷等特点,能够有效弥补企业所能获得的银行贷款的不足。高霖晗等②认为投资人对 P2P 平台的信任受到一系列制度因素的影响。通过研究发现投资人对 P2P 平台审核与评级系统、违约风险保障的感知会对制度信任产生最为显著的影响。王重润等③研究表明,平台注册资本、运营时间、投资和借款总人数、借款用途、信用等级、正常还款次数等因素对 P2P 平台融资效率产生正向影响;而借款期限、逾期还款次数等因素与 P2P 平台融资效率存在负向关系。刘巧莉等④认为 P2P 平台应关注风险评估体系的构建,着重改进平台认证机制、审核流程和借款人历史行为监测技术。王伟等⑤通过 CRITIC 法和横纵向差异比较得出,股东背景、注册资本和运营时间对风险得分有正向影响,对平均收益率则有负向作用。

8.2 网贷信用风险的特征与来源

信用风险又称为违约风险,源自信用交易过程中的不确定性,是交易一方未能履行合约义务而造成交易另一方经济受损的风险。本书中的信用风险主要指无抵押、无担保模式下,P2P 网贷借款人未能按期还本付息、网贷公司失责或业务能力低下等给贷款人带来经济利益损失的风险。

8.2.1 网贷信用风险的特征

无论是哪种模式下的 P2P 网贷公司平台,信用风险均被视为最主要的风险之一。由于市场功能定位、机构差异、服务对象的不同,P2P 网贷业务的信用风险具有以下特征。

1. 借贷双方的广泛性

从借款期限、地域分布来看,P2P 网贷的借贷双方是以散点状形式出现的,没有特别的主体性,这就导致借贷双方在统计分布上十分广泛和分散。目前的借款人群体主要为中低收入人群和中小微企业业主,很多借款只有短期资金周转需求。

---

① 付智博. 发展电子商务的网络营销策略:以淘宝网为例[J]. 商品与质量学术观察,2013,55(7):205.

② 高霖晗,王大洲. 中国 P2P 网络借贷中的制度信任研究[J]. 金融理论与实践,2016,68(6):39-45.

③ 王重润,孔兵. P2P 网络借贷平台融资效率及其影响因素分析:基于 DEA-Tobit 方法[J]. 河北经贸大学学报,2017,38(5):54-60.

④ 刘巧莉,温浩宇. P2P 网络信贷中投资行为影响因素研究:基于拍拍贷平台交易的证据[J]. 管理评论,2017,29(6):13-22.

⑤ 王伟,纪金言,邓伟平. P2P 网贷平台风险与平台特征[J]. 河北经贸大学学报,2017,38(3):56-64.

对于这一类的贷款需求，借贷人只需提供比较良好的信用记录证明，即使没有任何担保和抵押物品，最终也能快速得到贷款审批；而对于投资人来说，即使资金量比较小，同样也可依据自己的需要匹配到借款人。通常情况下每一笔贷款标的中可以有多个参与者参与投资；每个投资者又可以同时对多笔标的投资。因此，P2P网络借贷相较于传统金融机构的借贷方式，拥有更为分散和广泛的投资群体。

2. 交易方式的灵活性和高效性

由于借款借贷双方分布的广泛性，P2P网贷的交易方式也充满了灵活性和高效性。不同于传统金融机构，P2P网络借贷平台在借款额、利率、还款期限、还款计划、担保抵押物品等方面简化了复杂的递进式审批模式。只要借款人能提供信用合格的证明资料，且标的满额，网贷平台就能快速将贷款发放到借款人手中，手续非常简单，不用频繁跑到P2P网贷平台所在地提交，轻点鼠标就能完成全部交易流程。

3. 低端客户偏多而风险较高

网贷之家提供的数据显示，大多数网贷借款人的收入和信用等级都比较低，缺乏融资渠道，在偿还能力方面相比传统金融机构客户较弱，不能提供担保和抵押，贷款数量不大，对还款周期相对敏感。这一类客户往往不能被传统金融机构纳入放款范围之内。由于难以通过传统金融机构筛选，只能接受更高的贷款利率获得贷款。面对高额的利息，本身收入相对较低的借款人还款能力差，还款意愿也比较薄弱，由此就带来了很高的信用风险。

4. 征信体系不足

由于中国目前尚无完备的征信体系，国内的P2P网贷平台不仅需要搭建平台，还需要为标的提供征信及评级的服务。P2P网贷平台通常不要求提供抵押物，主要考察借款者的收入稳定性及可联系性，核实借款者是否具有持续稳定的还款能力。确保一旦客户出现违约迹象或构成违约，网贷平台能通过各种催收方式尽早联系上客户并督促其还款。

国内P2P网络借贷面临的征信问题有以下几个方面：个人征信体系起步晚，不能确保每个公民都能有完善的征信信息，而且目前为止，国内最具权威的央行征信系统不将P2P借贷平台纳入其中；非官方征信取证困难；大数据征信方式被外界普遍看好，但是从目前的分析能力来看还是比较弱的，只能起到辅助参考的作用。简单来说，P2P网贷平台想要得到一份高质量的征信报告反而需要借款人自己提供，而这样的征信报告显然难以做到真实可靠。

P2P网络借贷平台在无法获得央行提供的征信报告或者其他高质量第三方报告的情况下，就只能自己承担征信职责，一般通过线上线下双渠道对信息进行收集和处理。线上评估结合线下实地考证是大部分平台信用审核的主要方式。想像欧美 P2P 网贷公司一样完全采用纯线上征信模式,需要有强大的信用信息沉淀,国内能采用这样模式的只有极少数的几家平台,而其他平台会标明这类借款需求属于信用标的,审批可得到的金额较低,但是利率非常高,对投资人而言风险和收益都相对较高。

征信质量和违约率的跷跷板关系不言而喻,过高的违约率不但会给投资人带来经济上的损失,同时也会严重损害平台自身的利益。传统金融机构的经验数据表明,每当违约率提高 1%,利润就会下滑 3%~4%。由此可知,征信问题是目前所有 P2P 网贷平台需要继续解决的问题,同样也是制约我国 P2P 网贷行业发展的核心因素。希望长远发展的每一家优质的 P2P 平台无一不对高效、稳定、实用且运营成本较低的征信手段充满期待。

综上所述,P2P 网贷模式满足了市场需求,提供了传统银行无法提供的面向中小微客户的金融需求,实现了社会效益,是普惠金融的有效补充。但是 P2P 网贷特点中包含的投资者风险较高的问题,目前也是困扰监管层的技术障碍。

8.2.2 网贷信用风险的来源

1. 道德风险是信用风险的重要来源

P2P 网贷是一种信用贷款,借贷双方的信息不对称使得借款人掌握更多的交易信息而处于有利地位,从而产生道德风险和逆向选择问题。这种道德风险体现在贷款获取和贷款偿还两个环节。在贷款获取环节,信用风险高的借款者更容易接受较高的利率水平,且更愿意选择较长的贷款期限;在贷款偿还环节,由于 P2P 网贷的借款者多为个人或中小企业主,其按期履约的信用意识较为淡薄,加之我国相关法律法规对借款人违约行为的约束力度不足,更加剧了由道德风险导致的信用风险。

2. 传统信用风险测度方法失效

传统的信用风险管理方法主要依赖借款者财务报表对其信用风险进行财务分析,基于借款者过去的交易记录对其未来偿还能力进行评估,以及根据外部机构信用评级判断借款者信用等级。但 P2P 网贷的借款人往往无法提供有参考价值的财务报表,这使得传统的财务报表分析方法失效。P2P 网贷平台也缺乏借款者的直接交易记录,只能通过借款者提供的银行账户流水进行评价,其真实性和可靠性难以保证,增加了网贷信用风险。

一般的贷款平台还可以通过外部评级机构所公布的信用评级对借款者的信用状况进行评价,但是我国的信用评级体系仍欠发达,且评级仅针对大型企业,而

P2P网贷平台主要面向中小微企业客户，因而难以利用外部评级机构的信用评分进行判断。

3. P2P网贷信用风险多为非系统性

借款者的偿还能力不仅受到宏观经济形势等系统性因素的影响，也受到借款人的财务状况、资金使用情况、投资获利能力等非系统性因素的影响。P2P网贷的借款人大多属于中小企业经营者或个人借款者，因而其经营管理水平相对较低，内部控制制度不够完善，企业抗风险能力差，公司经营失败的风险较高，这些因素会导致非系统性风险，从而造成P2P网贷的信用风险较高。

4. 信用违约事件数据少且不易获取

P2P网贷的借款人普遍存在银行交易历史数据少、财务信息可靠性差、信用记录缺乏等问题，导致这部分借款人无法从传统金融服务体系成功获取贷款。与银行金融机构相比，P2P网贷平台所能获取的信用信息更加片面，也造成了P2P网贷信用风险管理难题。

国外P2P网贷公司通常采用信息共享的方式解决借款人数据缺乏的问题，而我国P2P网贷业务发展时间较短，虽然很多P2P网贷公司已经建立了自己的坏账黑名单，但是这个黑名单并没有在平台间共享。一个借款者可以利用相同的身份在多个平台取得借款，一旦其发生违约行为，将会给平台间带来多米诺骨牌似的连锁效应。

5. P2P网贷机制本身加剧信用风险

无抵押、无担保的P2P网贷模式具有信用贷款的实质，并不要求借款者提供抵押或担保。与要求全额抵押或担保的传统商业银行贷款相比，信用贷款所承担的风险更高。而且，过高的手续费也一定程度加重了借款者负担，P2P网贷的平均利率一般为10% ~15%，加上平台所收取的手续费，某些网贷单笔成本高达20%，接近高利贷利率。而企业的正常收益率一般在10% ~12%，过高的贷款成本成为压垮借款者的最后一根稻草，往往造成借款者的违约。

6. 内外部监管缺位导致行业乱象

P2P网贷作为金融创新的一种手段，在我国的发展尚处于数量扩张的初级阶段。其内外部监管近似于真空状态。就外部监管来说，相关的法律法规尚未完善，由于网贷公司往往以互联网公司的名义注册，金融监管当局不能对其实施相应的监管。这使得P2P网贷公司游走在法律的边缘，加剧了平台本身的不稳定性。特别是2013年8月份以来，P2P网贷公司频频倒闭，给借款人的违约行为提供了借口，增加了其信用风险。对内部监管而言，许多小额信贷公司摇身一变，成为P2P网贷公司，由于其缺乏相应的风险控制制度和信用风险管理手段，对借款者资金使用的监督能力较低,也变相增加了借款者的信用风险。

P2P 网贷处于互联网、金融、担保等多个行业的交叉地带,不仅容易形成监管真空,也容易产生行业标准不统一、各方争夺市场主导权以及利益分配不均等监管过度问题。目前我国尚未明确出台关于 P2P 网贷行业的监管准则或法律法规,对行业的监管只能依靠相关领域的法律法规。

8.3 传统的信用风险度量方法

8.3.1 专家系统法

专家系统法是最早期的传统分析方法,它是由西方商业银行在长期经营中逐步完善和发展起来的。在此方法下,银行的信贷决策是由具有丰富经验的专家所把握的,他们利用自己专业知识分析判断各影响因素,依据主观判断综合评定信用风险。最常使用的是"5C"要素分析法,这种方法主要研究和分析影响企业信用的五个要素。这五个要素包括:借款人或借款企业的道德品质与声望(Character)、还款能力(Capacity)、资本实力(Capital)、担保(Collateral)及经营状况和运营环境(Condition)。信贷专家就是通过审核这"5C"要素综合判断申请人的信用程度、还款意愿和还款能力,作为发放贷款、信贷监测和调整信用政策的依据。一般来说,"5C"要素与申请者的信用级别呈正相关关系,各要素越好,企业越容易获得商业银行贷款。

8.3.2 贷款评级法

贷款评级法是在美国货币管理办公室(OCC)评级系统的基础上发展而来,它是按质量高低将贷款分成若干个级别,其级别分别为正常、关注、次级、可疑和损失类。目前,我国商业银行对贷款的分类就是借鉴此五级分类。该评级法采用一套严格的信用评级体系对企业资产流动性、财务状况、企业偿还能力、企业在银行贷款中的历史记录、市场前景等各类指标进行评级,并结合贷款方式和违约率大小,最终确定借款人信用评级和风险程度大小,以此为依据进行信贷决策和不同损失准备金计提。值得一提的是,信用评级制度里也有很多定性成分,评级体系的主观随意性也较强。

8.4 现代的信用风险度量方法

8.4.1 信用评分法

信用评分方法以传统信用风险分析方法为基础,将专家评分法中的一些指标量化,从而使借款者的信用风险可以得到具体的计量和比较。这类方法首先挑选出对借款者信用风险有重要影响的若干指标,通过对每一个指标赋予特定的权重得出多元回归模型,从而得到借款人的最终信用评分值,再将其与标准值进行比较,判断借款者的违约概率。这类方法主要包括判别分析法、Logit 和 Probit 回归模型及神经网络模型。

1. 判别分析法

判别分析法首先要求对借款者分类,并选出对各类借款者具有显著差异的特征,依据这些显著特征建立判别函数,这种方法要求有足够的数据支持。Z 评分模型就是判别分析法的代表。

2. Logit 和 Probit 回归模型

Logit 和 Probit 回归模型在一定程度上减轻了判别分析法所要求的严格假设条件,可以直接运用所取得的数据得出分析模型。该方法更适用于缺乏足够定量数据的个人信用风险评估。

3. 神经网络模型

神经网络分析法(Artificial Nerual Networks)以神经心理学和认知科学为基础,依托生物系统运行方式,通过数学的手段建立起模型,是一种非线性技术。它对借款者相关信息的数据分布无任何要求,适用于数据非正态分布、非线性的信用风险评估。

信用评分方法一般对于数据有着较为严格的要求,如服从正态分布、协方差相等。但我国的征信系统尚未成熟、借款者个人信用数据还不完善,加之各网贷平台之间尚未实现数据共享,限制了 P2P 网贷公司运用信用评分分析法对借款者的信用风险进行分析。

8.4.2 信用风险评估模型

目前,国际上先进的信用风险评估方法越来越依赖以定量分析为主的数学模型。这些模型在各金融机构得到了广泛的应用,主要包括以下四种:KMV 模型、Credit Metrics 模型、Credit Risk + 模型、Credit Protfolio View 模型。

8.4.2.1 KMV 模型

KMV 模型是 KMV 公司创立并商品化的一种基于期权定价理论的信用监控模

型。该模型认为债务人资产价值的变动是导致信用风险产生的本质因素。它运用期权定价思想，通过可观测的公司股市价值来推算公司的资产价值及资产价值的波动性、违约距离（*DD*），并以此估计公司违约概率。模型涉及两个概念：预期违约率和违约距离。预期违约率（*EDF*）是企业资产预期价值降低到临界违约点的概率，其中企业资产预期价值由企业资产价值波动性衡量。违约距离（*DD*）是未来资产价值均值与所需清偿负债的账面价值的直接距离。

1. KMV 模型的假设条件

模型假设，存在这样一种具有最简单资本结构的公司，除发行股票外，只发行一种一年期零息债券。模型基本思想是将公司权益和负债看作期权，所有者权益看作看涨期权，负债看作看跌期权。基于以上假设，设公司资产价值为 TV，债券面值为 D，公司股票市值为 EV，则 $EV = TV - D$。当债券到期时，若 TV 大于 D，则公司的股权价值等于 $TV - D$；反之，若 TV 小于 D，公司股票价值为 0，股权所有者将无法偿还贷款。模型还假设，在公司负债给定情况下，公司资产的市场价值决定着信用风险大小。若债务人公司到期资产市场价值高于公司债务值（即违约点），即公司资产大于负债时，股东行使看涨期权，继续拥有公司，公司选择偿还贷款；反之，若债务人公司资产市场价值低于公司债务值，即公司资产小于负债时，公司违约，债务人公司宁愿将公司全部资产补偿给债权人，也不愿再筹集新资金抵偿债务。

2. KMV 模型设定与参数估计

该模型计算预期违约率（*EDF*）主要分为三个步骤：估价资产价值和资产收益率波动性；估计违约点，计算违约距离；基于违约距离计算预期违约率（*EDF*）。

3. KMV 模型优缺点评价

与传统风险评估方法相比，该模型具有许多优点。KMV 模型以默顿模型为基础，以现代公司财务理论和期权定价理论作理论支撑；KMV 模型以资本市场数据而不是以历史会计账面核算数据为基础，在债务人信用评级开始恶化之前，其 *EDF* 就呈上升趋势；基于 KMV 模型计算的 *EDF* 不同于序数衡量法，它可以反应不同企业的风险水平及其差异。

但也应认识到，KMV 模型假定公司债务结构是静态不变的，这与事实不完全符合；模型的理论 *EDF* 是基于借款企业资产价值呈正态分布的假设，但现实中并非所有的资产价值都呈正态分布。此外，由于我国证券市场股价波动幅度很大，也经常出现极端值，所以资产收益的肥尾问题是不可忽视的；KMV 模型预期违约率在短期内有更好的预测性，但在两年以上的时间段内预测变得没有优势。

8.4.2.2 Credit Metrics 模型

Credit Metrics 模型的理论基础是 VaR 理论模型，即计算贷款和债券等非交易性资产信用风险的 VaR 模型。该模型是由摩根公司和其他几个国际银行在 1997 年研究推出的，模型认为公司信用风险取决于公司的信用等级变化。在一定时期内(通常是 1 年)，模型首先通过考虑债务人的违约、信用等级转移及其所导致的信用价差变化等因素，确定信用资产组合的市场价值及波动情况。其次，当债务到期时，依据债务人可能转移到的信用等级对应的信用资产组合价值建立价值分布。最后，根据期末价值分布得出在一定置信水平下的信用资产组合的 VaR，即信用在险价值 CVaR。

1. Credit Metrics 模型主要假设

信用期限长度，一般设定为一年，且是固定的；信用风险与市场风险无关。模型承认没有市场风险的存在，信用是唯一的变量，远期利率分布曲线完全决定未来资产价值与风险，且不同信用等级对应不同零息票收益曲线；同一信用等级的债务人具有相同的违约概率和转移矩阵。

2. Credit Metrics 模型的优点

Credit Metrics 模型的最大优点在于该模型广泛的兼容性，不仅可以用来度量贷款、债券等传统工具的信用风险，也可以用来度量诸如互换、远期等较为复杂的现代金融工具的信用风险。其次它是一个盯市模型。各信用等级下信用工具的市场价值可以通过信用等级转移概率矩阵和贴现率模型计算，并得出概率分布，然后再利用传统的期望和标准差度量资产信用风险大小，计算出各信用工具在一定置信水平下的风险价值量和风险暴露。

3. Credit Metrics 模型的不足

Credit Metrics 模型的缺陷和不足主要表现在三个方面，一是该模型需要大量的市场数据，而且计算过程比较复杂；二是模型假定信用等级变化是独立的，而事实上，信用等级的等级变化是相关的，特别是同一地区、同一企业的关联性会更大一些；三是模型中的违约概率是基于过去的统计数据计算出的平均历史违约率，这与目前和之后的宏观经济状况、市场风险等因素无关，这显然与当前信用风险管理实践不符合。

8.4.2.3 Credit Risk + 模型

Credit Risk + 模型是基于财险精算方法的违约模型。该模型的基本思想来源于财产保险，认为抵押贷款和小企业贷款等诸多贷款的违约风险具有以下特点：各企业违约是一种随机行为，每笔贷款违约概率都小且都独立于其他信贷违约，违约概率分布服从泊松分布。该模型是个违约模型，在任何时期，企业只考虑违约或不违约两种状态。对违约风险的处理也采用财险的精算方式，模型通过频带划分对不同大小的风险暴露分组，每组风险暴露相同。由于每个风险暴露组违约频率和损失的严重不确定程度不同，需要计算出各组贷款违约概率分布及损失分布，并将各组的损失分布汇总而得出整体贷款组合的损失分布。在数据缺乏情况下，该模型是估算风险资本的最好方法之一。

Credit Risk + 模型最大的优点是简单易用。该模型要求的估计量和数据输入都较少，且模型计算简单，便于实施，但是模型也存在自身局限性，忽略了信用等级变化，这显然不符合实际情况；模型实际上包含利率是确定的假设，也就是说，信用风险和市场风险水平无关，这显然也不符合实际情况；另外，该模型也忽略了各频段的违约率会受国家宏观经济条件等要素的影响，并且其可能会随时间而发生变化的情况。

8.4.2.4 Credit Portfolio View 模型

Credit Portfolio View 模型（CPV 模型）是麦肯锡公司开发的信用组合观点模型。它是一个多因素信用风险度量模型，认为决定违约概率的是利率水平、汇率水平、货币量、失业率、GDP 增长率、政府支出和储蓄水平等一系列宏观经济变量，而非资产价格、经验参数或者随机的模拟结果。从信贷组合的角度看，经济状态是系统性信用风险的最终根源，是决定信用风险的共同因素，经济状态的模拟可以作为信贷组合的系统性风险模拟的起点。模型采用多元经济计量模型模拟宏观经济状态，并将此状态与协同的条件违约概率和评级转移概率对应，以此作为描绘信贷组合损失分布的基础。

该模型其实可以被看作是 Credit Metrics 模型的补充，同时也充分考虑了信用等级迁移概率受宏观经济变量的影响，这是该模型的优势所在。但是该模型严重依赖多个宏观经济数据，并且数据需要参照各国和行业进行参数校正，计算处理过于复杂，限制了模型的使用。

8.5 网贷集群下信用风险度量方法的筛选

8.5.1 度量方法的对比分析与筛选

根据前文内容可知每种评估方法和度量模型都有自身的优点和不足之处。由于本书的研究对象是网贷公司平台与借款人，选取的模型必须契合网贷公司平台的具体现状与借款人的自身特点，所以有必要比较分析各种信用风险评级模型，找出适合的度量方法。

专家评分法是基于企业财务报表的静态分析模型，不需要大量的数理分析，操作简便，易于理解，但是定性分析成分太多，各个要素没有共同的确定标准，容易造成结果的不一致性。由于信贷评估专家的经验、习惯、偏好等存在差异，对于同一笔信贷业务，不同专家会做出不同的风险评估结果，导致评估结果主观性较强，评估结果不稳定。此外，该方法需要有完善、发达的信用评级体系作支持，但就目前来说，对本文并不适应。

贷款评级法和专家分析法类似，也是以定性分析为主，依靠评估专家的经验和判断，不同的专家也会有不同的评估结果，缺乏系统理论的支持，具有很强的主观性，评估结果也不稳定。

KMV 模型的基础是期权定价理论。模型虽然不再依赖会计核算数据，但是需要依据股票市场数据，这就导致 KMV 模型的具体应用必须有成熟的、有效的股票市场作支撑，显然，这种方法对于本文的适用性都很有限。

Credit Metrics 模型首先对信用数据要求很高，信用等级迁移矩阵的计算不仅需要长期、大量的历史违约数据，而且还要求样本时间跨度足够长。在我国，目前这些数据都是很缺乏的。再者，Credit Metrics 模型依赖专业的评级机构的评级结果，而我国各评估机构的信用评级执行标准不够统一，缺乏权威的信用评级体系，这种模型在我国网贷行业应用也很不现实。

Credit Risk + 模型最大的优点是简单易用，虽然该模型要求的估计量和数据输入都较少，模型计算简单，便于实施，但是它忽略了信用转移风险因素，认为每个债务人风险暴露都是固定的，只依赖远期利率变动，这不符合实际。此外，该模型也忽略了市场和转移风险，准确度较低。

Credit Portfolio View 模型首先仍需要计算信用风险转移矩阵，这与我国尚未完善的信用评级体系不相符合；其次模型过于注重宏观经济变量，忽略了影响违约概率的一些非宏观因素，尤其是企业的个体微观因素；最后模型需要国家和行业的大量长期数据，数据要求过于复杂，这显然与网贷行业现状不符合，由这三点可以看出该模型也不适用于网贷信用风险的研究。

总的来说，假设条件过于严格、数据缺乏、国内信用评级体系不健全等多方面因素，使得以上各模型并不适用于国内的中小企业信用风险评估。因此，需要找到一种假设条件不过于严格，不依赖信用评级机构评级，又能解决数据匮乏问题的测评方法去评估 P2P 平台和借款人的信用风险。

比较而言，信用评分法在传统信用风险分析方法的基础上，对各类要素进行量化分析，得出可以相互比较的信用风险量化值。其对数据的要求并不高，且运算简便，结论通俗易懂，适用性强。

其中，Logistic 回归模型的基本思路是：对可量化的借款人指标进行回归分析，计算出借款人可能的违约概率；然后与具有不同风险偏好差异的金融机构或金融投资者设定的风险警戒线比较分析而作为风险度量和定位的依据。Logistic 回归模型是采用最大似然估计法进行参数估计,并不要求样本数据服从正态分布,以及所测概率 p 介乎 0 和 1 之间,这与网贷平台与借款人指标的真实情况相吻合。

综合表 8 - 1,本文实证分析时将采用 Logistic 回归法,本文在之后的章节将对其做详细介绍和分析。

表 8 - 1 信贷风险度量方法对比

度量方法	应用的特点	是否适用
专家系统法 贷款评级法	定性为主,主观性较强,缺乏理论基础,结果不稳定	否
KMV 模型	依赖股票市场数据	否
Credit Metrics 模型 CPV 模型	需要长期、大量的历史违约数据,依赖专业的评级机构评级结果	否
Credit Risk + 模型	模型计算简单,准确度较低	否
Logistic 回归模型	对数据的要求并不高,不需要服从正态分布,且运算简便,结论通俗易懂,适用性强	是

8.5.2 Logisitic 回归模型

8.5.2.1 模型原理

目前,在实际的借款人信用风险度量工作中,信贷机构采用的信息数据一般都是高维数据集,许多变量之间的可替代性和相关性较强。其中,某些变量对信用风险的度量有着非常重要的作用,某些变量的作用可以说是不大甚至还有可能会起到相反的作用。Logistic 回归模型可以进行变量筛选,剔除风险度量的干扰因素,减少变量选取的盲目性,使分析结果更加准确。

通常对信用风险进行度量和评价的概率模型分为线性和非线性概率模型,但是直接采用线性概率模型进行回归容易产生问题。这是因为当自变量过大或者过小的时候,容易产生已求得的发生概率未在限定的 0 和 1 之间,导致模型的回归结果没有意义。而 Logistic 非线性概率模型不仅克服了这一点,确保被解释变量的拟合值在 0 和 1 之间,而且该模型不需要自变量符合联合正态分布这一假设,自变量可以是连续、离散或虚拟变量,这是该模型区别于其他信用风险评估分析模型的最大特点。

设因变量为 y,其取值为 1 表示事件发生,其取值为 0 表示事件未发生;$p(y =$

$1|x_i) = p_i$，影响 y 的 n 个自变量分别记为 $x_1, x_2, \cdots, x_n$。

记事件发生的条件概率为 p_i，可以得到如下 Logistic 回归模型：

$$p_i = \frac{\exp(\beta_0 + \beta_1 x_1 + \beta_2 x_2 + \cdots + \beta_n x_n)}{1 + \exp(\beta_0 + \beta_1 x_1 + \beta_2 x_2 + \cdots + \beta_n x_n)} \tag{8-1}$$

其中，$\beta_0, \beta_1, \beta_2, \cdots, \beta_n$ 为自变量的判别系数，是待估计的参数。事件发生概率与不发生概率之比 $p_i/(1-p_i)$，被称为事件的发生比，记为 Odds。对 Odds 做对数变换，就能得到 Logistic 回归模型的线性模型：

$$\ln \frac{p_i}{1-p_i} = \beta_0 + \beta_1 x_1 + \beta_2 x_2 + \cdots + \beta_n x_n \tag{8-2}$$

8.5.2.2 模型特点

1. 假设条件放宽

不同于 OLS 回归模型需要假设独立的同分布性或同方差性，Logistic 回归模型不需要类似的假设条件。Logistic 回归模型对自变量分布的假设条件也是自由的，自变量可以是连续、离散或虚拟变量。因此模型的适应性比较好。

2. 非线性概率模型

Logistic 回归模型克服了线性概率模型的缺点，它是一种非线性的概率模型，各自变量和因变量之间存在非线性关系。

3. 因变量是二分变量

在信贷机构对中小企业贷款信用风险进行评估时，其最终目的是确定贷款的中小企业所可能发生的违约概率。而 Logistic 回归模型的因变量取值为 0 或者 1，属于二分类变量，这与中小企业违约事件发生的概率和研究目的相吻合。

4. 数据容易获取

相较于其他信用风险评估方法，该模型的数据收集难度不大，仅仅需要往年信贷机构内部关于贷款企业的相关数据和企业的年报数据。

8.5.3 网贷集群下风险分析的总体框架

集群平台的信息资源共享和风险管理技术支撑，能够在一定程度上降低数据匮乏的风险评估难度，并可从集群整体品牌可持续发展的角度，对借款人和网贷公司（公司平台）的信用违约风险进行总体评估与管控。具体框架如图 8-1 所示。

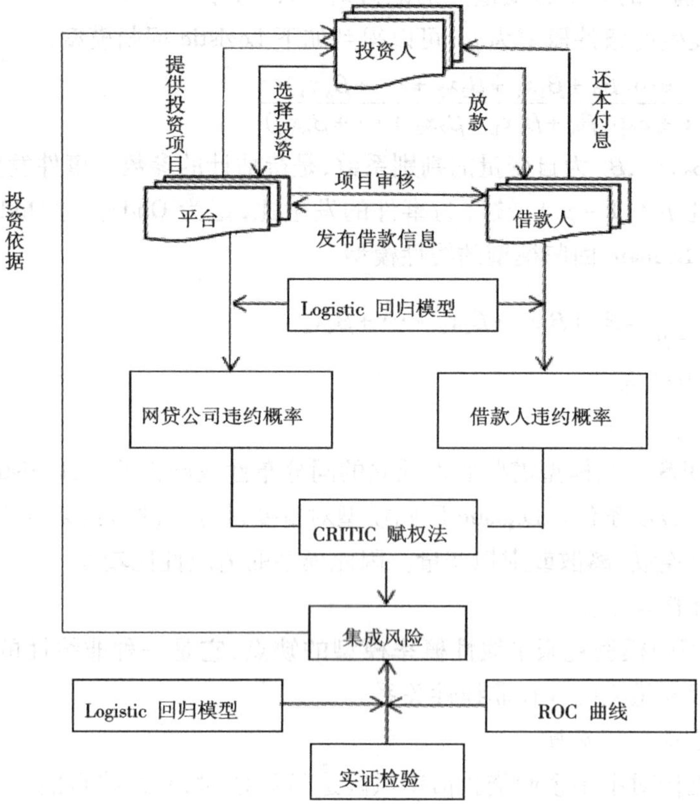

图 8－1　网贷集群下信用风险分析与管控的总体框架

第9章　网贷集群下信用风险实证研究

依据网贷集群模式下网贷信用风险评估与管控的总体框架,利用前述 Logisitic 回归模型对网贷公司、借款人的信用风险分别进行度量,然后运用改良的 CRITIC 赋权法将网贷公司和借款人的违约风险按照权重进行集成,从而对投资人通过网贷公司对借款人进行投资的总体风险进行完整的评估。实证研究结果表明,本文的风险评估综合模型有较好的预测效果。

9.1　网贷公司维度的模型构建

9.1.1　指标选取和数据采集

P2P 网贷公司信用风险评估指标体系是对 P2P 网贷公司信用风险进行评估的基础,也是投资人决定是否在此 P2P 网贷公司(公司平台)进行投资的依据。风险评估指标的选取对最终模型的有效性有着显著的影响。为保证 P2P 网贷公司评估结果的准确性、客观性和可行性,模型指标的选取必须遵循以下原则。

1. 全面性

P2P 网贷公司信用状况受很多因素影响,既要结合网贷公司自身特点全面考虑过去的业绩,也要考虑将来的发展状况,全面考察,综合分析,避免评估结果失实。

2. 可操作性

为准确描述信贷违约情况,应该选取一定时间内具有相对稳定特性的指标,这些指标既要能准确反映相关特性,也要易于操作。

3. 实用性

指标的选取设计不能过于理想化,要具有实用性,信用风险评估指标体系的指标数量和层次要适中,否则会影响最终评估结果。若模型中指标选取过多,会造成评价指标复杂,增加实际操作难度。若模型中指标选取过少,评估结果也将会受到影响。所以要综合考虑,合理构建,确保指标的选取切实可行。

4. 科学性

各项指标评价方法和计算必须有一定的依据和科学性。

P2P网贷公司信用风险评估指标体系是一个复合系统，我们不能仅选取P2P网贷公司的某些单一指标。传统金融机构的信用风险评估指标主要是财务指标，但是P2P网贷公司的财务信息缺乏透明性，因此难以获得财务指标。为了弥补这一缺失，增强评估指标体系的全面性和系统性，本文选取了反映公司平台运营情况和公司平台基础实力的两大类指标代替以往的财务指标，更有针对性地对P2P网贷公司平台风险进行度量，具体指标见表9－1。

表9－1　网贷平台信用指标及指标量化结果

一级指标	二级指标	指标描述
反映网贷公司平台运营情况的指标集合	满标时间	满标表明一个借款标的在投标期限内已筹集所需资金，达到饱和状态，无法继续投标。满标时间越小代表投资人热情程度越高，网贷公司平台的融资能力越强
	平均借款期限/行业均值	能够反映网贷公司平台的流动性，比值越大，平台的资金周转情况越好，风险越小
	借款人数/投资人数	一段时间内新增借款人数与投资人数之比，比值越大，表示平台的流动性越好，风险越小
	前十投资人金额比	比率越小，平台的投资分散程度越高，风险越小
	新增金额/待收金额	一段时间内投资人投入的资金总额与到期应收的资金总额之比，比值越大，表示平台的流动性越好，风险越小
反映网贷公司平台基础实力的指标集合	注册资金	与担保能力成正比，金额越多，风险越小
	注册时间	时间越长，平台的综合能力越强，风险越小
	平台背景	平台背景一般分为国资系、风投系、上市系以及民营系，前三者背景的网贷公司平台的可靠性要高于民营系，风险更小
	员工情况	一般平台员工人数越多，表示网贷公司平台的规模越大，风险越小；员工学历越高，员工从业时间越长，表示平台的专用性越强，风险越小。因数据的不完善，本文仅以人数代表员工情况

基于数据选取的可靠性、系统性、有效性，本文的样本数据来自网贷天眼和网贷之家。由于在进行Logistic回归分析时，需要两组对照样本，所以通过手工摘录方式随机选取了30家健康网贷公司平台和11家问题网贷公司平台的信息作为样本。其中，为增加所取信息的准确度和实用性，降低偶然事件的影响，健康平台信息为2016年6—8月的平均值，问题平台信息为该平台出现问题的前5个月的平均值。

9.1.2 指标的因子分析

本文运用 Logistic 模型对网贷公司平台数据进行回归分析之前,先采用因子分析法对自变量降维。因子分析是一种降维技术,它通过分析众多变量之间的内部相关关系,探究观测数据中的基本结构,并用少数几个"抽象"变量表示其基本的数据结构。它的基本思想是寻找众多自变量中的公共因子,实现自变量的降维目的。在因子分析中,公共因子是不可直接观测但是又客观存在的共同影响因素。

假设某错综复杂的系统可以用一些变量指标表示,而这些变量指标又可以表示为公共因子的线性函数和特殊因子之和,即

$$\left.\begin{aligned} X_1 &= a_{11}F_1 + a_{12}F_2 + \cdots + a_{1m}F_m + \varepsilon_1 \\ X_2 &= a_{21}F_1 + a_{22}F_2 + \cdots + a_{2m}F_m + \varepsilon_2 \\ &\cdots\cdots \\ X_p &= a_{p1}F_1 + a_{p2}F_2 + \cdots + a_{pm}F_m + \varepsilon_p \end{aligned}\right\} \tag{9-1}$$

其中,$m \leqslant p$;$F_1, F_2, \cdots, F_m$ 为初始变量的公共因子;ε_i 为变量 X_i 的特殊因子($i = 1, 2, \cdots, p$)。如果为正交的因子模型,有一个前提是公共因子都没有任何关系,甚至特别因子也与之无关。

结合上述因子分析方法,本文首先对平台的各变量进行因子分析。在具体分析时,主要从 KMO 及 Bartlett 球形检验、变量共同度、方差解释表、因子得分系数矩阵等对其进行研究分析,得出各变量因子和各指标变量的线性表达式。

在分析各变量是否适合做因子分析时,必须首先进行 KMO 及 Bartlett 球形检验。KMO 统计量是研究变量间的偏相关性,一般来说,KMO 统计量的值大于 0.9 时进行因子分析效果最佳,小于 0.5 就不适合做因子分析。此外,Bartlett 球形检验统计量的 P 值必须小于 0.05,此时认为各变量间存在显著的相关性。本文对 P2P 平台指标的分析结果见表 9-2,可以看出,检验该样本数据得出 KMO 值为 0.544,变量间的相关性一般,但也适合做因子分析;同时,Bartlett 检验的 P 值为 0.000,小于 0.05 的显著性水平,拒绝 Bartlett 球形检验的零假设,认为其指标适合做因子分析。

表 9-2 KMO 及 Bartlett 球形检验

取样足够多的 Kaiser - Meyer - Olkin 度量		0.544
Bartlett 的球形度检验	近似卡方	92.390
	df	36
	Sig.	0.000

表9-3给出了原始变量的公因子方差即变量共同度。变量共同度反映了公因子对初始变量方差的提取情况。可以看出,变量共同度大多在65%以上,已包含原始变量的大部分信息,说明提取效果很好。

表9-3 公因子方差

	初始	提取
VAR00001	1.000	0.891
VAR00002	1.000	0.813
VAR00003	1.000	0.806
VAR00004	1.000	0.722
VAR00005	1.000	0.675
VAR00006	1.000	0.848
VAR00007	1.000	0.668
VAR00008	1.000	0.535
VAR00009	1.000	0.666

表9-4为平台指标的方差解释,表中"成分"列为对应于不同特征根的因子编号。"初始特征值"列中,"合计"列为原始数据的相关系数矩阵 $\boldsymbol{R}$ 的特征根值,在公因子的选择上应选取特征根大于1的;"方差贡献率(%)"列为各因子的方差贡献率,即各因子所占总体方差的比例;"累积方差贡献率(%)"列均为各因子的累积方差贡献率,即各因子所占总体方差的累积比例。"提取平方和载入"列是提取因子的方差贡献表,"旋转平方和载入"列为提取的公因子经过旋转后的方差贡献情况。网贷公司平台的9个变量中,特征根大于1的变量有4个,故应提取4个公共因子。表9-4最后一列显示,公共因子对总方差的累积解释比例高达73.591%,可知解释效果较好。

表9-4 平台指标的方差解释

成分	初始特征值			提取平方和载入			旋转平方和载入		
	合计	方差贡献率(%)	累积方差贡献率(%)	合计	方差贡献率(%)	累积方差贡献率(%)	合计	方差贡献率(%)	累积方差贡献率(%)
1	2.601	28.903	28.903	2.601	28.903	28.903	1.759	19.550	19.550
2	1.781	19.788	48.692	1.781	19.788	48.692	1.756	19.507	39.057
3	1.230	13.665	62.357	1.230	13.665	62.357	1.684	18.708	57.765

续表

成分	初始特征值			提取平方和载入			旋转平方和载入		
	合计	方差贡献率(%)	累积方差贡献率(%)	合计	方差贡献率(%)	累积方差贡献率(%)	合计	方差贡献率(%)	累积方差贡献率(%)
4	1.011	11.234	73.591	1.011	11.234	73.591	1.424	15.826	73.591
5	0.770	8.558	82.149						
6	0.683	7.588	89.738						
7	0.436	4.846	94.584						
8	0.268	2.979	97.563						
9	0.219	2.437	100.000						

图9－1为因子的碎石图，横坐标为因子的序号，纵坐标为相应的特征根值，可以看出，前4个因子的特征根值普遍较高，形成陡峭的折线，之后的特征根值普遍较低，与表9－4结论相同，更能证明提取4个因子较为适宜。

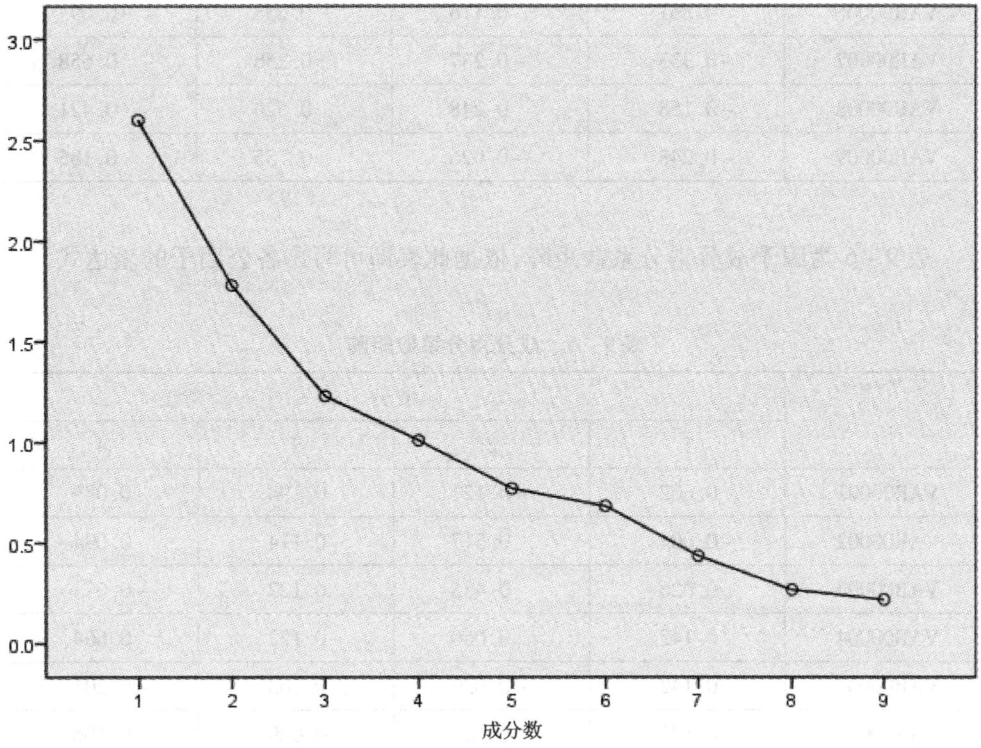

图9－1 碎石图

表 9 -5 为平台指标的旋转成分矩阵,可以看出,首个因子在满标时间和注册资金指标有较大载荷,可以归为第 1 个因子,记为 F_1;第 2 个因子反应在平均借款期限/行业均值上和借款人数/投资人数上,可以归为第 2 个因子,记为 F_2;同理,新增金额/待收金额、平台背景和员工情况归为第 3 个因子,记为 F_3;前 10 个投资人金额比和注册时间归为第 4 个因子,记为 F_4。

表 9 -5　旋转成分矩阵

	成分			
	1	2	3	4
VAR00001	0. 904	-0. 255	-0. 047	-0. 079
VAR00002	-0. 016	0. 891	-0. 129	0. 055
VAR00003	-0. 038	0. 865	0. 200	-0. 129
VAR00004	0. 031	0. 022	-0. 114	0. 841
VAR00005	-0. 021	-0. 004	0. 799	-0. 192
VAR00006	0. 861	0. 176	-0. 258	-0. 093
VAR00007	-0. 333	-0. 237	0. 258	0. 658
VAR00008	-0. 158	0. 248	0. 520	0. 421
VAR00009	-0. 248	-0. 026	0. 755	0. 185

表 9 -6 为因子成分得分系数矩阵,依据此表即可写出各公因子的表达式。

表 9 -6　成分得分系数矩阵

	成分			
	1	2	3	4
VAR00001	0. 602	-0. 121	0. 194	0. 089
VAR00002	-0. 004	0. 517	-0. 114	0. 094
VAR00003	0. 026	0. 485	0. 122	-0. 073
VAR00004	0. 145	0. 060	-0. 122	0. 664
VAR00005	0. 142	-0. 029	0. 563	-0. 201
VAR00006	0. 533	0. 129	0. 029	0. 106

续表

	成分			
	1	2	3	4
VAR00007	-0.063	-0.118	0.065	0.422
VAR00008	0.096	0.150	0.295	0.279
VAR00009	0.039	-0.028	0.456	0.053

9.1.3 网贷公司违约概率模型

由前文因子分析可知，平台所有变量通过了 KMO 和 Bartlett 检验，最终得到 4 个公因子 F_1、F_2、F_3、F_4，应用 SPSS 软件对各提取公因子进行 Logistic 回归分析。在回归分析中，变量选择采用 Enter 方法（全部变量强制进入），将提取公因子引入回归分析中，输出结果见表 9-7 至表 9-9，表 9-7 是 Variables in the Equation 检验，P 值为 0.652 >0.5 可知，接受零假设，可认定此模型有较好的拟合效果。

表 9-7 Variables in the Equation 检验

Step	Chi-square	df	Sig.
1	5.275	8	0.728
2	5.956	8	0.652

表 9-8 是模型概要。-2 对数似然值是对数似然函数值的 -2 倍，它的值越小，代表该回归模型的拟合水平越高。Cox and Snell R Square 与 Nagelkerke R Square 代替了线性回归的 R Square 统计量，R Square 越接近 1，拟合水平越高。由下表可知，-2 对数似然值十分小，同时，Nagelkerke R Square 值为 0.771，说明模型的拟合优度好。

表 9-8 模型概要

Step	-2 Log Likelihood	Cox and Snell R Square	Nagelkerke R Square
1	27.125	0.394	0.574
2	16.725	0.530	0.771

表 9-9 是网贷公司平台回归结果。数据显示，公因子 F_1、F_4 以及常数项的显

著性检验 P 值都小于 0.05，说明这 3 个参数估计值都显著不为 0，故将这三者的系数代入 Logistic 模型，进而得到网贷公司平台的信用风险违约概率模型：

$$p_1 = 1/[1 + e^{-(-1.875 + 63.659F_1 - 2.0667F_4)}] \quad (9-2)$$

表 9-9 网贷公司平台回归结果

		B	S. E.	Wald	df	Sig.	Exp(B)
Step 1	F_1	2.086	0.684	9.297	1	0.002	8.054
	Constant	-1.340	0.504	7.063	1	0.008	0.262
Step 2	F_1	3.659	1.479	6.121	1	0.013	38.837
	F_4	-2.067	0.910	5.162	1	0.023	0.127
	Constant	-1.875	0.761	6.076	1	0.014	0.153

9.1.4 ROC 曲线及违约分界点的确定

9.1.4.1 ROC 曲线的概念

受试者工作特征曲线（Receiver Operator Characteristic Curve, ROC 曲线），最初用于评价雷达性能，又称为接收者操作特征曲线。ROC 曲线是反映敏感性（把实际为真值的判断为真值的概率）和特异性（把实际为假值的判断为假值的概率）连续变量的综合指标，是用构图法揭示敏感性和特异性的相互关系，它通过将连续变量设定出多个不同的临界值，从而计算出一系列敏感性和特异性，再以敏感性为纵坐标、特异性为横坐标绘制成曲线，曲线下面积越大，诊断准确性越高。在 ROC 曲线上，最靠近坐标图左上方的点为敏感性和特异性均较高的临界值。

传统的诊断试验评价方法有一个共同的特点，必须将试验结果分为两类，再进行统计分析。ROC 曲线的评价方法与传统的评价方法不同，无此限制，而是根据实际情况，允许有中间状态，可以把试验结果划分为多个有序分类，如正常、大致正常、可疑、大致异常和异常 5 个等级，再进行统计分析。因此，ROC 曲线评价方法适用的范围更为广泛。

9.1.4.2 ROC 曲线的主要作用

1. 易于查出识别能力

ROC 曲线能很容易地查出任意界限值时对违约事件的识别能力。

2. 选择最佳的违约分界点

ROC 曲线越靠近左上角，试验的准确性就越高。最靠近左上角的 ROC 曲线的点是错误最少的最好阈值，其假阳性和假阴性的总数最少。由于在实证中常常会以概率阈值来划分信用违约风险的发生与否,而实际上,通过曲线能够更为精确地取出概率阈值。

3. 直观展示模型的精确程度

ROC 曲线可以通过图形的方式直观地展示模型的精确程度。该曲线利用与45°线的偏离程度来判断模型的拟合情况,曲线下面积越大,诊断准确性越高。ROC 曲线下的面积值(AUC)在0.5~1.0。在 AUC >0.5 的情况下,AUC 越接近于1,说明诊断效果越好。AUC 在0.5~0.7 时有较低准确性,AUC 在0.7~0.9 时有一定准确性,AUC 在0.9 以上时有较高准确性。AUC =0.5 时,说明诊断方法完全不起作用,无诊断价值。AUC <0.5 不符合真实情况,在实际中极少出现。

9.1.4.3 ROC 曲线的优点

该方法简单、直观,通过图示可观察分析模型的准确性,并可用肉眼做出判断。ROC 曲线将灵敏度与特异性以图示方法结合在一起,可准确反映某分析方法特异性和敏感性的关系,是模型准确性的综合代表。提供不同试验之间在共同标尺下的直观的比较,ROC 曲线越凸越近左上角表明其诊断价值越高,利于不同指标间的比较。曲线下面积可评价诊断准确性。

9.1.4.4 确定违约分界点的必要性

运用 logistic 回归模型对 P2P 网贷公司平台信用风险进行评估时,一般选取违约分界点为0.5。理论上,Logistic 回归模型并不存在最优的违约分界点,违约分界点可以是[0,1]区间上的任意值。但是选择不同的违约分界点,模型的预测结果和正确率也将不同。这是因为在实际的预测中,常常会出现两种情况:实际违约的平台误判为未违约的平台和实际未违约的平台判为违约的平台。显然,前者给贷款带来的后果要比后者给贷款人带来的后果严重得多。若 P2P 网贷平台批准一笔不良的信用贷款不仅会损失利息,而且还有可能导致信用贷款本金的损失。而 P2P 网贷平台拒绝一笔高质量的信用贷款,损失也仅限于未能放贷而不能获得利息收入,降低了 P2P 网贷平台的潜在利润。因此,有必要分析中小企业的最佳违约分界点。

9.1.4.5 网贷公司平台违约分界点

对于分类模型性能的评估常常采用 ROC 曲线以预测概率直方图的方法进行。一个完美的分类模型,应当将实际上存在信用违约风险的客户预测为存在违约风险,这样可以在一定程度上事先进行预防和控制;相对地,也应将实际上并不存在信用违约风险的客户预测为不存在违约风险。

依据前文数据,做出网贷平台的 ROC 曲线,如图9-2 所示。结合表9-10 曲线下的面积(AUC =0.961)可知,此模型的诊断价值较高。

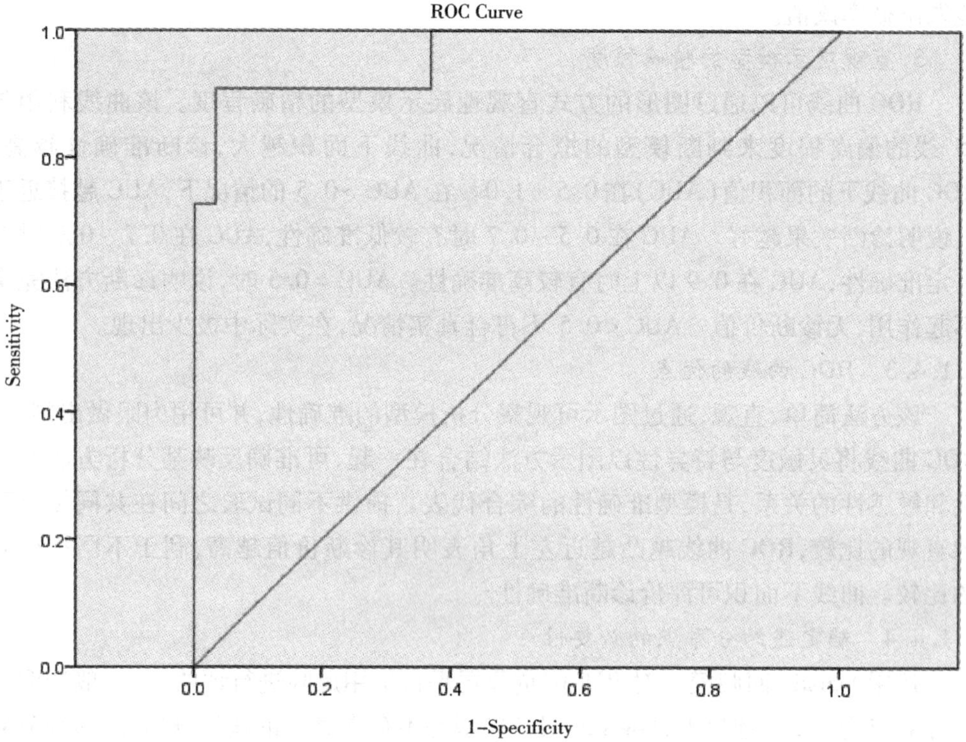

图 9－2 平台的 ROC 曲线

表 9－10 曲线下的面积

Area	Std. Error	Asymptotic Sig.	Asymptotic 95% Confidence Interval	
			Lower Bound	Upper Bound
0.961	0.034	0.000	0.000	1.000

在实证中，概率阈值通常会选取为 0.5，用于判断是否发生信用违约风险，但这并不精准。可通过 ROC 曲线诊断分类表中的敏感度与特异性之差的最大值所对应的阈值，来获得精准的概率阈值。表 9－11 为曲线的坐标的片段，当敏感度为 0.909，特异性为 0.033 时，取得最大的截断值为 0.478 9（约为 0.479）。即模型（式（9－2））的概率阈值为 0.479，当平台概率值小于或等于 0.479 时，视为健康平台；当平台概率值大于 0.479 时，视为问题平台。

表 9 - 11 ROC 曲线的坐标的片段

截断值	敏感度	特异性
0.093 487 8	0.909	0.200
0.117 333 1	0.909	0.167
0.151 864 2	0.909	0.133
0.269 821 5	0.909	0.100
0.419 519 0	0.909	0.067
0.478 951 0	0.909	0.033
0.498 296 8	0.818	0.033
0.598 394 2	0.727	0.033
0.705 073 2	0.727	0.000
0.741 239 3	0.636	0.000
0.873 396 3	0.545	0.000
0.991 885 7	0.455	0.000
0.996 482 6	0.364	0.000
0.998 011 3	0.273	0.000
0.999 082 9	0.182	0.000
0.999 648 3	0.091	0.000
1.000 000 0	0.000	0.000

图 9 - 3 是网贷公司平台的预测概率直方图，横轴是平台信用风险的预测概率值，纵轴是观测的频数。由图可知，大多数健康平台分布在概率阈值 0.479 的左边，问题平台则多分布在 0.479 右边，仅有极少数平台分布出现偏差且分类基本上呈 U 形，说明模型（式（9 - 2））的拟合效果较好。

9.2 借款人维度的模型构建

9.2.1 指标选取和数据采集

P2P 网贷借款人信用风险评估指标体系，是投资者决定是否对此借款人进行放款的主要依据。风险评估指标的选取对最终模型的有效性有着显著的影响。为保证 P2P 网贷借款人风险评估结果的准确性、客观性和可行性，模型指标选取必

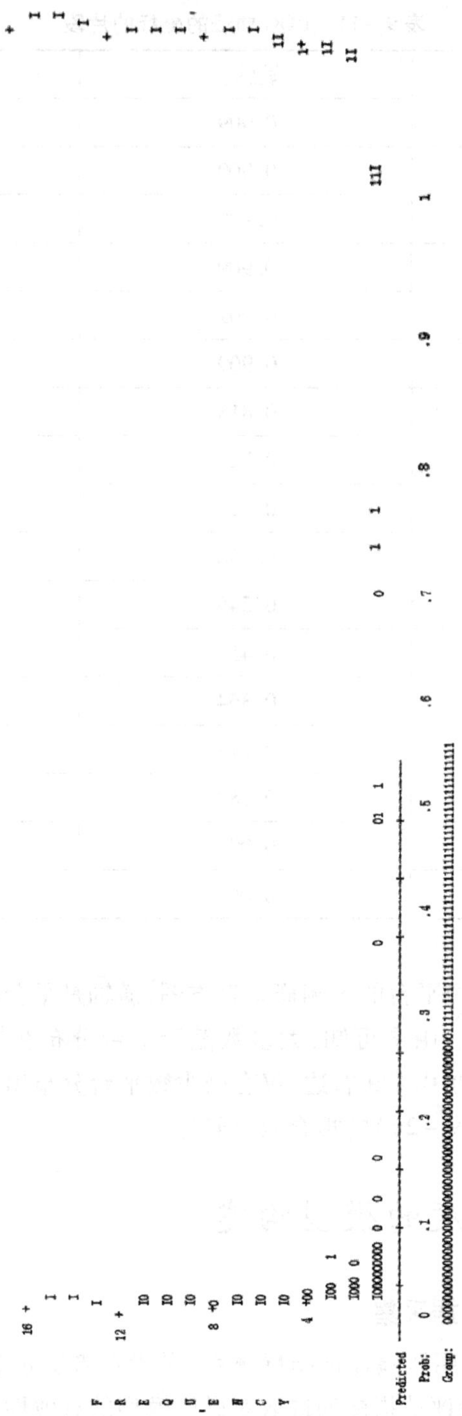

图 9-3 网贷公司平台的预测概率直方图

须遵循以下原则。

1. 可获得性原则

选择信用风险评估指标，首先应考虑该指标能否真正获取到，此原则是建立指标体系的关键。

2. 动态性原则

个人信用具有变化性，因此应注意选择能够灵敏反映申请人信用变化趋势的指标，以便于较好地估测申请者的信用风险变化情况。

3. 实用性原则

信用风险评估指标体系必须具有实用性，有助于投资者准确地估测信用风险。

4. 独立性原则

独立性强的指标可以降低整个信用风险评估计算的复杂程度，同时提高整个指标体系的评估准确性。

5. 安全性原则

所筛选的指标应该能反映个人未来的还贷能力和意愿，确定违约风险，这样才能保证信贷资产的安全回流。

P2P 网贷借款人的信用风险与传统银行信贷借款人的信用风险基本是一致的。选取的评估指标及量化结果见表 9－12。

表 9－12　借款人信用指标及指标量化结果

指标	指标量化结果
年龄	1＝35～45，　2＝46～55，　0＝其他
性别	1＝女，　2＝男
学历	3＝硕士及以上，　2＝本科，　1＝大专
婚姻	1＝已婚，　0＝其他
工龄	3＝5 年及以上，　2＝3～5 年，　1＝1～3 年，　0＝1 年以下
收入	5＝5 万元及以上，　4＝2 万元～5 万元，　3＝1 万元～2 万元， 2＝5 000 元～1 万元，　1＝5 000 元以下
房产	1＝有，　0＝无
房贷	0＝有，　1＝无
车产	1＝有，　0＝无
车贷	0＝有，　1＝无

本文借款人样本数据来源于人人贷公司，共选取200位借款人。其中，从未有过违约还款情况的借款人视为低风险客户，曾经有过违约还款情况的借款人视为高风险客户。

9.2.2 借款人违约概率模型

本文应用SPSS软件建立二元Logistic回归模型，应用所采集的样本数据对模型进行训练，从而得到测试样本对应的信用风险度量结果。为了消除自变量间的多重共线性，需要在建模前进行因子分析，具体思路方法与前文网贷公司平台指标的因子分析一致，此处不再赘述。借款人所有变量通过了KMO和Bartlett检验，最终得到4个公因子Q_1、Q_2、Q_3、Q_4。对这4个公因子进行Logistic回归，回归结果见表9－13。

表9－13 借款人回归结果

		B	S. E.	Wald	df	Sig.	Exp(B)
Step 1	Q_1	－2.165	0.439	24.285	1	0.000	0.115
	Constant	－1.904	0.308	38.258	1	0.000	0.149
Step 2	Q_1	－2.425	0.498	23.744	1	0.000	0.088
	Q_3	－0.880	0.218	16.256	1	0.000	0.415
	Constant	－2.155	0.351	37.737	1	0.000	0.116
Step 3	Q_1	－2.309	0.514	20.151	1	0.000	0.099
	Q_3	－0.886	0.233	14.519	1	0.000	0.412
	Q_4	－0.625	0.201	9.627	1	0.002	0.535
	Constant	－2.099	0.345	36.927	1	0.000	0.123

从上表可知，主成分Q_1、Q_3、Q_4以及常数项的显著性检验P值都小于0.05，说明这4个参数估计值都显著不为0，故将这4个参数的系数代入Logistic模型，进而得到借款人的信用风险违约概率模型：

$$p_2 = 1/[1 + e^{-(-2.099 - 2.309Q_1 - 0.886Q_3 - 0.625Q_4)}] \quad (9-3)$$

9.2.3 ROC曲线分析

借款人指标的ROC曲线如图9－4所示。由ROC曲线下方面积（AUC＝0.886）可知此模型的诊断价值较好。同理可得模型（式（9－3））的概率阈值为0.3，当敏感度为0.980，特异性为0.627时取得。即当借款人概率值小于或等于0.3时，视为低风险借款人；当借款人概率值大于0.3时，视为高风险借款人。

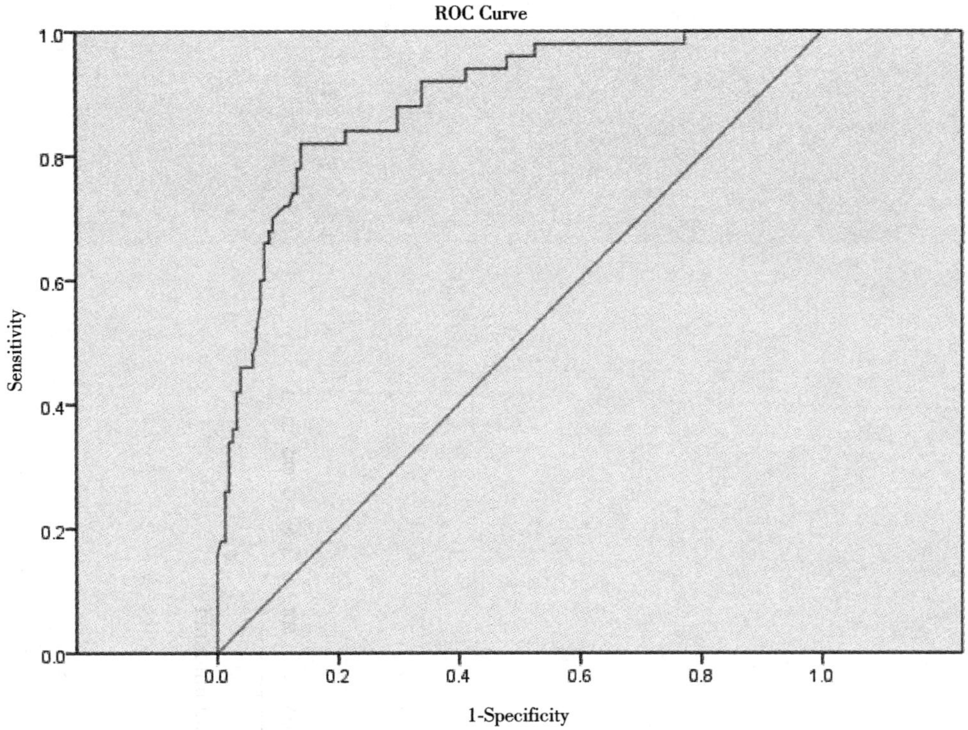

图 9－4　借款人指标的 ROC 曲线

通过借款人的预测概率直方图(图 9－5)可知,大多数低风险借款人在概率阈值 0.3 的左边,高风险借款人则多在 0.3 右边,仅有少数借款人分布出现偏差且分类基本上呈 U 形,说明模型(式(9－3))的拟合效果较好。

9.3　信用风险集成方法

目前已有多种确定属性权重的方法,这些方法可以分为三大类,即主观赋权法、客观赋权法和主客观综合赋权法。下面分别介绍主观赋权法、客观赋权法,并专门就改良的 CRITIC 赋权法进行论述。

9.3.1　主观赋权法

主观赋权法是根据决策专家主观上对各属性的重视程度来确定属性权重的方法,其原始数据由专家根据经验主观判断而得到。主观赋权法有以下 3 个缺点。

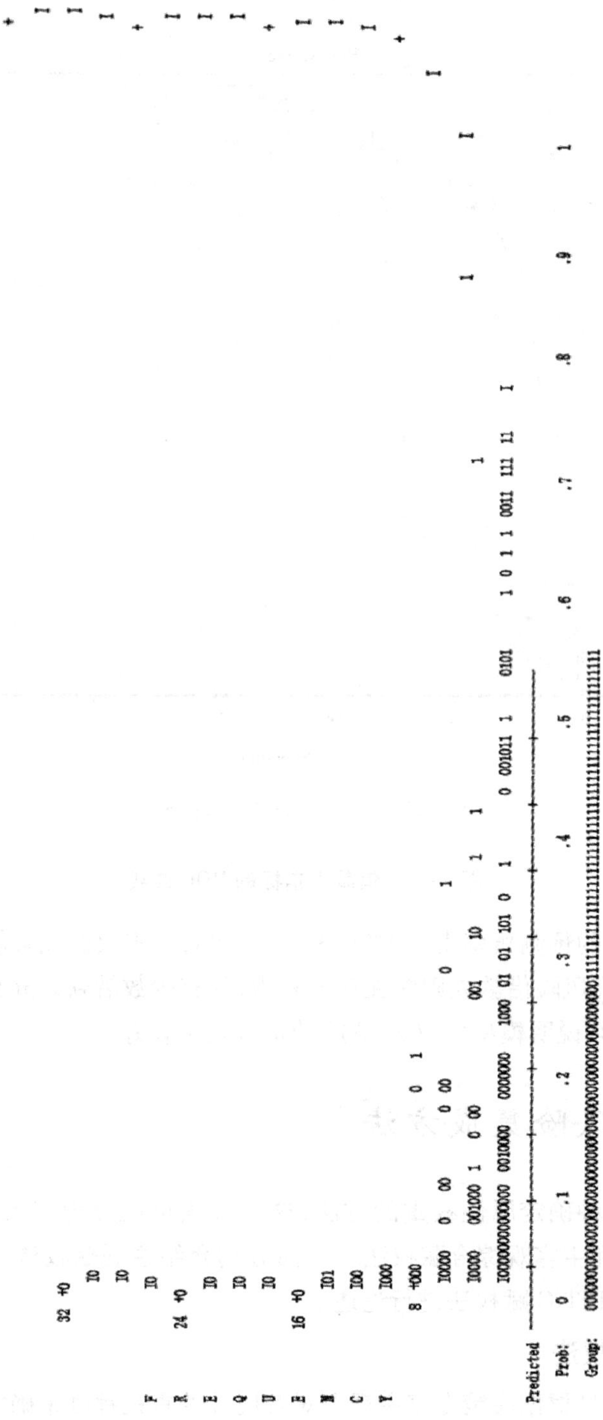

图9-5 借款人的预测概率直方图

首先,主观赋权法确定的权重是由专家根据自己的经验和对实际的判断而主观给出的,因而判断的可靠性就显得十分重要。人在不同的情绪下,其神经中枢对信息的接收、传输、鉴别都是不同的。同一专家在不同的环境下对同一属性的赋权会有差异,人的判断能力与人的知识水平、能力、经验等有很大的关系。而每个人对同一问题的认知度各不相同,致使赋权过程无法在同样的基准上进行,不同的专家得出的赋权结果一般是不同的。解决的办法是采用多个专家参与的群体赋权法,这样可以减少主观随意性。其次,属性的重要程度往往很难用准确的数值来描述,而只能用模糊概念做判断。再次,有些问题及其内在联系是人的主观意识所不能识别的。

主观赋权法的优点是专家可以根据实际的决策问题和专家自身的知识经验,合理地确定各属性权重的排序。也就是说,虽然不能准确确定各属性的权重,但可以按重要程度有效地确定各属性的权重的先后顺序,不至于出现属性权重与属性实际重要程度相悖的情况,而这种情况在客观赋权法中则是可能出现的。

常用的主观赋权法有专家调查法、层次分析法、二项系数法、环比评分法、最小平方法等。其中层次分析法是目前使用和研究得最多的方法。用层次分析法确定属性的权重,其主观性体现在判断矩阵上,具体来讲就是标度方法的选取及标度值的确定上。为此,人们对某种标度进行了研究和比较,提出了符合人们心理习惯的构造模糊判断矩阵的方法。随着人们的不断研究和完善,层次分析法的优越性将会更加明显。

9.3.2 客观赋权法

针对主观赋权法的不足,人们又提出了客观赋权法。其基本思想是属性权重应当是各属性在属性集中的变异程度和对其他属性的影响程度的度量。赋权依据的原始信息应当直接来源于客观环境,处理信息时应深入探讨各属性间的相互联系及影响,再根据各属性的联系程度或各属性所提供的信息量来决定属性权重。如果某属性对所有决策方案而言均无差异,即各决策方案的该属性值相同,则该属性对方案的鉴别及排序不起作用,其权重应为0。若某属性对所有决策方案的属性值有较大影响,这样的属性对方案的鉴别及排序将起重要作用,应给予较大权重。总之,各属性权重的大小应根据该属性下各方案属性值差异的大小来确定,差异越大,则该属性的权重越大,反之则越小。

客观赋权法的优点是权重的客观性强,且不增加决策者的负担;方法具有较强的数学理论依据,便于用计算机处理。而其缺点是没有考虑决策者的主观意向,因此确定的权重可能与人们的主观愿望或实际情况不一致,使人感到困惑。因为从理论上讲，在多属性决策中，最重要的属性不一定使所有决策方案的属性值具有最大差异，而最不重要的属性却有可能使所有决策方案的属性值具有较大差异。这样，按客观赋权法确定权重时，最不重要的属性可能具有最大的权重，而最重要的属性却不一定具有最大的权重。另外，对于同一属性集评价指标体系下的两个不同决策方案集样本，即便使用同一客观赋权法确定各属性权重，结果都会有差异。

常用的客观赋权法有主成分分析法、熵值法、均方差法、CRITIC 赋权法、离差决策法等。各客观赋权法有一定的适用范围，其中主成分分析法是消除属性间的相关性而确定权重的方法，应用时要求决策方案数远大于属性个数，否则将会导致不合理的负值权重的出现，从而给决策方案的评价造成很大的困难。均方差法同样要求决策方案数目巨大，否则对很少数量的决策方案求均方差会毫无意义。熵值法虽然对决策方案数及属性个数无任何限制，但理论上的合理性还有待进一步研究。应用中往往会出现这种情况，当某个属性的属性值离散程度较大时，该属性的权重会很大，从而主宰整个决策过程。熵权法和标准离差法在构造权值时，思想是比较接近的，而 CRITIC 赋权法在计算权值时，不仅考虑到了变异对于指标的影响，而且同时还考虑了关联性对指标的影响，因此，比前面两种方法更加全面。对于多指标多对象的综合评价问题，可以采用 CRITIC 赋权法去消除一些相关性较强的指标的影响，减少指标之间信息上的重叠，更有利于得到可靠的评价结果。在解决多指标综合评价问题时，确定不同指标之间的权重是至关重要的，而 CRITIC 赋权法是一种优于熵权法和标准离差法的客观权重赋权法。因为它在确定客观权重时不仅考虑了指标变异性的大小，也考虑了指标之间的冲突性。前者是用标准差的大小代表同个指标不同评价方案的取值差距大小，后者是依据指标间的相关性。

但 CRITIC 法不能体现指标间的离散性，而熵权法能弥补这一点，因而提出了 CRITIC 法和熵权法相结合的改良的 CRITIC 法。此方法更加客观、全面、可靠，因此，本文将选用改良的 CRITIC 法确定网贷公司和借款人两个维度的权重，其详细介绍和分析见下一节。

9.3.3 改良的 CRITIC 赋权法

CRITIC 赋权法以两个基本概念为基础：一是对比强度，借鉴标准离差的思想，认为如果相同指标的全部评价指标差别越大，即标准差越大，那么其中存在的信息量也越大；二是评价指标之间的冲突性，指标之间的冲突性以指标之间的相关系数为基础，如两指标之间存在较强的正相关，说明两个指标冲突性较低。

依据 Diakoulaki 提出的 CRITIC 赋权法确定指标权重的公式为

$$W_j=\frac{\sigma_j\sum_{i=1}^{n}(1-r_{ij})}{\sum_{j=1}^{m}\sigma_j\sum_{i=1}^{n}(1-r_{ij})}\quad i=1,2,\cdots,n;j=1,2,\cdots,m \tag{9-4}$$

其中，σ_j 是指标 j 的标准差；r_{ij}是评价指标 i 和 j 之间的相关系数；$\sum_{i=1}^{n}(1-r_{ij})$是它们之间冲突性的量化指标。$C_j=\sigma_j\sum_{i=1}^{n}(1-r_{ij})$表示第 j 个评价指标所包含的信息量，C_j 越大，第 j 个评价指标所包含的信息量越大，则该指标的相对重要性也就越大。

熵权法中的信息熵可以体现指标间的离散性，Claude E. Shannon 把信息熵定义为离散随机事件的出现概率，其熵值表达式为

$$e_j=-\frac{1}{\ln n}\sum_{i=1}^{n}\frac{d_{ij}}{\sum_{i=1}^{n}d_{ij}}\ln\frac{d_{ij}}{\sum_{i=1}^{n}d_{ij}}\quad i=1,2,\cdots,n;j=1,2,\cdots,m \tag{9-5}$$

其中，d_{ij}代表标准化后的数据。

综上，将信息熵与 CRITIC 法相结合得到改良后的 CRITIC 法，其表达式为

$$W_j=\frac{(\sigma_j+e_j)\sum_{i=1}^{n}(1-r_{ij})}{\sum_{j=1}^{m}(\sigma_j+e_j)\sum_{i=1}^{n}(1-r_{ij})}\quad i=1,2,\cdots,n;j=1,2,\cdots,m \tag{9-6}$$

9.4 网贷集成信用风险的模型构建

9.4.1 确定各主体权重

若要完整系统地得到 P2P 网贷平台的总体信用风险，需要确定网贷公司和借款人两个维度的权重，以表示每个维度对信用风险的相对重要程度，从而得到集成信用风险的违约概率模型。本书在人人贷平台中选取 50 位借款人作为样本，根据前文数据可知借款人的信用风险发生概率，再应用 Logistic 模型求出在样本借款人借款当天的人人贷公司平台所对应的信用风险违约概率。运用 MATLAB 软件对上述数据进行改良的 CRITIC 赋权法运算，即可得到网贷公司和借款人相对应的权重，见表 9－14。

表 9－14 网贷公司和借款人的权重

维度	借款人	网贷公司
权重	0.513	0.487

9.4.2 综合模型的构建

结合上述得到的借款人和网贷公司的信用风险违约概率 P_1 和 P_2，以及网贷公司和借款人两维度的相应权重，即可得到 P2P 网贷集成信用风险的综合模型：

$$P = 0.513P_1 + 0.487P_2 \tag{9-7}$$

其中，P_1 和 P_2 为风险违约概率，概率值越小，其对应的信用风险就越低，所以风险度量值 P 越小，其对应的平台与借款人组合就应成为优先的投资选择。

9.5 网贷信用风险的实证研究

9.5.1 基于主体的度量模型预测

应用 Logistic 模型分别对 19 组网贷公司（公司平台）测试数据和 49 组借款人测试数据进行预测，网贷公司平台所得概率大于 0.479 的样本定为问题平台，小于等于 0.479 的样本定为健康平台；借款人所得概率大于 0.3 的样本定为高风险借款人，小于等于 0.3 的样本定为低风险借款人。

预测结果见表 9－15 和表 9－16，可知问题平台的预测准确率为 75%，健康平台的预测准确率为 86.67%，平台综合预测准确率为 80.84%；高风险借款人的预测准确率为 81.25%，低风险借款人的预测准确率为 84.85%，借款人综合预测准确率为 83.05%。

表 9－15 网贷公司平台样本预测结果及准确率

	问题平台	健康平台	预测准确率
问题平台（4）	3（√）	1（×）	75.00%
健康平台（15）	2（×）	13（√）	86.67%
总计			80.84%

表 9-16 借款人样本预测结果及准确率

	高风险借款人	低风险借款人	预测准确率
高风险借款人(16)	13(√)	3(×)	81.25%
低风险借款人(33)	5(×)	28(√)	84.85%
总计			83.05%

图 9-6 和图 9-7 分别为网贷公司(平台)和借款人的 ROC 曲线,可知网贷公司平台与借款人 ROC 曲线下方面积分别为 0.933 和 0.838,故两模型的诊断价值都较高且拟合效果较好,可以用于对信用风险的度量,具有一定的指导意义。

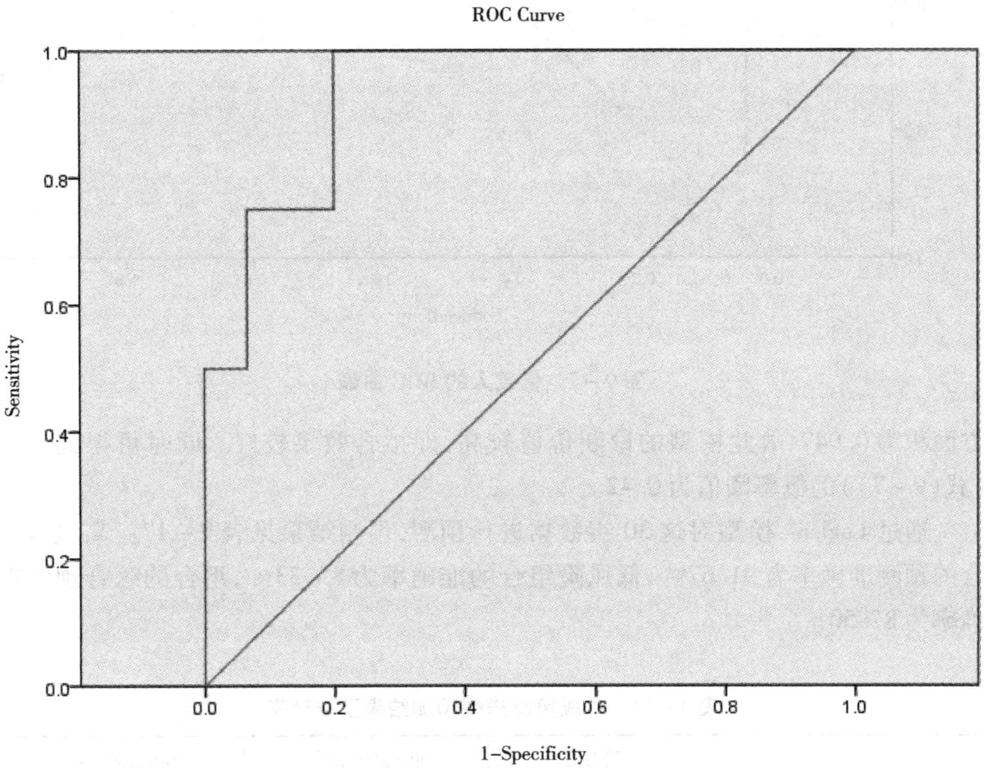

图 9-6 网贷平台的 ROC 曲线

9.5.2 集成风险的度量模型预测

在三家不同等级的网贷公司平台中各选取 10 名借款人,基于应用模型(式(9-7))和这 30 组数据绘制组合 ROC 曲线,如图 9-8 所示。可知组合 ROC 曲线下

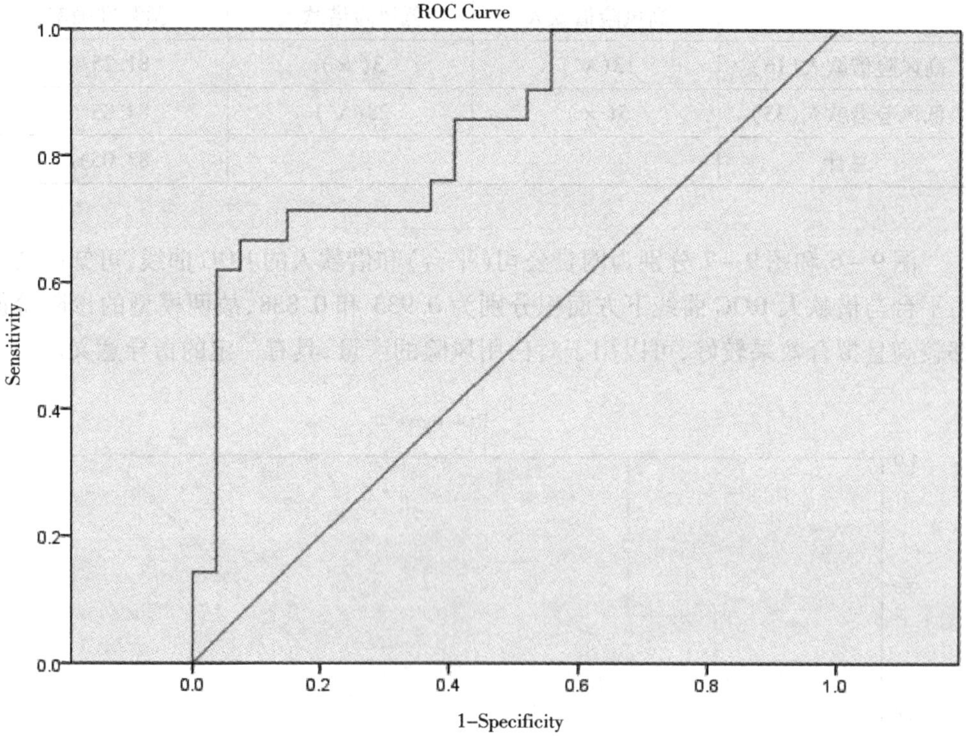

图 9－7 借款人的 ROC 曲线

方面积为 0.947，故此模型的诊断价值较高，即拟合效果较好。同时可得到模型（式(9－7)）的概率阈值为 0.42。

通过 Logistic 模型对这 30 组数据进行预测，预测结果见表 9－17。高风险组合的预测准确率为 91.67%，低风险组合的准确率为 83.33%，组合的综合预测准确率为 87.50%。

表 9－17 集成风险模型预测结果及准确率

	高风险组合	低风险组合	预测准确率
高风险组合(12)	11(√)	1(×)	91.67%
低风险组合(18)	3(×)	15(√)	83.33%
总计			87.50%

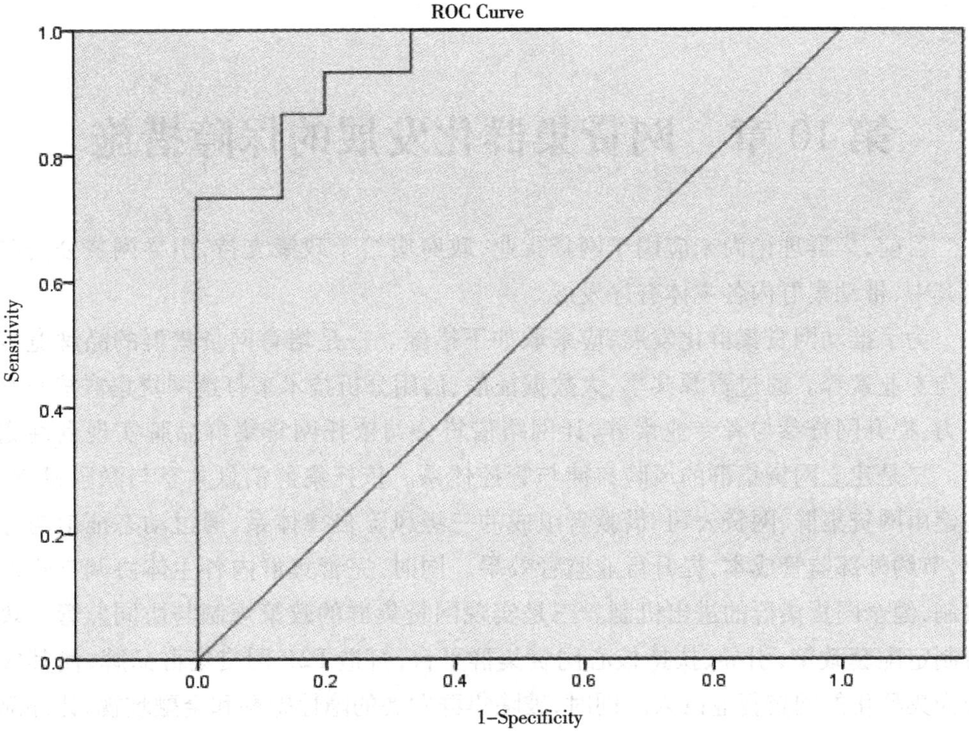

图9-8 组合ROC曲线

综上可知,同时考虑网贷公司平台和借款人的预测准确率,要高于单独考虑借款人的预测准确率。因此,投资者在投资时以综合模型(式(9-7))为依据要优于借款人模型(式(9-3)),即全面地考虑网贷公司平台与借款人的信用风险,更加有利于进行优质投资。

当投资人要在同一家平台中的不同借款人之间进行抉择时,可仅通过借款人模型(式(9-3)),选择违约概率最小的借款人优先进行投资。事实上,大多数投资人在选择投资机会时,既没有预设确定的网贷公司平台,亦没有明确借款人。此时,就会出现在多个网贷公司平台的多个借款人中进行更广泛择优的问题,但用上述借款人模型(式(9-3))无法有效解决该问题。因此,投资人应通过综合模型(式(9-7)),选择集成风险违约概率值较小的网贷公司与借款人的组合,优先进行投资。

第 10 章　网贷集群化发展的保障措施

目前,集群理论尚未应用于网贷行业,政府应给予政策支持,引导网贷公司参与其中,带动集群内各主体有序发展。

为了推动网贷集群化发展,应采取如下措施。一是培育网贷集群的品牌竞争力与专业素养。通过资源共享、大数据征信、信用分析技术来打造网贷集群核心竞争力,提升网贷参与者专业素养,让网络借贷公司依托网贷集群品牌实现良性竞争。二是建立网贷集群的风险自律与管控体系。依托集群信息共享与激励机制,构建由网贷集群、网贷公司、借款者组成的三级风险自律体系,通过动态征信与考评,节约外部监管成本,提升行业监管效果。同时,完善集群内各主体协调与管控机制,健全网贷集群的进出机制。三是实现网贷集群的政策规制与协同监管。政府制定配套政策,引导、扶持核心网贷集群平台,打造 P2P 网贷集群品牌,使其成长为集群化的网贷行业巨人。同时,破除集群发展的隐性壁垒和金融歧视,让外部上层监管与集群内部自律实现协同互补。另外,基于互联网金融业务的自身特点、优势,还应引入网贷集群虚拟社会资本,优化网贷集群虚拟社会资本作用机制。

10.1　培育网贷集群的品牌竞争力与专业素养

10.1.1　培育网贷集群的核心竞争力

网络借贷集群存在的价值在于集群剩余,而集群剩余来源于集群组织架构的核心竞争力。因此,众多“小而弱”的网贷公司需要与技术先进的大数据公司、经验丰富的信用评级公司、资金雄厚的担保公司等,通过互联网在整个信息空间中跨区域、跨行业地集聚成“大而不僵”的网贷集群,形成可与国外大型网贷公司相媲美的网贷集群的风险管控能力和竞争力。

作为唯一直接掌握交易双方信息的中间商,网络借贷公司为了争夺市场鲜有合作,这一“信息孤岛”现象也成为制约平台风险控制的重要因素。首先,网络借贷集群公司必须建立集群信息共享平台。各网贷公司定期主动向集群公司尽可能详细地披露交易信息和公司经营状况等相关信息,在集群内部各主体间进行信息共享,实现主体间信息资源的双向流通。集群公司则负责集群内各网贷公司信息的评价与披露,制定有效的信息披露标准,实现交易的公开性和完备性;提供大数据和专业的信用评级技术,建立统一、规范的集群内自律组织以及专业的信用评价体系。其次,集群公司需协同政府、金融机构、征信机构等相关部门,利用大数据技术有效收集不同来源的数据信息,构建信息共享机制,建立集群内部主体联网的社会征信体系,解决社会征信体系不完善与数据来源有限的弊端。再者,网络借贷集群应与专业评级机构建立合作关系,方便网络借贷公司及投资人深入了解借款人信用情况,从而降低信用风险。最后,网络借贷集群还应与第三方担保机构或保险公司合作,当借款人违约时由担保机构或保险公司先代为偿还或进行债权收购;积极与第三方资金存管机构合作,严格实施出借人资金托管制度,不仅能够防止网贷公司随意挪用出借人资金,还能提升其信誉。

对于借款者,信息披露质量和程度越高,其获得资金的机会越高。而网贷集群公司也应规定借款人所要披露信息的内容,运用专业的大数据技术,与集群内各主体协作制定具体有效的信息披露标准,为网络借贷的参与者提供规范的信息。

在网贷集群初步构建时,网贷集群公司对网贷集群进行强关系管理,在网贷泛空间集群的强关系组织中建立起长期互惠、紧密稳定的协作与信息交流系统,实现网贷行业的有序发展。当集群发展到一定规模时,考虑到网贷集群的管理程度、品牌收益、投入水平,集群公司可制定适当的协调机制,使集群内主体保持相对较弱但广泛的联系,并获得更多异质性的信息资源,维持较低的关系成本。众多网贷公司在良性的竞合关系中形成有效的竞争激励机制,推动网贷集群持续发展。

网络借贷集群发展成熟后,集群内部将会滋生创新惰性,增加集群的风险,使得集群逐渐走向衰退,故在网络借贷集群的发展过程中要不断提升集群的创新能力。一方面,集群内部成员可以综合自身内部因素建立成员内部网络的小世界,实现动态成员联盟的局部优化;另一方面,引入更多主体参与市场竞争,促进创新资源跨区域流动,为网络借贷集群的发展提供源源不断的创新力,从而解决集群创新力不足或创新能力下降的问题。

10.1.2 提升网贷参与者的专业素养

政府应加强 P2P 网贷的风险宣传和教育,提高投资者的风险意识。高校应培养具有相关专业的人才,用专业技能保障网贷集群化的全面发展,为网贷行业的服务对象提供专业的服务。如金融行业的专业人才可为集群内主体提供专业的金融知识与素养;互联网行业的专业人才,提供专业的大数据支撑技术,维持网贷平台的正常运营;法律行业的专业人才,制定有关集群运营的相关法律法规等。

集群内主体应培养自主学习的能力,树立资源共享的意识。发展规模小、模式不成熟的网贷公司应向集群内综合实力较强的公司学习,实现高效的知识转移,建立集群知识网络构架,提升各主体创新意识与集群的整体竞争实力。

集群应制定有效的人才引进机制,引进各行业的专业人才,实现知识的创新与转移,激励集群内人才的聚集与进步。聚集全球精英不仅能够推动人才知识的积累、能力的提升,也能促进整个网贷集群创新发展。

10.1.3 依托网贷集群品牌实现良性竞争

网络借贷集群品牌,是增强集群的行业竞争力,实现各方主体分享集群剩余而共赢的可持续发展之路。

网络借贷集群品牌的形成要经历网络借贷公司、网络借贷集群、集群品牌三阶段。网络借贷集群在塑造品牌的过程中应该做到:一是确定集群品牌发展战略,结合网络借贷集群的优势和经济发展规划,给予集群品牌合理的定位;二是处理好集群品牌和内部网络借贷公司的关系,个性化的公司品牌是集群品牌的有力支撑,集群品牌是个性化的公司品牌的本质定位,两者相辅相成;三是注重集群品牌的保护和推广。集群品牌应该充分利用现代化媒体进行广告宣传和整体形象的塑造,从而逐步提升集群品牌的知名度。只有形成了属于自己的网络借贷集群品牌,才能规避市场恶性竞争带来的风险,增强竞争力。

具体来讲,以优势网络借贷公司为核心,带动其他网络借贷公司与相关第三方金融机构打造网贷集群,引导、扶持其发展壮大为核心网络借贷集群平台,并打造网络借贷集群品牌,使其逐步成长为集群化的网络借贷行业巨人。

10.2 建立网贷集群的风险自律与管控体系

10.2.1 构建风险自律的三级体系

网络借贷行业的风险多由行业自身不能坚守原则导致,所以自律是网络借贷行业可持续发展的必然要求。网络借贷行业相关主体的自律,不仅能够缓解网络借贷业务中的法律风险,而且能提升网络借贷行业整体的信誉和风险抵御能力。

依托集群信息共享与激励反馈,构建由网贷集群、网贷公司、借款者组成的三级风险自律体系(图 10-1),通过动态征信与考评,在节约外部监管成本的同时提升行业监管效果。

在集群模式下,集群公司提供大数据和信用评级技术支持,负责集群内各网贷公司信息的评价与披露,建立集群内公共信息共享平台,实现交易的公开性和集群

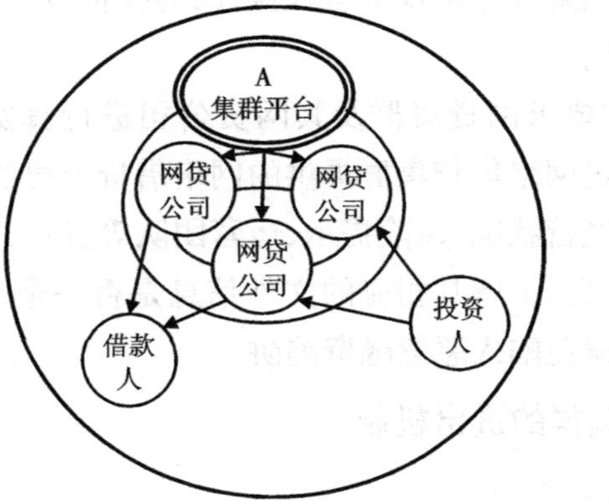

图 10-1 风险自律的三级体系

内自律。在集群模式下,集群公司与集群内部各网贷公司的总体利益诉求相一致,但不与某一网贷公司或网贷借款人的利益诉求相一致,集群公司不会放纵某一网贷公司或网贷借款人在损害其他网贷公司的利益前提下追求自身利益。因此,监管部门无须对数量多而分散的网贷公司进行单个监管,只需重点监管集群公司的经营,保障宏观经济健康运行。

集群模式下的自律机制,便于监管部门的监督,节约了监管成本,提升了监管效果。

10.2.2 完善主体协调与管控机制

网贷集群内主体众多,都是独立的法人组织,它们有自己独立的利益追求和活动范围。若没有完善的协调机制,网贷集群协同效应难以发挥,集群剩余难以实现。建立完善的协调机制,需要建立起集群内信任机制,推进信息资源共享,通过集群主体间合作与竞争,建立网贷集群激励竞争机制,保障集群主体竞争优势。

同时,网络借贷集群生存发展的关键是风险控制,风险控制的核心是信用评价及其相匹配的激励约束机制。严格规范的约束机制是保障网贷集群有序发展的必然条件,网贷集群公司会主动借助网贷集群的大数据技术和信息共享体系,对有违法违约行为的网贷公司、借贷人进行披露,将其列入集群内黑名单,对其进行制度制约而实现集群自律。完善的协调机制使集群内企业实现专业化协作,满足小微企业对资金多样化的需求,扩大网贷行业的市场规模。

同样,在网贷集群的信息资源共享环境下,网贷公司、借款者加入网贷集群平台后,出于其在集群中的交际声誉和未来交易成本的考虑,也会通过自律而寻求长远发展,从而有效降低 P2P 网贷行业的个人信用风险。网贷集群既要吸引投资者放货，也要控制成本风险并保护投资者权益，因为投资者是网贷风险的最终承担者和网贷集群发展的基石。

投资者也应强制要求网贷集群及其网贷公司进行真实的风险披露和风险提示，并在投资之前通过网络借贷集群提供的网络借贷公司的信息，调查了解网络借贷公司的信用评级、经营状况、风险提示、运营团队等资料，对比集群内部发布的网络借贷集群平台的信息，了解其相应的文件信息是否齐全，进而强化对网贷公司、借款人的约束激励，避免陷入恶意融资陷阱。

10.2.3 健全网贷集群的进出机制

1. 网贷集群的准入机制

从风险控制角度看，任何“市场准入”制均是在维护市场秩序和保护投资者，其合理与否对网贷集群的发展具有重要的影响。网络借贷集群的制度设计，既要有助于提高效率，又要将其风险控制在可以掌控的范围内。市场准入可以分为资本准入、产品与业务准入、从业人员准入等方面，分别从不同的角度维持金融市场秩序和保护投资者权益。

在资本方面，网贷公司是采用公司制组织形式的非金融机构法人，虽然其既不吸储、也不放贷、外部效应较小，但为了防止网贷公司恶意集资圈款跑路等事件的出现，对其注册资本最低限额应有一定限制，不宜过低。

在从业人员方面，网贷公司要有若干名具有丰富的金融信贷知识和相关从业经验的从业人员，尤其是网贷公司高管，其任职资格要经过监管机构的批准。此外，网贷公司还要有符合要求的反洗钱措施、健全的组织机构、内部控制和风险管理制度，以保障借贷资金流转安全，控制信贷风险。

在经营状况上，网贷集群应从集群的角度对各网贷公司综合竞争力和满意度进行测度，剔除不规范、不稳定的网贷公司，制定网贷集群内部主体的准入门槛，明确各主体的角色、功能和职责，明晰其业务边界，提升集群的整体竞争力，促进集群的规范发展。

网络借贷集群在构建过程中，也应当响应政府的号召，将备案登记工作提上日程，禁止登记备案的网络借贷公司进入集群平台。

2. 网贷集群的退出机制

网贷公司作为一种特殊的非金融机构法人，在退出机制上和一般企业有很多不同，在退出时要特别关注对未到期借贷合同的维护和客户个人信息的保护。在借鉴中国小额信贷联盟发布的《P2P 行业自律公约》基础上，网贷公司破产退出和清退程序应从以下几个方面出发来保护客户利益。首先，参照英国金融行为监管局提出的“生前遗嘱”管理模式，网贷公司在加入网贷集群时就应当制定“生前遗嘱”，规定网贷公司一旦出现破产后相应的信息处理程序、未到期借贷合同维护、客户资金分配和客户意见反映途径等。这一“生前遗嘱”要通过网贷集群的审查和备案，并要在集群公司平台网站上予以公示。其次，根据“生前遗嘱”成立执行工作组，专门负责网贷公司退出后借贷合同双方的妥善安排。最后，完成退出后，要公示整个流程的操作和费用情况。

10.3 实现网贷集群的政策规制与协同监管

10.3.1 政府制定配套的扶持政策

集群的发展是一个渐进的过程，受一些内外因素的共同制约与影响。研究发现在集群的萌芽期，其发展模式一般为政府主导型；在初步发展时期，其发展模式为政府引导型；在集群不断扩张的成长期，其发展模式为政府引导+市场推动型；在集群发展的成熟阶段，成为市场主导型。

因此，网络借贷集群的形成发展必须有政府的支持和推动，但是对于不同的集群以及在同一集群的不同发展阶段，政府的作用是不同的，政府对集群的干预是间接的、辅助的。根据我国网络借贷行业发展的现实，政府应制定扶持网络借贷集群的配套政策，促进专业化资本、人力资本以及特定的金融创新资源等聚集到一起。政府只有顺应市场经济规律，根据网络借贷集群所处阶段和情况，适时地对网络借贷集群给予支持，才能真正发挥其应有的作用，进而推动网络借贷集群持续、快速、健康发展。

10.3.2 破除集群发展的隐性壁垒

网络借贷的集群化发展模式，不但具有理论上的必要性，同时也具有现实上的紧迫性。然而，作为一种整合竞争优势和优化风险管控的金融创新性组织模式，其尚未得到认可。同时，我国的征信体制不够健全，征信市场发展时间不长，中国人民银行的征信体系没有对P2P网络借贷行业开放，征信信息没有实现共享，这也会阻碍P2P网络借贷集群的健康发展。

因此，一方面，在互联网金融时代，中国人民银行作为征信主体，应建立与征信体系相接轨的互联网金融大数据库，加快信息共享机制和信息保护体制建设，同时，国家还应该健全征信法律法规；另一方面，破除网络借贷集群发展的隐性壁垒和金融歧视，在完善社会征信体系和黑名单制度的基础上，强制实行实名制认证，将现有的金融机构征信系统与网络借贷业务主体进行对接和共享，对获得审批并注册的网络借贷集群开放征信体系。

10.3.3 协同上层监管与集群自律

一方面,网络借贷集群作为一个利益共同体,会在利益一致性的约束激励下缓解委托代理失灵,降低网络借贷交易中的信用风险、操作风险;另一方面,网络借贷集群利益并非总是与行业利益、国家利益保持一致,仍然需要国家监管部门在必要时进行调控。因此,应有效协同上层监管与集群自律,通过集群自律而缓解信息不对称,在节约监管成本的同时降低风险。

1. 基于信息共享的协同互补

政府监管机构与网络借贷集群应相互开放相关信息资源,通过信息共享,政府监管机构借助网络借贷集群便捷地掌握真实、翔实、具体的网络借贷业务信息,网络借贷集群借助政府监管机构全面了解网络借贷市场的总体运行情况与潜在风险,从而双方都能有效评估和管控风险。

2. 基于规制方式的协同互补

政府监管机构针对宏观经济发展需要和网络借贷行业共性问题,通过制定法律法规来进行强制性调控;网络借贷集群针对集群自身的发展现状、目标,通过制定规章制度或集群内部一致认可的惯例而实现内部自律。

3. 基于调控定位的协同互补

政府监管机构关注国家宏观经济走势和全民利益,而网络借贷集群关注整个集群的总体利益与长期利益,但绝非集群内某个网络借贷公司的个体利益,通过保护该集群中网络借贷投资者利益而实现投资者对网络借贷集群的认同,进而实现整个集群内各方主体的可持续发展。

简言之,通过上层监管与集群自律的协同互补,实现网贷公司—网贷集群—网贷行业的有序运作,最终实现“小网贷、大集群”,灵活且稳健地契合小微信贷需求。

10.4 优化网贷集群虚拟社会资本作用机制

网络借贷是互联网金融的重要组成部分,网络虚拟性导致网贷交易中个人违约信用风险行为高频发生,严重影响整个网贷行业的稳定性。研究发现,虚拟社会资本在解决此类问题上能够发挥重要作用。

10.4.1 引入网贷集群虚拟社会资本的构思

虚拟社会资本的概念来源于社会资本,是社会资本和互联网技术相融合的产物,被称为“在线社会资本”,其和传统社会资本的主要区别在于参与主体的交易场所实现了从线下至线上的转移,是在互联网空间上形成的社会资本。虚拟社会资本可以理解为参与主体因在虚拟社会空间中进行活动所建立的虚拟社交关系,获得的虚拟荣誉、评价和信用等一切虚拟资源的总和,该主体可以利用这些资源实现一定的目的和诉求,同时其能够对该主体的社会经济活动产生影响的一种资本形式①。

虚拟社会资本始于网络虚拟社区的研究,之后又被广泛应用于网络新媒体领域,而在P2P网贷领域,其一般存在于规模稍大或者成立较早的P2P网贷公司。这些P2P网贷公司设有自己的虚拟网贷社区,社区中的各参与主体在虚拟网贷社区中所拥有的社会关系网络、资金流动等具有特定目的的记录便构成了各参与主体的虚拟社会资本。在解决P2P网贷行业信息不对称问题的研究中,越来越多的学者认识到虚拟社会资本能够对个人信用行为产生积极影响,能够有效缓解信息不对称问题。

然而,目前我国P2P网贷公司数量多、规模小、成熟度低,在契合个人和小微企业信贷需求的同时,受到自身数量和规模的限制,大多数P2P网贷公司中虚拟社会资本的影响范围小、通用性差,使得借款者和P2P网贷公司之间可能存在一种短期的资金借贷关系。因此,借款者拒绝还款后还有其他更多的选择进行融资,进而导致个人信用风险难以管控,信息不对称问题严重。倘若仅存几家大型P2P网贷公司稳控市场,又难以实现普惠金融,也难以解决个人和小微企业的融资需求。

针对P2P网贷行业中虚拟社会资本存在的上述困境,本文提出的网络借贷集群的概念,恰好能合理解决这个两难困境。P2P网贷集群是一种介于一体化的P2P网贷公司和完全竞争市场之间的中间性体制组织,它利用互联网信息技术将位于不同地理空间上的中小型P2P网贷公司以及相关机构进行网络聚集,实现以“组织接近”代替“地理接近”的目的。而P2P网贷集群的意义不仅在于使很多的中小型网贷公司和相关机构在网络平台进行虚拟集聚,更在于这种虚拟集聚下所隐藏的深层次的虚拟社会资本——各参与主体在网络空间中利用其在虚拟社区中建立的集群网络关系、集群信任关系、集群规范制度等虚拟资源来实现某种目的或诉求,并且对行为主体的社会经济活动产生影响的一种资本形式。

10.4.2 网贷集群虚拟社会资本的形成机理

P2P网贷集群中成员间的合作时间越久,交往越频繁,信任水平越高,虚拟社

① 王博,张玉旺.虚拟社会资本视角下网络信用体系的构建[J].学术交流,2017(4):139-144.

会资本就越容易形成①。P2P 网贷集群中虚拟社会资本的形成机理可以从集群网络关系、集群信任关系、集群规范制度三个方面进行阐述,如图 10－2 所示。

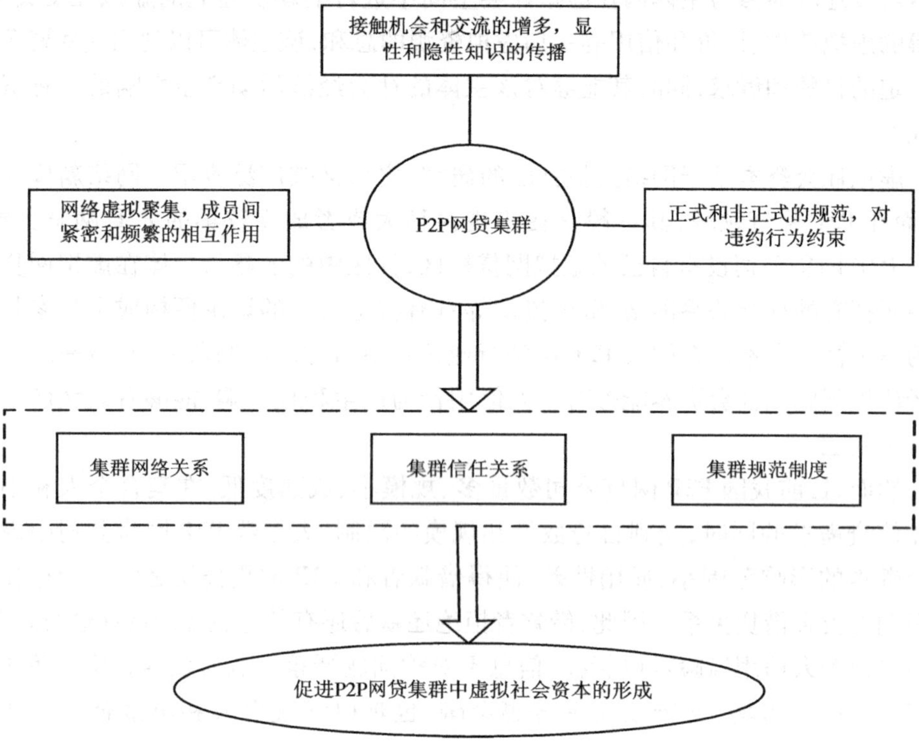

图 10－2　网贷集群中虚拟社会资本的形成机理

1. 集群网络关系

与单一 P2P 网贷公司不同的是,P2P 网贷集群中网络关系的重要特征是实现了 P2P 网贷公司的网络虚拟聚集,缩短了成员间的网络空间距离,而网络空间距离的接近,加快了集群网络中信息以及缄默知识的传播,促进了集群成员之间在合作过程中紧密和频繁的交互作用,从而有利于虚拟社会资本的形成。

2. 集群信任关系

集群能够有效克服信息不对称问题,促进成员之间的相互信任。在集群内部,由于网络空间距离的接近,成员之间接触的机会增多,同时集群成员获取的信息远比独立的 P2P 网贷公司更加完善和充分,有助于隐性和显性知识在成员之间的扩散,提高了信息的开放度和透明度。同时,成员通过信息交流可以有效识别和判断

① 张魁伟,许可. 产业集群的社会资本运行机制[J]. 经济学家,2007(4):59－64.

对方的机会主义倾向,减少不确定性,增加了相互之间的信任,从而促进虚拟社会资本的形成。

3. 集群规范制度

集群内成员之间频繁的合作和交流会促进集群内正式或非正式规范制度的形成,这些规范制度会对集群成员的行为活动产生激励和约束作用,从而使集群成员遵守规制,信守承诺,避免机会主义行为,降低信息不对称和个人信用风险问题,进而促进 P2P 网贷集群中虚拟社会资本的形成。

10.4.3 网贷集群虚拟社会资本的运行机制

P2P 网贷集群中形成的虚拟社会资本将改善资金借贷关系、缓解两难困境。与独立的 P2P 网贷公司相比,P2P 网贷集群中形成的虚拟社会资本可将借款者与 P2P 网络公司间的资金借贷关系长期化,从而解决 P2P 网贷公司中虚拟社会资本的两难困境,实现 P2P 网贷公司小而不弱的目的,在满足个人和小微企业融资难的情况下,有效缓解个人信用风险问题。

在 P2P 网贷集群平台中,投资者、借款者等参与主体通过注册账号进入虚拟网贷集群社区。成员在虚拟网贷集群社区中不仅可以相互交流,也可以以建立借贷关系、成功借贷等为目的搜集各种信息资源。同时,各参与主体在虚拟网贷集群社区中建立的各种虚拟社交关系;发布的相关图片、语音、视频或者文字;社区中其他成员对其的评价等都会纳入该参与主体虚拟社会资本的测度当中。虚拟网贷集群社区形成的虚拟社会资本环境可以对参与主体的行为和社交关系进行系统性记录,并对借贷记录进行严格的披露。由于借款者的行为会被完整地记录,其必须提交真实的资料来确保与自己在网贷集群平台的行为保持一致,在成功借款后,自己的还款表现也同样会被记录,理性的借款人会尽量减少不良记录,降低其下次借款的预期成本,从而扩大了 P2P 网贷集群中虚拟社会资本的影响范围,提高了其通用性,进而使得 P2P 网贷集群平台和借款者之间形成一种长期的互利关系,提高了对借款者违约行为的约束力。可见,P2P 网贷集群中虚拟社会资本比独立的 P2P 网贷公司中的虚拟社会资本更能够有效缓解信息不对称的问题,从而大大减少问题平台的出现。

10.4.4 网贷集群虚拟社会资本的约束与激励机制

P2P 网贷集群模式下的虚拟社会资本将进一步完善约束机制和激励机制,对个人信用行为产生积极影响,如图 10 - 3 所示。

10.4.4.1 约束机制

P2P 网贷集群中虚拟社会资本的存在会对网贷主体的个人行为选择产生约

束。在P2P网贷交易中,如果借贷主体的交易行为是带有经济利益的,那么理性的行为人必然会权衡交易成本和收益。如果借贷主体的交易行为是非经济利益行为,那么理性的行为人更多地会考虑其在网贷集群平台中的声誉以及其他参与主体对其进行的评价等,进而从网贷交易成本和网贷交际声誉两个层面探讨虚拟社会资本对个人信用行为的约束机制。

1. 网贷交易成本层面

P2P网贷集群中的虚拟社会资本会从两个方面影响网贷交易成本。第一,虚拟社会资本恶化导致借贷交易的减少。投资者考虑的是净利润,如果在投资回报率不变,违约概率增加的情况下,投资者的内含收益率会下降或者小于等于零。面对这种情况,理性的投资者必然会退出交易或者选择回报率更高的投资产品以弥补增加的风险,或者选择缩短还款期限来保证资金安全。第二,导致借贷交易契约变得更加严格。违约概率的增加会带来交易违约风险的增加,理性的交易方必然会要求以更为严格的交易契约来保证交易中资金的安全和要求的投资回报率。尤其是当违约风险高出了市场风险时,一般的交易条款很难满足要求,这时就需要增加或者补充特别条款,这种条款一般会限制借款者的资金使用权限或者单向增加借款者的义务。

2. 网贷交际声誉层面

P2P网贷集群中的虚拟社会资本的恶化会导致网贷主体在网贷集群空间中的形象受损,进而影响其在网贷集群中正常的交流互动和交易。网贷交易主体的任何不良交际行为不仅会导致其声誉受损,同时也会带来交际范围的大幅缩水。而网贷主体会选择声誉修复或者声誉重建来保证正常的交际。网贷主体的声誉修复必然是个漫长的过程,因为网贷主体不仅要在以后的活动中更加严格地要求自己认真遵守规则来取得别人的原谅,同时还要考虑遗忘机制带来的时间成本。当虚拟社会资本恶化到使网贷主体的网贷交际声誉损失到无法在原来的环境中继续立足的地步时,就需要进行声誉重建。网贷主体进行声誉重建就需要放弃原来的环境,重新进入一个新的虚拟网贷集群社区,而新的网贷集群社区不仅会设置不同于原来空间的进入限制,还需要重新建立新的虚拟网贷关系,这无疑对网贷主体是一个巨大的挑战,而且其要负担更大的成本。所以,无论从成本还是声誉机制来考虑,都会给网贷主体带来损失,进而对网贷主体形成一种约束机制。

10.4.4.2 激励机制

P2P网贷集群中的虚拟社会资本不仅对网贷主体产生约束机制,而且会对网贷主体产生一种激励机制,仍然从网贷交易成本和网贷交际声誉两个方面来考虑。

1. 网贷交易成本层面

在虚拟社会资本存在的情况下网贷平台会对网贷主体的信用行为进行记录，理性的借款者为了能够成功得到借款，会尽可能提供全面且真实的信息来提升自己在网贷集群空间的信用。网贷主体也会比较重视交易对方的虚拟社会资本，为了降低网贷交易成本，交易双方都倾向于营造良好的网贷集群环境。借款者在得到借款后，为了提升自己的虚拟社会资本，会倾向于尽快还本付息。因此，网贷集群中虚拟社会资本的存在会激励参与主体去减少信息不对称，从而降低交易成本。参与主体都表现出来高度的自律精神，同时大大减少了监管的成本。

2. 网贷交际声誉层面

在P2P网贷集群中，良好的虚拟社会资本能够提升参与主体的网贷交际声誉，而良好的声誉将会带来更多的接受和认可。具有较好声誉的网贷主体会在网贷集群空间中获得较高的威望，对借款者而言，会吸引更多的投资者，而新进入网贷集群空间的网贷公司，会首先选择与网贷交际声誉高的借款者建立借贷关系，从而会使声誉较高的借款者拥有越来越多的交易对象。所以，理性的网贷交易主体会去追求较高的声誉，这就会激励网贷主体更加注重自己在网贷集群空间中声誉的建立，长此以往，P2P网贷行业将会拥有更好的信用水平，信息不对称问题大大降低。

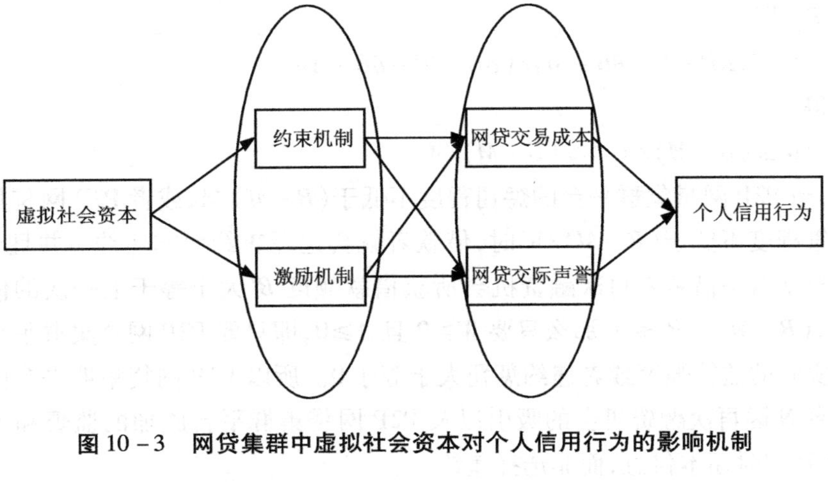

图10－3　网贷集群中虚拟社会资本对个人信用行为的影响机制

10.4.5　网贷集群中借款者的激励相容行为抉择

P2P网贷集群中的虚拟社会资本在不同的阶段发挥着不同作用。首先，在借款者选择进入P2P网贷集群平台时，虚拟社会资本发挥着甄别作用，即借款者只有提供更多的私人信息才能有机会进入集群平台，同时投资者便可以根据这些信息更加准确地对借款者进行评估，从而降低了互联网环境下的信息不对称问题，有效缓解了个人信用风险。其次，借款者借款成功后，虚拟社会资本起到监督的作用，即借款者取得借款后，为防止借款者违约，集群平台以及集群内部成员会对其进行监督。最后，借款者违约时，虚拟社会资本起到惩罚的作用，即借款者到期不按时还本付息，将会受到集群平台以及社会的惩罚，迫使其按时还本付息。

假设 P2P 网贷集群中有借款者 N，到期还款额为 B，投资项目成功的收益为 R，概率为 P，缴纳一定比例的准备金 θB，$\theta \in (0,1]$，如果借款者提供了较多真实可靠的私人信息 G，其贷款成功的可能性将会加大，$F=\alpha G$，$0\leqslant\alpha\leqslant 1$。在网贷交易过程中，P2P 网贷集群平台可以根据借款者所具有的虚拟社会资本的多寡，来判断借款者的信誉状况，同时选择相应的监管强度为 $A(A\geqslant 0)$，以便及时观测到借款者是否存在违约行为。当交易成功时，倘若借款者选择违约，其行为将会被记录，同时会受到 P2P 网贷集群平台施加的惩罚 $W(W\geqslant 0)$，同时借款者的虚拟社会资本将会恶化，其将很难再次取得投资者的信任，甚至会因此无法再次从 P2P 网贷集群平台获得借款；当 P2P 网贷集群平台内的成员都选择履约的情况下，成员的虚拟社会资本将会进一步提升，其良好的声誉和社交网络将会收获更多的信赖，主要表现在其可以从未来的再融资中获得收益 M。所以，P2P 网贷集群平台内的借款者 N，履约的预期事后收益为 $E_1=(\alpha G)RP-B-\theta B+M$；违约的事后收益为 $E_2=(\alpha G)RP-\theta B-AW$。因此，P2P 网贷集群内的借款者 N 决定履约的激励相容条件是 $E_1\geqslant E_2$，即

$$(\alpha G)RP-B-\theta B+M\geqslant(\alpha G)RP-\theta B-AW$$

求解可得

$$W\geqslant(B-M)/A;A\geqslant(B-M)/W$$

故，当 P2P 网贷集群平台的惩罚程度不低于 $(B-M)/A$，或者 P2P 网贷集群平台的监管程度不低于 $(B-M)/W$ 时，借款者就会选择履约而非违约。并且当 P2P 网贷集群平台中借款者再次融资机会所获借款额度 B' 大于等于上一次的借款金额 B 时，$(B-M)-B'\leqslant 0$，那么只要 $W\geqslant 0$ 且 $A\geqslant 0$，即只要 P2P 网贷集群平台对违约成员实施的监管强度或者违约惩罚大于等于 0。所以 P2P 网贷集群平台内理性的借款者 N 因再次融资机会的吸引以及 P2P 网贷集群平台施加的监督和惩罚压力，会选择按时还本付息，而非选择违约。

基于上述分析，可以认为在 P2P 网贷集群环境下，借款者加入 P2P 网贷集群平台，集群中的虚拟社会资本能够制约其违约行为，从而有效降低 P2P 网贷行业的个人信用风险。这表明，网贷集群虚拟社会资本为政府监管部门对个人信用风险管控提供了新的思路和方法，进而也证明了 P2P 网贷集群的合理性和推动推广网贷集群虚拟社会资本的必要性。

参考文献

[1] LIN M F, PRABHALA N R, VISWANATHAN S. Juding borrowers by the company they keep: Friendship networks and information asymmetry in online peer-to-peer lending[J]. Management science, 2013, 59(1): 17 – 35.

[2] PURO L, TEICH J E, WALLENIUS H, et al. Borrower decision aid for people-to-people lending [J]. Decision support systems, 2010, 49(1): 52 – 60.

[3] GORDY M B. Saddle point approximation of credit risk + [J]. Banking and finance, 2008, 26 (7): 1335 – 1353.

[4] RAVINA E. Love and loans: The effect of beauty and personal characteristics in credit markets [J]. Journal of finance, 2008.

[5] DUARTE J S, SIEGEL S, YOUNG L. Trust and credit: The role of appearance in peer-to-peer lending[J]. Review of financial, 2012, 25(8): 2455 – 2483.

[6] HERZENSTEIN M, DHOLAKIA U M, ANDREWS R L. Strategic herding behavior in peer-to-peer loan auctions[J]. Journal of interactive marketing, 2010, 25(1): 27 – 36.

[7] POPE D G, SYDNOR J R. What's in a picture? Evidence of discrimination from Prosper. com [J]. Journal of human resources, 2011, 46(1): 53 – 92.

[8] BELLUCCI A, BORISOV A, ZAZZARO A. Do banks price discriminate spatially? Evidence from small business lending in local credit markets[J]. Journal of banking & finance, 2013, 37 (11): 4183 – 4197.

[9] HUMPHREY C, MICHAELOWA K. Shopping for development: Multilateral lending, shareholder composition and borrower preferences[J]. World development, 2013, 44: 142 – 155.

[10] KLAFFT M. Peer to peer lending: Auctioning mircocredits over the internet[C]// Proceedings of the international conference on information systems, technology management. United Arab Emirates, 2008.

[11] RADDANT M. Structure in the Italian overnight loan market[J]. Journal of international money and finance, 2014, 41: 197 – 213.

[12] RAMCHARAN R, CROWE C. The impact of house prices on consumer credit: Evidence from an internet bank[J]. Journal of money, credit and banking, 2013, 45(6): 1085 – 1115.

[13] SURFI A. Information asymmertry and financing arrangements: Evidence from syndicated loans [J]. Journal of finance, 2007, 25(1): 629 – 668.

[14] ROBERT P. Marking democracy work[M]. Princeton:Princeton University Press,1993:133.

[15] JEFFERSON D,STEPHAN S,LANCE A. In :Trust and Credit[C]// AFA Atlanta meetings paper. America:2010.

[16] BARASINSKA N. The role of gender in lending business:Evidence from an online market for peer-to-peer lending[J]. The New York times,2009,217266:1 –25.

[17] WANG H,GREINER M. Herding in multi-winner auctions[C]. ICIS proceedings,2010:235.

[18] LEE E,LEE B. Herding behavior in online P2P lending: An empirical investigation[J]. Electronic commerce research and applications,2012,11(5):495 –503.

[19] ZHANG K,CHEN X. Herding in a P2P lending market:Rational inference or irrational trust? [J]. Electronic commerce research and applications,2017, 23:45 –53.

[20] BARASINSKA N,SCHAFER D. Is crowdfunding different? Evidence on the relation between gender and funding success from a German peer-to-peer lending platform[J]. German economic review,2014,15(4):436 –452.

[21] ZHANG J J, LIU P. Rational herding in microloan markets[J]. Management science,2012,58 (5): 892 –912.

[22] FREEDMAN S, JIN G Z. Do social networks solve information problems for peer-to-peer lending? Evidence from Prosper[J]. Working paper,2008,9(8):43.

[23] BENJAMIN C,ROBERT H. Sending mixed signals:Multilevel reputation effects in peer-to-peer lenidng markets[C]// Proceedings of the 2010 ACM Conference on Computer Supported Cooperative Work,2010:197 –206.

[24] FRERICHS A,MICHAELIS C,WIENEKAMP M,et al. Usage of pre-made text-modules and peer-groups for mitigating information asymmetry in social lending: Evidence on funding success from German platform Smava[J]. International journal of e-business research,2013,9(3): 1 –26.

[25] LEUNG M D,SHARKEY A J. Out of sight,out of mind? Evidence of perceptual factors in the multiple-category discount[J]. Organization science,2014,25(1): 171 –184.

[26] MAIER M S. Lending to strangers: Does verification matter? [R]. University of Alberta,2014.

[27] XU Y,LUO C,CHEN D Y,et al. What influences the market outcome of online P2P lending marketplace? [J]. Journal of global information management,2015,23(3): 23-40.

[28] EVERETT C R. Group membership,relationship banking and loan default risk:The case of online social lending[J]. Banking & finance review,2015,7(2).

[29] STIGLITZ J E, WEISS A. Credit rationing in markets with imperfect information [J]. American economic review, 1981, 71(71):393 –410.

[30] MARKUSEN A. Sticky places in slippery space: A typology of industrial districts[J]. Economic geography,1996,72(3):293 –313.

[31] GRANOVETTER M S. The strength of weak ties[J]. American journal of sociology,1973,78

(6):1360 – 1380.

[32] GISLING V A, NOOTEBOOM B. Density and strength of ties in innovation networks: A competence and governance view[J]. Ecis,2004(1):1 – 44.

[33] SMITH J M. The theory of games and the evolution of animal conflict[J]. Journal of theoretical biology,1974 ,47(1):209 – 221.

[34] TAYLOR P D,JONKER L B. Evolutionarily stable strategies and game dynamics [J]. Mathematical biosciences,1978,40(12):145 – 156.

[35] EMEKTER R,TU Y, JIRASAKULDEH B, et al. Evaluating credit risk and loan performance in online peer-to-peer (P2P) lending[J]. Applied economics,2015,47(1):54 – 70.

[36] GREINER M E,WANG H. Building consumer-to-consumer trust in e-finance mark: An eirpirical analysis [J]. International journal of electronic commerce,2010,15(2):11 – 13.

[37] CORRITORE C L,KRACHER B,WIEDENBECK S. On-line trust: concepts,evolving themes,a model [J]. International journal human-computer studies,2003,58(6):737 – 758.

[38] ROCHOLL. The case of online social mixed signal: Multilevereputation effects in peer to peer lending markets[J]. Savannah,georhia,2010(7):23 – 28.

[39] MICHAELS J. Do unverifiable disclosures matters? Evidence from peer-to-peer lending[J]. The accounting review,2012,65(4):1385 – 1413.

[40] ANGILELLA S,MAZZU S. The financing of innovative SMEs:A multicriteria credit rating model [J]. European journal of operational research ,2015,244(2):540 – 554.

[41] COLLIER B C,HAMPSHIRE R. Sending mixed signals: Multilevel reputation effects in peer-to-peer lending markets[C]//. Proceedings of the 2010 ACM Conference on Computer Supported Cooperative Work. ACM, 2010:197 – 206.

[42] NAGURNEY A, DONG J. Supernetworks: Decision – making for the information age[M]. Cheltenham: Elgar Edward Publishing, 2002.

[43] LI S,QIU J X,LIN Z X,et al. Do borrowers make homogeneous decisions in online P2P lending market? An empiricalstudy of PPDai in China[C]// Nankai University. 8th International conference on service systems and service management,2011:1 – 6.

[44] HERZENSTEIN M,SONENSHEIN S,DHOLAKIA U M. Tell me a good story and I may lend you money: The role of narratives in peer-to-peer lending decisions[J]. Journal of marketing research,2011,48(SPL): 138 – 149.

[45] MILD A,WAITZ M,WCKL J. How low can you go? —Overcoming the inability of lenders to set proper interest rates on unsecured peer-to-peer lending markets[J]. Journal of business research,2015,68(6): 1291 – 1305.

[46] GUIDA R, SABATO V . Relationship lending and firm' s leverage: Empirical evidence in Europe [J]. European rinancial management ,2017,23(4):807 – 835.

[47] KLAFFT M. Online peer-to-peer lending: A lenders' perspective[C]. Proceedings of the inter-

national conference on e-learning, e-business, enterprise information systems and e-government, 2008: 371 – 375.

[48] GONZALEZ L, MCALEER K. Determinants of success in online social lending: A peak at US Prosper &UK Zopa[R]. Fordham University, 2011.

[49] GUO Y H, ZHOU W J, LUO C Y, et al. Instance-based credit risk assessment for investment decisions in P2P lending[J]. European journal of operational research, 2016, 249(2): 417 – 42.

[50] GELMAN I A. Show us your pay stub: Income verification in P2P lending[R] Independent, 2013.

[51] MALEKIPIRBAZARI M, AKSAKALLI V. Risk assessment in social lending via random forests [J]. Expert systems with applications, 2015, 42(10): 4621 – 4631.

[52] DORFLEITNER G, OSWALD E M. Repayment behavior in peer-to-peer microfinancing: Empirical evidence from Kiva [J]. Review of financial economics, 2016, 30: 45 – 59.

[53] LEE E, LEE B. Herding behavior in online P2P lending: An empirical investigation[J]. Electronic commerce research and applications, 2012, 11(5): 495 – 503.

[54] LUO B J, LIN Z X. A decision tree model for herd behavior and empirical evidence from the online P2P lending market[J]. Information systems and e-business management, 2013, 11(1): 141 – 160.

[55] CHEN D Y, LIN Z X. Rational or irrational herding in online microloan markets: Evidence from China[R]. Soochow University, Texas Tech University, 2013.

[56] 张正平,胡夏露. P2P 网络借贷:国际发展与中国实践[J]. 北京工商大学学报(社会科学版),2013,28(2):87 – 94.

[57] 陈宗义. 英美成熟 P2P 商业平台运营模式特征解析及启示[J]. 商业经济管理,2017(1):73 – 84.

[58] 叶青,李增泉,徐伟航. P2P 网络借贷平台的风险识别研究[J]. 会计研究,2016(6):38 – 45,95.

[59] 宋琳,郝光亮. 委托代理视角下 P2P 网贷平台风险防控研究[J]. 山东社会科学,2015(3):108 – 112.

[60] 王会娟. P2P 网络借贷中出借人的投资策略[J]. 金融论坛,2014,19(10):29 – 36.

[61] 谈超,王冀宁,孙本芝. P2P 网络借贷平台中的逆向选择和道德风险研究[J]. 金融经济学研究,2014,29(5):100 – 108.

[62] 张成虎,武博华. 中国 P2P 网络借贷信用风险的测量[J]. 统计与信息论坛,2017,32(5):110 – 115.

[63] 王峰. 我国 P2P 网络借贷平台风险监管及防范[J]. 中国流通经济,2016,30(11):121 – 127.

[64] 孙宝文,牛超群,赵宣凯,等. 财务困境识别:中国 P2P 平台的风险特征研究[J]. 中央财经大学学报,2016(7):32 – 43,55.

[65] 郑思海,田原,金璐. 基于 DEA 方法的我国 P2P 网贷平台运营效率研究[J]. 经济研究参

考,2016(20):67－92.

[66] 王博. P2P网贷市场中虚拟社会资本对个人信用的引致影响[J]. 求是学刊,2017,44(1):50－57.

[67] 聂进,胡琳霜. 基于链接分析的P2P网络借贷平台评价探析[J]. 图书馆学研究,2015(13):37－45.

[68] 柳向东,李凤. 大数据背景下网络借贷的信用风险评估:以人人贷为例[J]. 统计与信息论坛,2016,31(5):41－48.

[69] 王立勇,石颖. 互联网金融的风险机理与风险度量研究:以P2P网络借贷为例[J]. 东南大学学报(哲学社会科学版),2016,18(2):103－112,148.

[70] 吴建刚. 区块链应用于P2P贷款的适用性与难点分析[J]. 上海金融,2017(2):52－58.

[71] 李政道,任晓聪. 区块链对互联网金融的影响探析及未来展望[J]. 技术经济与管理研究,2016(10):75－78.

[72] 孙国茂. 区块链技术的本质特征及其金融领域应用研究[J]. 理论学刊,2017(2):58－67.

[73] 伍兴龙. 我国网络借贷发展现状与监管路径探析[J]. 南方金融,2013(3):43－47.

[74] 罗斯丹,王苒. 我国加强P2P风险的监管研究[J]. 经济纵横,2014(9):28－31.

[75] 潘锡泉. 我国P2P网贷发展中蕴含的风险及监管思路[J]. 当代经济管理,2015,37(4):49－53.

[76] 王长江,杨金叶. P2P网络借贷的风险与监管模式研究[J]. 经济纵横,2015(4):98－102.

[77] 俞林,康灿华,王龙. 互联网金融监管博弈研究:以P2P网贷模式为例[J]. 南开经济研究,2015(5):126－139.

[78] 李鑫. 金融监管与中国P2P网贷的发展及异化[J]. 财经科学,2016(5):32－40.

[79] 苏凯荣,崔钰洁. 基于演化博弈论视角下P2P网贷模式选择与监管分析[J]. 商场现代化,2015(15):74－76.

[80] 常振芳. P2P网贷创新与监管问题研究[J]. 经济问题,2017(7):53－57.

[81] 吕守军,徐海霞. 金融创新与金融监管的动态博弈及对我国金融监管改革的启示[J]. 新疆社会科学,2017(5):25－32,148.

[82] 杨咸月,朱辉. 中国P2P网贷市场亟待长效机制建设:来自英、美、德、法四国经验[J]. 上海经济,2017(6):106－119.

[83] 杨建辉,林焰. 基于自动控制视角下的P2P平台风险监管研究[J]. 管理现代化,2017(4):109－112.

[84] 蔡宁,吴结兵,殷鸣. 产业集群复杂网络的结构与功能分析[J]. 经济地理,2006(3):378－382.

[85] 王发明,刘传庚. 基于复杂网络视角的产业集群风险研究[J]. 商业研究,2009(11):66－70.

[86] 王聪聪,蔡宁,黄存. 产业集群多层次网络结构对集群风险扩散的影响[J]. 重庆大学学报(社会科学版),2013,19(5):50－55.

[87] 孙华平. 产业集群网络动态演化的稳定性分析[J]. 统计与决策,2009(17):49 - 51.
[88] 王卫东. 产业集群的网络组织结构与风险研究综述[J]. 工业技术经济,2010,29(3):130 - 132.
[89] 陈小勇. 产业集群的虚拟转型[J]. 中国工业经济,2017(12):78 - 94.
[90] 庞俊亭,游达明. 我国区域产业经济发展风险规避路径研究:基于虚拟产业集群视角[J]. 经济地理,2011,31(5):805 - 809.
[91] 杜丹阳,郑方. 虚拟产业集群理论在中国的演进[J]. 江西社会科学,2008(5):89 - 93.
[92] 吴哲坤,金兆怀. 关于我国虚拟产业集群发展的思考[J]. 东北师大学报(哲学社会科学版),2015(6):82 - 86.
[93] 宋昱雯,刘利. 我国发展虚拟产业集群的问题初探[J]. 宏观经济研究,2006(11):57 - 59,63.
[94] 高长元,程璐. 高技术虚拟产业集群的产生及组织模式研究[J]. 科技进步与对策,2011,28(1):52 - 55.
[95] 姜晓丽,高长元,张睿. 高技术虚拟产业集群资源共享激励机制研究[J]. 科技进步与对策,2013,30(9):60 - 65.
[96] 曾繁英. 集群治理目标:集群剩余最大化[J]. 商业研究,2009(3):46 - 49.
[97] 李宁,杨蕙馨. 集群剩余与企业集群内部协调机制[J]. 南开管理评论,2005(2):60 - 64.
[98] 李学迁,朱道立,李进,等. 全球生产网络视角下产业集群的网络演化[J]. 科技进步与对策,2010,27(13):54 - 56.
[99] 王梅,王文平. 基于超网络视角的产业集群升级研究[J]. 管理学报,2012,9(4):570 - 577.
[100] 王梅,王文平,杨东. 互补性知识超网络视角下的产业集群升级研究[J]. 科技进步与对策,2013,30(2):60 - 65.
[101] 朱兵,张廷龙,吴冬梅. 产业集群超网络均衡研究[J]. 经济与管理研究,2011(9):52 - 58.
[102] 闫彦明. 金融服务业集群的网络结构:上海案例的实证分析[J]. 上海经济研究,2009(12):77 - 87
[103] 黄靖,马超群,姚铮. 金融产业集群社会网络建模仿真与实证[J]. 系统工程,2015(11):1 - 9.
[104] 罗正英. 中小企业集群信贷融资:优势、条件与对策[J]. 财贸经济,2010(2):31 - 36.
[105] 李俊江,于众. 产业集群视角下小微企业的融资问题、优势及对策[J]. 当代财经,2015(4):60 - 65.
[106] 宋华,卢强. 基于虚拟产业集群的供应链金融模式创新:创捷公司案例分析[J]. 中国工业经济,2017(5):172 - 192.
[107] 张帆. 金融产业虚拟集群知识溢出效应的理论研究[J]. 科研管理,2016(4):409 - 416.
[108] 彭冰. P2P 网贷与非法集资[J]. 金融监管研究,2014(6):13 - 25.
[109] 叶湘榕. P2P 借贷的模式风险与监管研究[J]. 金融监管研究,2014(3):71 - 82.
[110] 张维迎. 博弈论与信息经济学[M]. 上海:上海人民出版社,1996.

[111] 陈继海.国外企业集群发展模式比较研究[J].开放导报,2003(12):38－40.

[112] 李兰,肖双琼.产业集群文献综述[J].中国高新技术经济,2013(9):150－152.

[113] 杨皎平,张恒俊,侯楠.集群企业间关系强度对合作技术创新的影响:基于企业类型和创新类型的视角[J].运筹与管理,2015,24(1):280－286.

[114] 朱兵.产业集群合作创新网络最优关系强度演化机理分析[J].安徽师范大学学报(人文社会科学版),2016,44(4):481－489.

[115] 杨俊,张玉利,杨晓非,等.关系强度、关系资源与新企业绩效:基于行为视角的实证研究[J].南开管理评论,2009,12(4):44－54.

[116] 李宁,张蕊.潜规则对会计准则制度变迁的演化博弈分析[J].经济管理,2010(8):118－122.

[117] 夏恩君,王素娟,张一.商业银行小微企业信贷业务发展策略[J].技术经济,2014,33(1):92－96.

[118] 王继升.小微企业与银行的信贷行为分析:基于演化博弈视角[J].时代金融,2015(2):97－100,108.

[119] 吴非,张健.大型金融机构天生不适合为小企业融资吗?——基于博弈模型的演绎[J].经济与管理,2017(5):39－43.

[120] 宫晓林.P2P网络借贷风险与监管:基于有限理性假设的分析[J].投资研究,2014(6):29－40.

[121] 韩景倜,陈群.不确定条件下P2P网贷平台运营与政府监管演化博弈稳定性分析[J].商业研究,2016(3):36－44.

[122] 赵骅,李雁.龙头企业主导型企业集群技术创新模式分析:考虑技术溢出的距离衰减效应[J].科研管理,2011,32(6):157－164.

[123] 王凤莲,赵骅.技术创新对集群双寡头产量博弈均衡的影响分析[J].系统科学与数学,2016,36(8):1255－1264.

[124] 卢燕群,何永芳.基于个体博弈的企业集群技术创新扩散模型研究[J].统计与决策,2018,34(15):180－184.

[125] 李煜华,聂德才,胡瑶瑛.基于演化博弈的创意产业集群知识共享策略研究[J].商业研究,2014(2):24－29.

[126] 雷俊霞.创意产业集群知识共享的创新策略研究[J].管理世界,2015(5):180－181.

[127] 米捷,林润辉,董坤祥,等.OFDI企业与本土集群企业知识共享的演化博弈分析:基于知识位势的视角[J].管理评论,2016,28(9):106－120.

[128] 韩莹,陈国宏.基于不同网络层次的集群企业知识共享演化分析[J].运筹与管理,2018(9):139－147.

[129] 孟娜娜,蔺鹏,刘婷婷.基于参与主体的小微企业集群融资竞合博弈研究[J].商业经济研究,2016(16):188－190.

[130] 范如国,张应青,罗会军.基于空间公共品博弈的产业集群合作创新演化分析[J].经济

问题探索,2017(6):155－161.
[131] 吴先锋,杨婉蓉,苟枥文.电子商务环境下中小企业合作演化博弈分析[J].重庆邮电大学学报(社会科学版),2018,30(3):88－94.
[132] 漆玉虎,郭进利.超网络研究[J].上海理工大学学报,2013,35(3):227－239.
[133] 柯珂,樊智,佘震宇,等.超网络时代的电子金融和风险管理[J].上海理工大学学报,2011(3):258－262.
[134] 张婷,米传民.基于超网络的互联网金融均衡问题研究[J].复杂系统和复杂性科学,2016,13(2):36－43.
[135] 马军,董琼,杨德礼.基于风险管理的动态供应链超网络均衡模型[J].运筹与管理,2015,24(1):1－9.
[136] 吴义生,吴顺祥,白少布,等.面向网购的低碳供应链超网络优化模型及其应用[J].中国管理科学, 2017(6):111－120.
[137] 李昌兵,杨宇,何亚辉.基于企业社会责任的闭环供应链超网络均衡模型[J].企业管理,2017(5):172－176.
[138] 王治莹,李春发.基于超网络的生态工业链动态均衡研究[J].管理工程学报,2014,28(1):151－159.
[139] 曼瑟尔·奥尔森.集体行动的逻辑[M].陈郁,译.上海:上海人民出版社,1995.
[140] 于晓虹,楼文高.基于随机森林的P2P网贷信用风险评价、预警与实证[J].金融理论与实践,2016,15(2).53－58.
[141] 廖理,李梦然,王正位.聪明的投资者:非完全市场化利率与风险识别:来自P2P网络借贷的证据[J].经济研究,2014,6(7):125－137.
[142] 袁羽.基于Logistic回归的P2P网络借贷信用风险度量[D].上海:上海社会科学院研究生院,2014.
[143] XU Y,QIU J X,CHEN D Y. P2P lending in different cultures and business models: a multiple case study[C]// 中国管理现代化研究会.第五届中国管理学年会论文集.大连:大连理工大学出版社,2010:32－33.
[144] 熊志斌.基于非线性主成分分析的信用评估模型研究[J].数量经济技术经济研究,2013,38(10):138－150.
[145] 傅彦铭,臧敦刚.P2P网贷信用的风险评估[J].统计与决策,2014,7(21):162－165.
[146] 朱琚,蔡瑕.我国民间金融的发展现状及规范化管理:以P2P网络借贷平台为例[J].电子商务,2013(5):71－73.
[147] 付智博.发展电子商务的网络营销策略:以淘宝网为例[J].商品与质量学术观察,2013,55(7):205.
[148] 高霖晗,王大洲.中国P2P网络借贷中的制度信任研究[J].金融理论与实践,2016,68(6):39－45.
[149] 王重润,孔兵.P2P网络借贷平台融资效率及其影响因素分析:基于DEA-Tobit方法[J].

河北经贸大学学报,2017,38(5):54-60.
[150] 刘巧莉,温浩宇. P2P 网络信贷中投资行为影响因素研究:基于拍拍贷平台交易的证据[J]. 管理评论,2017,29(6):13-22.
[151] 王伟,纪金言,邓伟平. P2P 网贷平台风险与平台特征[J]. 河北经贸大学学报,2017,38(3):56-64.
[152] 王博,张玉旺. 虚拟社会资本视角下网络信用体系的构建[J]. 学术交流,2017(4):139-144.
[153] 张魁伟,许可. 产业集群的社会资本运行机制[J]. 经济学家,2007(4):59-64.
[154] 林南. 社会资本:关于社会结构与行动理论[M]. 张磊,译. 上海:上海人民出版社,2005:24-67.
[155] 李霖魁,张成虎. P2P 网络借贷中的借款人社会资本、风险甄别与市场均衡实现[J]. 当代财经,2017(10):46-57.
[156] 缪莲英,陈金龙. P2P 网络借贷中社会资本对借款者违约风险的影响:以 Prosper 为例[J]. 金融论坛,2014,19(3):9-15,66.
[157] 曾亿武,邱东茂,郭红东. 集群社会资本影响农户网店经营绩效的机理分析[J]. 西北农林科技大学学报(社会科学版),2017,17(4):67-73.
[158] 李佳伟,封思贤. 降低 P2P 网贷市场上小微企业融资成本的思路研究[J]. 经济问题探索,2015(2):147-150.
[159] 曹文琦. 我国 P2P 网贷行业规范发展程度测评与建议[J]. 经济纵横,2016,396(8):110-113.
[160] 庄雷,周勤. 身份歧视:互联网金融创新效率研究:基于 P2P 网络借贷[J]. 经济管理,2015,37(4):136-147.
[161] 张哲. 基于变分不等式的金融超网络研究[D]. 大连:大连海事大学,2010.